Mi nombre es
Greta Godoy

Berta Bernad

Mi nombre es Greta Godoy

Planeta

Av. Diagonal, 662-664, 08034 Barcelona
www.editorial.planeta.es
www.planetadelibros.com

Primera edición: abril de 2019
Depósito legal: B. 7.390-2019
ISBN: 978-84-08-20783-2
Preimpresión: J. A. Diseño Editorial, S. L.
Impresión: Unigraf, S.L.
Printed in Spain - Impreso en España

El papel utilizado para la impresión de este libro es cien por cien libre de cloro y está calificado como **papel ecológico**

A mi querido Pablo,
por ser la luz que guía mi camino

1

Nueva York, diciembre de 2016

Aquel era mi último día en Nueva York. Me senté en el borde de la cama y observé todo lo que dejaba atrás. Tenía las maletas hechas y cerradas y todo parecía estar en orden para dejar el piso y coger, al día siguiente, un avión con destino a Madrid. Pero todavía me quedaba algo pendiente. Miré el reloj para ver si había llegado la hora. Había quedado con Sasha en el Elizabeth Park, uno de los parques a los que solíamos ir cuando estábamos juntos.

Era uno de esos días fríos de invierno en los que anochece pronto, así que me puse un gorro y unas botas de borreguillo para no pasar frío. Habíamos quedado a las cinco de la tarde y, como llegué un poco antes que él, me senté a esperarlo en uno de los bancos que había a la entrada. Al poco tiempo, Sasha apareció. Atravesó la puerta del parque, me buscó con la mirada y vino directo hacia mí. Andaba lento, arrastrando los pies, como fatigado. Llevaba unos guantes de cuero negro y un café caliente entre las manos. El abrigo azul marino le llegaba hasta las rodillas. En el pecho colgaba su cámara de fotos y en los pies lucía aquellas botas de cordones negras que compramos juntos en una tienda de segunda mano.

Hacía dos semanas que no sabíamos nada el uno del otro y supuse que no habían sido unos días fáciles para él, igual que tampoco lo estaban siendo para mí. La última vez que nos vimos fue para decirnos un adiós definitivo. Pero yo no pude contenerme y le propuse quedar de nuevo, saltándome el pacto amistoso al que habíamos llegado. Necesitaba hablar con él. Sasha se había convertido en una de las personas más importantes de mi vida. Con él había compartido los mejores momentos en aquella ciudad en la que un día nos enamoramos sin freno de mano.

Sasha me miró de refilón y con una mirada de hastío, como esperando a ver qué le contaba ahora.

—*Hi,* Sasha —lo saludé en nuestro idioma habitual y le di un beso en la mejilla.

—*Hi...* —contestó sin fuerzas.

—No quería irme sin despedirme de ti.

—Ya nos despedimos el otro día y creo que quedó todo bastante claro. Al menos por tu parte —soltó en tono de reproche.

—Lo siento —fue lo único que supe decir.

Busqué en su mirada algún atisbo de comprensión sin demasiado éxito.

—¿Qué es lo que sientes, Greta? —preguntó mientras le daba un sorbo a aquel café que parecía estar igual de acalorado que yo.

—Siento no haber sido capaz de amarte. De amarte hasta el final. De ida y vuelta, como siempre decíamos.

—Eso no es algo por lo que tengas que disculparte. Las cosas se han dado como tú has querido que se dieran.

—Sasha, no seas así. Las cosas no son tan sencillas.

—Para mí sí lo son —concluyó.

Cortó así todo intento de comunicación. Yo lo único

que quería era irme con el recuerdo de un último abrazo. Un abrazo real que resumiera la historia de dos personas que se habían cuidado y querido sin límites. Pero cuanto más tiempo pasábamos sentados en aquel banco del Elizabeth Park, rodeados de árboles infinitos y de estatuas preciosas, más lejos le sentía.

Se creó un silencio incómodo que me hizo extrañarle aun teniéndole tan cerca y opté por sincerarme del todo para que pudiera entenderme mejor. Explicarle lo que había estado meditando desde que nos habíamos separado. Explicarle las razones por las que sentía que mi vida necesitaba un giro de ciento ochenta grados.

Me había dado cuenta de que tener una vida tan expuesta no me dejaba ser feliz, que no me sentía bien y que, aunque de cara a mis dos millones de seguidores todo fueran lujos y alegrías, había algo de aquella vida que me impedía ser una persona normal. Y ya no podía más. Había llegado al límite. Había llegado la hora de saltar al vacío y cambiar de vida radicalmente.

—¿Sabes…? —le dije—. He decidido que voy a cerrar mi cuenta de Instagram.

—¿Y eso? —interrogó sorprendido girándose hacia mí.

¡Por fin nos miramos a los ojos! Sasha sabía que esa decisión cambiaría mi vida por completo. Instagram se había convertido en el centro de mi existencia los dos últimos años y no sería fácil para mí vivir sin aquella aplicación de la que dependía en todos los sentidos.

—Pues porque mi vida se ha convertido en un disparate. Ya no sé lo que es verdad ni lo que es mentira. Lo que importa y lo que no. Paso tanto tiempo tratando de aparentar que todo es tan perfecto que se me ha olvidado quién soy. Quién soy yo de verdad, sin tener que interpretar ese papel de vida de éxito delante de todos esos seguidores que, al fin y al cabo… —concluí a punto de romper a llorar—, ¿qué más me dan?

Sasha se quedó callado, escuchándome de corazón como siempre hacía. Yo continué sincerándome, tratando de justificar el momento que atravesaba para que entendiera los motivos por los cuales no podía entregarme de lleno a aquella relación, la razón por la que no podía amarle como él se merecía. De alguna manera, eso también me atormentaba.

Fui sincera con él, aun sabiendo que mis palabras podrían reavivar las cenizas de un amor del que él no tuvo más remedio que huir. Como Sasha continuaba en silencio, yo seguí hablando, mirándome las manos por miedo a mirarle directamente a los ojos.

—Siento como si llevara muchos años construyendo una casa de la que ahora no me atrevo a salir. Me da miedo abandonarla. Pero siento que dentro tampoco soy feliz…

—¿Y qué es lo que te frena? —me preguntó Sasha.

Sasha me quería y me escuchaba de verdad. Se esforzaba siempre por comprenderme, no como otros novios que había tenido y que en aquel momento hubieran actuado con orgullo y desdén.

—No lo sé, Sasha. Supongo que el miedo. El miedo a no saber qué será de mí sin todas estas comodidades a las que, sin querer, me he acostumbrado.

—*Come here* —dijo Sasha.

Apoyé mi cabeza contra su pecho y me abrazó. En aquel momento no me pude contener y lloré. Lloré con la tranquilidad con la que llora una mujer delante de alguien que sabe que daría la vida por ella.

—*You need to calm down and find yourself* —sentenció.

—Lo sé. Pero no es tan fácil. Por eso creo… Creo que

tengo que cortar de raíz con todo esto para recuperar algo de paz y poder pensar con claridad. No se me ocurre otra solución. Pero a la vez... Me da vértigo. Tengo miedo de desaparecer, de que la gente se olvide de mí.

—¿A quién te refieres?

—A la gente que me sigue, a todos mis seguidores... —dije como si se tratara de mis propios hijos.

—Pero... ¿Por qué le das tanta importancia a esos seguidores? Si estuvieras enferma en un hospital, ¿quién de toda esa gente iría a visitarte?

Me quedé pensativa y no supe qué contestar.

—Muy pocos, Greta —añadió él mismo—. Solamente se preocuparían de ti tus amigos, tu familia, la gente que te quiere, con los que compartes tu día a día, no tus seguidores. A ellos no les importan tu vida ni tus problemas. Te siguen igual que siguen a otros miles de personas. Pero si desaparecieras, sus vidas continuarían igual. Ellos no te conocen. ¿Cómo vas a importarles?

Su tono se iba encendiendo. Sasha tenía motivos para sentir rencor contra las redes sociales, porque sin duda Instagram tenía algo que ver en nuestro distanciamiento. Pero le agradecía que estuviera siendo directo. Él sabía que esa era la única forma de hacerme entrar en razón.

—Pero... ¿y si me arrepiento? ¿Y si está siendo una de mis decisiones precipitadas?

Sasha se quedó en silencio y yo, impulsada por los nervios, continué hablando. Tenía muchas dudas, dudas que estaban en mí, pero que sabía que solo podría resolver con él. Y cada vez nos quedaba menos tiempo.

—Bueno, si me arrepiento podría abrirme otro perfil, ¿no? —me respondí a mí misma, y al momento me di cuenta de que a veces actuaba como una niña caprichosa.

—Para un momento, Greta. No seas infantil. Piensa... ¿Qué es lo que echarías de menos?

—Pues, no sé... —Traté de ponerme en situación—. Echaría de menos... el cariño de la gente, supongo. Poner fotos de todo lo que me pasa a diario. De mis avances, de mis proyectos, de...

—Pero ¿qué necesidad tienes de contar todo eso en Instagram? —preguntó Sasha, que jamás en su vida había tenido una cuenta en una red social.

—Pues no sé. Para que la gente vea que soy válida. Que me pasan cosas, que evoluciono...

Sasha hacía unas pausas largas que me permitían pensar mejor mis respuestas. Él tampoco hablaba por hablar. Meditaba mucho todo lo que decía. Me tomaba en serio y por esa y por otras muchas razones me dolía perder a alguien con quien había sido tan feliz.

—¿Qué estás pensando? —le pregunté con intriga. Me inquietaban mucho sus silencios. Casi siempre que tardaba más de la cuenta en contestar era porque me iba a decir algo que podía herirme. Pero aquella vez no fue así.

—Pienso que eres una persona increíble y que siempre tendrás influencia en los demás, hagas lo que hagas, porque brillas con luz propia. Hay poca gente como tú.

Aquel comentario me hizo quererle todavía más y me abracé a él, aunque no quería confundirle.

—Te voy a echar tanto de menos... No me puedo creer que vaya a perderte a ti también.

—No mezcles las cosas. Yo creo que estás tomando una buena decisión, vas a ser mucho más libre sin tener que estar todo el día reportando tu vida —concluyó Sasha.

Y esa frase terminó de convencerme. Cerré los ojos fuerte y respiré hondo para no llorar más. La decisión ya estaba tomada y eso me hizo recuperar algo de serenidad. Me despedí de Sasha con un abrazo de los de verdad. Él me secó las lágrimas con las manos y yo puse las mías sobre las suyas para sentir su piel una última vez.

—Me muero. Te lo prometo —añadí de corazón.

—No hagas las cosas más complicadas —dijo Sasha, y me dio un beso en la frente—. Adiós. Que tengas un buen viaje.

—Adiós —contesté, y nos soltamos las manos.

Sasha se marchó y yo me quedé ahí quieta, observando cómo se alejaba y esperando a ver si miraba atrás una última vez, pero no lo hizo.

Aquella noche no pude dormir por los nervios del viaje. Mi vuelo salía a primera hora. Me levanté pronto y me preparé un café. Comprobé por última vez que no me olvidaba nada y que las ventanas de la casa estaban bien cerradas. Dejé las llaves dentro y cerré de un portazo.

Vino a buscarme un taxi que me llevaría al aeropuerto. Fui simpática con el conductor que, amable, me informó nada más subir al coche:

—Tiene usted wifi, cortesía de la casa.

—Gracias —dije. Wifi era justo lo último que necesitaba en ese momento. Comprobé las notificaciones en mi teléfono. Era mi cumpleaños. Aquel 21 de diciembre cumplía veinticinco años, pero sentía que tenía muchos más, que en los últimos años había madurado mucho y que estaba experimentando un cambio muy fuerte dentro de mí.

El conductor me ayudó a bajar las maletas del coche.

—Lleva usted mucho equipaje —me dijo.

—Sí, más del que me gustaría —contesté, y me di cuenta de que la mayoría de las cosas que llevaba eran regalos que me habían hecho las marcas, regalos que ni siquiera me importaban. Tenía ganas también de empezar a viajar más ligero.

Después de completar el *check in*, me dirigí hacia la puerta de embarque y esperé nerviosa para llevar a cabo mi plan. Lo había diseñado con la misma precisión con la que un ladrón planifica el atraco a un banco. Sería justo antes de que despegara el avión cuando cerraría mi cuenta de Instagram para siempre.

Le mostré mi pasaporte a la azafata y accedí al avión. Dejé mi maleta en el compartimento superior y me abroché el cinturón. Miré por la ventanilla. Hacía frío. Fuera y dentro del avión. Miré a la persona que tenía sentada al lado. Nada de lo que hacía me pareció interesante, así que decidí coger mi teléfono de nuevo. Estábamos a punto de despegar y dentro de poco perdería la cobertura, así que había llegado la hora.

Me metí en Google y escribí «Cómo desactivar mi cuenta de Instagram». Antes de que hubiera terminado la frase, el buscador ya me la sugería y pensé que seguramente había muchas más personas sintiéndose como yo. «¿Cuál es el motivo por el que desea desactivar su cuenta de Instagram?». Marqué la casilla de «Motivos personales» y continué al siguiente paso. «¿Está seguro de que desea desactivar su cuenta para siempre? Le damos la opción de que la desactive temporalmente». Sentí una náusea. Bloqueé el móvil y pedí un vaso de agua. Le dije a la azafata que tenía que tomarme una aspirina. En cuanto me tranquilicé, reanudé el proceso. Contesté que sí, que estaba segura, que quería desactivar mi cuenta para siempre. Y comprendí que era una despedida real. «Perfil no encontrado», leí en la pantalla. Un escalofrío recorrió mi cuerpo haciendo una ese.

Escuché el sonido de los motores, que indicaban que estábamos a punto de despegar. Y en aquel momento, me sentí liberada. Sentí que comenzaba una nueva etapa, una nueva vida sin redes sociales. ¿Sería capaz de sobrevivir a aquella desconexión? En aquel avión decidí hacer un pequeño ejercicio y abrí un documento en blanco para recordar el principio de toda esta historia. Me puse mis gafas y comencé a escribir: «Aterricé en Londres...».

2

Londres, septiembre de 2014

Aterricé en Londres el 1 de septiembre del año 2014. Tenía veintitrés años y acababa de terminar la carrera de Periodismo en Madrid. Elegí Londres porque siempre me había imaginado viviendo allí en algún momento de mi vida. Por aquel entonces yo era una chica joven con ganas de comerse el mundo y dispuesta a hacer lo que fuera con tal de ganar un sueldo que me permitiera mantenerme en una ciudad tan dura como aquella.

Como la mayoría de las chicas de mi edad, no tenía del todo claro qué quería hacer con mi vida. Hacía unos años, no demasiados, nos habían hecho elegir entre ciencias o letras. Yo siempre fui más de letras. Me gustaba leer novelas y escribir historias de amor y tenía un blog de *lifestyle* donde colgaba fotos que hacía con mis amigos en mi tiempo libre. Fotografías de sitios a los que solíamos ir en Madrid. Ahora empezaría una nueva sección sobre mis lugares favoritos de Londres y eso me hacía muy feliz, sabía que las posibilidades eran infinitas. De momento, eso era lo único que tenía en mente hacer mientras buscaba trabajo.

Con la ayuda de mis padres, pude alquilar un apartamento cerca de Victoria Station. Compartía piso con otras dos chicas, dos catalanas muy simpáticas que trabajaban en banca de inversión. A base de cenar juntas, las tres fuimos haciéndonos cada vez más amigas, pero yo llegué a Londres con otra persona en mente: Coco. Coco había sido mi íntima amiga desde la infancia, ya que las dos compartíamos una gran pasión por nuestro lugar de veraneo, Pedreña, un pueblecito pequeño situado en Santander. A Coco hacía años que no la veía y me había propuesto, entre otras cosas, recuperar nuestra amistad, pasar más tiempo de calidad juntas. Algunos amigos comunes me habían advertido que, desde que Coco se había mudado a Londres, había cambiado mucho, que se había transformado en una persona diferente, pero yo quería verlo con mis propios ojos.

Logré contactar con ella y el primer domingo de septiembre quedamos para comer. Tenía muchas ganas de saber cómo le había ido durante todo aquel tiempo que nos habíamos perdido la pista. Coco había dejado de ir a Pedreña un par de años antes, decía que le aburrían las conversaciones, que siempre se hablaba de lo mismo y que era muy difícil conocer gente nueva.

Ella prefería irse de gira por Inglaterra con su grupo de música. Coco cantaba en una banda de chicos ingleses y recorría los pueblos costeros cantando de escenario en escenario. Ya de niña, Coco soñaba con ser cantante de éxito y, conociéndola, sabía que lo conseguiría, como todo lo que se había propuesto en la vida. Ella era así, pasional y persistente. Para ella, España era un país anticuado, un lugar donde era complicado triunfar. Aunque yo no estaba del todo de acuerdo, sí que coincidía con ella en que, si triunfaba en el extranjero, sería más fácil que luego lo hiciera en nuestro país. Ese fue otro de los motivos por los que eligió Londres como ciudad base, una ciudad en la que la cultura musical era mucho más amplia y donde, en definitiva, podría ser ella misma sin prejuicios ni etiquetas.

Aquel domingo de septiembre, Coco me propuso encontrarnos en el este de Londres. Quería llevarme a Columbia Road, donde cada domingo se instalaba un mercado que inundaba la calle con flores. Le pregunté por la ruta más fácil para llegar hasta allí desde mi casa, ya que todavía no diferenciaba las zonas de la ciudad, y ella me envió la ubicación por WhatsApp.

Recuerdo como si fuera ayer aquel primer trayecto en un autobús rojo de dos pisos que atravesó toda la ciudad. Me sentí libre e independiente por primera vez. Intuía que estaba comenzando una aventura que iba a cambiar mi vida por completo. Me puse los cascos para escuchar música en el móvil y apoyé mis Converse en la barandilla de delante. Desde allí iba contemplando a toda aquella gente que no conocía. Gente que empezó a ser, instantáneamente, una fuente de inspiración.

Pasamos por Oxford Street, una calle repleta de turistas que entraban y salían de todas las tiendas a las que yo ya tendría tiempo de ir. El autobús me dejó en Hackney Road. Al bajarme, comprobé que no venía ningún coche. Miré a la izquierda por inercia y luego a la derecha. Al levantar la vista, empecé a ver gente con atuendos veraniegos y ramos de flores envueltos en papel reciclado. Les seguí la pista hasta mi destino.

Caminaba rápido, ansiosa por verlo todo sin perder detalle. Me gustaba andar sola. Hacía mucho que no paseaba por Madrid disfrutando de las vistas, quizás porque al ser mi ciudad, siempre iba con prisa y pocas veces me apetecía salir tranquilamente a investigar cosas nuevas. Según me acercaba a la calle del mercado, empecé a respirar un aroma maravilloso que me transportaba a mi casa. Mi casa estaba siempre llena de flores porque a mi madre le divertía cogerlas del campo y colocar floreros por todas partes.

Por fin llegué a la calle del mercado. La entrada estaba taponada. Eran las doce: hora punta en aquel lugar repleto de puestos de flores, tiendas de decoración y ropa de segunda mano. Un paraíso para mis sentidos. Coco me escribió avisando de que se retrasaba un poco, así que decidí explorar el lugar y me sumergí de lleno entre el gentío. Una banda de música en directo añadía aún más magia al ambiente. Librerías, restaurantes, bicicletas, perros y puestos de comida de todas las partes del mundo. Estar en Londres era como estar en mil continentes a la vez.

Me detuve en uno de los puestos de flores, justo antes de que acabara la calle, y me quedé un buen rato ante un ramo de peonías, dudando de si quedarían bien en mi cuarto. Sin darme cuenta, formé detrás de mí una cola de personas que esperaban a que yo me decidiera.

—Perdón. Pasa, pasa —le dije al de detrás, con un acento al que todavía le quedaba mucho por mejorar. Se trataba de un chico bastante atractivo.

—No te preocupes. No tengo prisa —contestó en mi idioma.

—¡Ah, vale! Eres español —afirmé en español yo también. Saqué la cartera para pagar y me di cuenta de que no tenía las libras, se me habían olvidado en el bolsillo de la maleta. Mierda. Miré al florista con cara de agobio y dejé el ramo de vuelta en su sitio. Ya volvería a por él otro día. El chico atractivo pareció percatarse de la situación y estiró el brazo para pagarle al tendero sus flores y las mías.

—Invito yo —afirmó.

—¡De ninguna manera!

—Por favor. No todos los días te encuentras a una chica tan guapa y despistada en apuros.

—Bueno, pues… muchas gracias —contesté sonrojada.

—Por cierto, mi nombre es Pablo —dijo arrimando su cara a la mía para darme dos besos.

En ese momento ocurrió el milagro: unos nervios indescriptibles recorrieron mi estómago y las piernas me empezaron a temblar.

—Encantada, Pablo. Mi nombre es Greta Godoy.

—Hace mucho que no escuchaba a nadie presentarse con su nombre y apellido —respondió con sarcasmo.

Como no supe qué decir, me limité a sonreír mostrando todos los dientes y le agradecí el gesto de haberme invitado a las flores.

—De nada. Ha sido un placer, Greta Godoy.

—Igualmente —contesté, y nos perdimos de vista.

Me quedé con aquel ramo de peonías que —todavía no lo sabía— señalaban el inicio de una historia que me marcaría de por vida, y con ellas en brazos me senté en un banco a esperar a Coco. Se me había olvidado lo impuntual que era. Saqué del bolso una de las múltiples novelas que me había traído de Madrid, pero era incapaz de leer, mi pensamiento se había quedado con aquel chico de pelo rizado. No podía dejar de pensar en aquella mirada, aquellos ojos turquesa tan poco comunes en un chico español. También recordé su atuendo. Su camisa de lino azul marino abierta hasta el segundo botón y remangada, unos pantalones beis perfectamente planchados y unos mocasines de ante marrones que llevaba sin calcetines. Se notaba que tenía muy buen gusto. Me quedé con curiosidad de saber más cosas sobre él.

Sonó el teléfono y eso me hizo volver a la realidad. Era Coco. «¿Dónde estás? No te veo». Había muchísima gente. Me puse de pie sobre el banco para que pudiera verme. En cuanto la vi aparecer, me quedé sorprendida. Coco se había teñido de rubio, con un tinte de esos baratos que dejaban ver la raíz negra y que la hacía parecer más londinense. Comprendí rápido que esta ciudad la había transformado en todos los sentidos, sobre todo en su estilo, que no tenía nada que ver con lo que yo recordaba.

—¡Pero qué ilusión que ya estés aquí, en mi Londres! —soltó mientras me abrazaba.

—¡Por fin juntas! —exclamé yo.

—¿Cómo estás, pequeña?

—¡Muy bien! ¡Nos tenemos que contar tantas cosas!

—Desde luego, pero primero ¡déjame que te vea! —Me analizó de arriba abajo mientras le daba un sorbo a un *smoothie* verde—. ¿De dónde es esta falda tan ideal que llevas? ¿Y el bolso? ¿Y este reloj? Tú nunca llevabas reloj. Me chifla.

Coco tenía dos pasiones muy claras: la música y la moda. Siempre iba a la última y seguía a rajatabla las tendencias de las pasarelas. Cuando terminé de darle todos los créditos de mi vestimenta, empezamos a conversar sobre su vida y la mía.

—¿Qué tal va el grupo? —le pregunté. Sabía que eso era lo más importante de su vida en ese momento.

—Todo súper. Estamos a punto de firmar con una discográfica muy importante. ¿Escuchaste la última canción que te envié?

—¡Sí! Me flipó.

—Pues seguramente ese sea el *single.*

Estaba convencida de que a Coco le iría todo bien. Su grupo se llamaba The Girl Next Door. Coco tenía una voz preciosa, rota y sensual, parecida a la de Lana del Rey. Sus temas eran íntimos y muy pegadizos. Los tres chicos de su grupo procedían de distintas ciudades de Inglaterra y también habían ido a vivir a Londres persiguiendo el mismo sueño que Coco: triunfar. Se movían bastante bien, cada semana tocaban en dos o tres bares que su agente les conseguía y concedían entrevistas a revistas de música y también de moda.

—Bueno… ¿Vamos a por un café o qué? ¿Tienes hambre? ¿Has comido? —me preguntó atenta.

—Tengo un hambre que devoro.

—¡Genial! Vamos a ir a un sitio *superhealthy* que está aquí al lado.

Lo de *healthy* me sonó a que me quedaría con hambre, pero accedí porque en aquel momento cualquier cosa me valía.

De camino, Coco disparó, sin exagerar, unas treinta fotos. Se iba parando en cada esquina. Las flores, el zumo, yo de espaldas, yo de frente, su chaqueta, el cielo, mis Converse, mis Converse y las suyas. No entendí muy bien aquella obsesión por fotografiar cualquier instante. A mí me encantaba la fotografía desde pequeña y siempre llevaba la cámara en el bolso por si acaso veía algo que me llamaba la atención, pero no tenía esa necesidad de estar capturándolo todo constantemente.

—¿Por qué haces tantas fotos? —le pregunté intrigada.

—¡Porque tengo que subir algo! Esta semana tengo mucho trabajo y no voy a tener tiempo de hacer fotos, así que las hago ahora y las iré subiendo a lo largo de la semana.

—¿A dónde las subes? ¿A Facebook?

—¡No! Facebook es de otra época. Las subo a Instagram, *of course.* Tengo ya trece mil seguidores. —Le sorprendió mi cara de incredulidad—. ¿No conoces Instagram? Es una aplicación que utiliza todo el mundo. Es mucho más fácil de usar que Facebook. Tiene filtros de colores para editar tus fotos. Mi favorito es el Valencia.

Su discurso arrebatador me hizo sentir muy fuera de onda, así que decidí preguntarle más sobre aquella aplicación que, según ella, conocía todo el mundo.

—Yo no tengo. ¿Cómo se usa?

—Pues mira, lo primero que tienes que hacer es abrir una cuenta con un nombre de usuario y contraseña; luego eliges una foto de perfil y con este botón de aquí subes las fotos.

A los pocos minutos ya tenía creada mi cuenta de Instagram y subí una foto de prueba, la de aquellas flores de Columbia Road, con un título que Coco me había sugerido: *Enjoying an amazing Sunday in London with my partner in crime @JeSuisCoco.* Ese era su nombre en Instagram. El mío, @greta_godoy. Tuve suerte de que no estuviera ya cogido.

Coco se mostró muy emocionada por haberme enseñado algo que a ella parecía hacerla muy feliz y me dio algunos consejos rápidos. Me recomendó que escribiera los textos en inglés alegando que de este modo me seguiría gente de todo el mundo. Apuntó como regla fundamental que no siguiera a más gente de la que me seguía a mí y que fuera subiendo fotos de vez en cuando, que tener actividad era importante para no perder seguidores. «Además, a ti, que te encanta la fotografía, te va a divertir un montón», concluyó.

Yo asentí agradecida, aceptando que no tenía ni la más remota idea de cómo funcionaba eso de las redes sociales.

Yo solamente tenía una cuenta de Facebook que me había abierto hacía mucho tiempo y subía una foto de pascuas a ramos. Al llegar a casa, me metí en mi recién estrenado Instagram para aprender a utilizarlo. Me pareció divertido. Lo primero que hice fue buscar a mis amigos de Madrid, pero no encontré a ninguno. Ellos todavía seguían utilizando Facebook. Sonreí para mis adentros: cuando volviera a España, sería yo quien les enseñaría Instagram a ellos.

3

Desde aquel domingo que quedé con Coco en Columbia Road Market, nos vimos prácticamente todos los días. Coco vivía cerca de Notting Hill. Su novio, Paul, también cantante, vivía por esa zona, en una especie de iglesia reformada y reconvertida en vivienda. Para recordar su nombre, me acordé de Paul McCartney; de hecho, se parecían bastante. El Paul de Coco era delgado, con el pelo liso y fino peinado hacia un lado. Tenía la boca fatal, los dientes todos montados; le hacía falta una ortodoncia urgente. Para mi gusto, era un poco sucio, pero a Coco siempre le habían gustado ese tipo de chicos desaliñados. Solían tener personalidades tormentosas, estaban deprimidos la mayor parte del día y siempre andaban con el agua al cuello, buscando fórmulas para ganarse la vida.

Coco, además de cantar, hacía colaboraciones con marcas de moda que le pagaban por subir fotos a su Instagram. Cuando me explicó este pequeño detalle, comprendí un poco mejor su obsesión por fotografiarlo todo. Aquella semana era la semana de la moda de Londres y Coco había sido invitada a algunos desfiles para promocionar las marcas en su Instagram. Yo no sabía muy bien de qué iba todo aquello, pero, cuando me dijo que la acompañara, acepté encantada. Los preparativos en su casa fueron todo un *show.* Nos pusimos manos a la obra para escoger su atuendo entre las miles de prendas que abarrotaban su armario.

—¿Te gusta cómo me queda esta chaqueta? —me preguntó.

—Me encanta.

—¿Y esta?

—También.

—Ya, pero ¿cuál de las dos te gusta más?

—No sé, las dos.

—¿Cómo que las dos? No pretenderás que me ponga una encima de la otra.

—No, me refiero a que te pongas la que quieras —dije enfrascada en Instagram.

Le estaba cogiendo el gustillo a eso de hacerme fotos y compartirlas con mis entonces quinientos seguidores que, claramente, había conseguido gracias a Coco. Desde que había abierto mi cuenta, Coco había subido cinco fotos conmigo y cada vez que me etiquetaba, aumentaba muchísimo mi número de seguidores. Supongo que me seguían porque querían saber quién era «la nueva amiga de Coco», pero yo todavía no comprendía muy bien aquel juego. ¿Por qué a la gente le interesaba la vida de personas a las que no conocían de nada?

—¡Greta! No me estás escuchando —se quejó Coco.

—Ay, no sé. Ponte la que te haga sentir más segura.

—Vale. Entonces la de cuero —resolvió.

Y por fin salimos de casa. Cogimos un autobús que nos dejó cerca de Somerset House, un antiguo palacete reformado que se convertiría, durante aquella semana, en el centro oficial para todos los periodistas, blogueros, estilistas y fotógrafos internacionales que tenían que cubrir los eventos de la semana para sus diferentes canales. Coco me dijo que llevara mi cámara, que me iba a divertir. Yo le contesté que ya la tenía en el bolso.

Nada más llegar empecé a ver gente de todas las nacionalidades con vestimentas estrambóticas haciéndose fotos sin parar. Se fotografiaban los unos a los otros y caminaban con prisa, parecía como si todo el mundo llegara tarde, como si nadie conociera a nadie. Había gente parada en cada esquina y no se sabía muy bien si estaban posando o esperando a que pasara algo. Descubrí gracias a Coco que simplemente era gente que quería ser fotografiada y que muchos no estaban invitados a los desfiles, pero que estaban ahí para dejarse ver.

Según cruzamos la puerta que daba entrada al recinto donde tenían lugar los desfiles, empecé a escuchar el sonido de miles de cámaras: chas, chas, chas, chas, chas, chas, chas. Eran los disparos y los *flashes.* Miles de fotógrafos empezaron a hacernos fotos sin ningún control. Sentí un desconcierto enorme. Me dieron ganas de volver al autobús corriendo.

—¿Qué ha pasado? —le pregunté confusa a Coco mientras corríamos buscando la puerta del desfile.

—Bienvenida al apasionante mundo de la moda, querida. —No entendí si el comentario significaba que ella había disfrutado de aquel momento o que, por el contrario, estaba igual de horrorizada que yo.

No tenía tiempo de analizar en detalle lo que estaba pasando. Por todas partes había fotógrafos robando imágenes como *paparazzis.* Fueras en la dirección que fueras, te encontrabas con uno de ellos. Te hacían fotos sin pedir permiso, como mucho te sonreían y se largaban con el botín. «Corre, corre, que llegamos tarde», escuché decir a Coco.

El desfile era de una marca de ropa que yo no conocía. Se llamaba Temperley o algo así. Cuando entramos, todo el mundo estaba sentado en bancos muy bien colocados en línea. Una chica nos hizo sentar en primera fila. Me pareció que ya conocía a Coco y que le daba preferencia porque tenía que hacer buenas fotos para subir a su Instagram. Para eso la habían contratado. Supuse que le habrían pagado una buena cantidad, pues me había dicho que con ese dinero se compraría una guitarra nueva.

—¿Y cómo tienes que hacer las fotos?

—Como quiera. Tengo libertad —me contestó—. Ellos me invitan para que yo retransmita el desfile desde mi punto de vista. Vamos, saca tú también la cámara.

—¿Puedo?

—¡Claro! ¿No ves a todo el mundo?

Me giré hacia los lados y vi que la gente hacía fotos con sus móviles. «De acuerdo —pensé—, ha llegado la hora de desenfundar mi cámara».

Se apagaron las luces y salió la primera modelo, una chica rubia escuchimizada con pinta de llevar muchos vuelos encima. Llevaba un vestido azul hasta los tobillos con una pedrería impresionante. Quise comentar el vestido con Coco, pero me mandó callar porque estaba grabando un vídeo. Entendí que había que disfrutar el desfile en silencio. Yo también me puse a hacer fotos. Hice unas quince, las que me dio tiempo. No era fácil inmortalizar aquella experiencia. Las modelos se movían rápido, los focos eran demasiado intensos y la ropa tenía mucho vuelo.

—Creo que tengo una foto buena —le dije a Coco en voz baja, satisfecha, acercándole mi cámara.

—Luego me la enseñas, que esto termina en nada.

—Vale —contesté.

Cuando parecía que el desfile había acabado, todas las modelos salieron en fila india. Aquel fue, sin duda, el momento álgido del evento. La gente aplaudía entusiasmada, algunos recogiendo sus cosas para irse pitando al siguiente desfile. Apareció en la pasarela el diseñador de la marca. Saludó con la mano, sonrió y desapareció, como si él también tuviera prisa. Y eso fue todo.

Salimos fuera y atravesamos de nuevo la puerta principal. Chas, chas, chas, chas, chas, chas, chas. Fotos y más fotos. Yo no sabía a dónde mirar. Me aparté un poco de Coco porque entendí que a quien querían fotografiar era a ella. Me refugié en mi teléfono simulando que consultaba algo. Estaba muerta de vergüenza. Coco sonreía todo el tiempo para salir bien en las fotos. No parecía una sonrisa forzada, la tenía muy estudiada y se sentía muy cómoda en ese ambiente, estaba acostumbrada a ser el centro de atención. Pero yo lo pasaba fatal, no sabía qué cara poner y sentía que cualquier cosa que hiciera estaba fuera de aquel protocolo.

Decidí esperar a Coco un poco apartada, al lado de un murito que había cerca, no sabía cuánto iba a tardar. Desde la distancia, le hice una foto con mi cámara. Sabía que le iba a gustar esa imagen. Salía radiante enfrente de decenas de fotógrafos que no cesaban de pedirle que los mirara. Yo seguía impactada por la situación.

—*Hi* —me dijo una voz suave y sigilosa.

—*Hello* —contesté intrigada.

Era un hombre muy delgado, más bien bajito y con el pelo bastante largo. Llevaba una cámara pequeña en la mano. Por su apariencia no pensé que fuera nadie importante.

—¿Te importa si te hago una foto?

Me chocó que, a diferencia de los demás fotógrafos, este me pidiera permiso con educación.

—Vale —accedí. En el fondo, me sentí halagada, así que le regalé una cálida sonrisa.

—Te dejo mi tarjeta —me dijo cuando acabó.

—Gracias.

—¿Cómo te llamas?

—Me llamo Greta Godoy.

—¿De dónde eres?

—Española.

—¿Me puedes decir de dónde es tu bolso?

—De Zara.

—¿Y tu chaqueta?

—De Zara también.

Guardó el cuaderno y deduje que aquella información no había sido relevante para él. Supuse que eso sería todo, pero contra todo pronóstico se acomodó a mi lado con intención de quedarse un rato charlando. Y ahí nos quedamos los dos, apoyados en el muro, observando el trasiego de fotógrafos, modelos y personajes de la moda.

—Mi nombre es Pierre Delacroix. Encantado.

—Igualmente.

—¿Fumas? —me ofreció un cigarrillo.

—Sí —contesté.

Lo cierto es que no solía fumar, pero en aquella situación nada me apetecía más.

Hablamos un rato, relajados, de cosas normales. Compartimos impresiones con un punto de vista bastante parecido. Entendí que él tenía que quedarse allí el resto del día. Una extraña confianza me hizo sentir como si le conociera de otra vida. Al terminar el cigarro, me despedí de él con dos besos. Él se quedó cortado porque me había tendido la mano para despedirse a la inglesa. «I hope to see you again», concluyó, y yo le contesté con una amable sonrisa. Todavía me costaba responder con fluidez.

Coco me recogió donde sabía que la estaba esperando y salimos airosas de aquel recinto.

—No tengo palabras. Me he quedado alucinada con lo que acaba de pasar —le dije.

Coco se reía con más intensidad que de costumbre, supongo que por los nervios.

—¿A que es un flipe?

—No sé si la palabra es *flipe*..., pero sí que es muy fuerte todo lo que se llega a mover aquí.

—¿Me haces una foto aquí con tu cámara? —me pidió.

—¿Otra más? ¿No has tenido suficiente? —Esto ya pasaba de castaño oscuro.

—Porfa..., la necesito.

«Una foto», había dicho. Pero claramente no fue una foto. Fueron unas veinte o más hasta conseguir exactamente la imagen que ella quería.

—¡Gracias, mi amor! —exclamó Coco, y recuperó su teléfono con ansiedad. Tenía prisa por pasar la foto por los filtros y subirla rápidamente a Instagram: *After the @temperley show with my dear @GretaGodoy.*

Cogimos el autobús y consulté mi teléfono. Tenía aproximadamente unas ciento cincuenta peticiones de amistad nuevas y, curiosamente, eso me hizo sentir un poco más feliz.

Llegué a casa bastante tarde y decidí llamar a mi hermana Carlota para contarle lo que había vivido. Carlota tenía dieciocho años y era una apasionada de la moda, sabía que ella habría disfrutado mucho aquella experiencia.

—No te vas a creer lo que me ha pasado hoy. He estado en la *fashion week* de Londres con Coco.

—¡Lo he visto! Os he visto juntas en la foto que ha subido Coco. Pero ¡qué guay!, ¿no? ¡Es mi sueño! Cuéntame, ¿cómo ha sido? Quiero todos los detalles.

Carlota escuchó con todos los sentidos puestos en la conversación, seguramente para retransmitírsela con pelos y señales a todas sus amigas. Ellas ya tenían Instagram, seguían a personajes como Coco y soñaban con que algún día tendrían una vida parecida a la suya, que vivirían en Londres de fiesta en fiesta y haciéndose fotos sin parar. Esta era la vida a la que aspiraban tantas y tantas chicas de su edad, una vida a la que solamente se llegaba si conseguías centenares de miles de seguidores. Pero ¿qué era lo que había que hacer para conseguirlos? Eso es algo que fui descubriendo gracias a la ayuda de Coco.

4

A la mañana siguiente, me desperté con un mensaje de Coco: «¿Has visto esto?», y una dirección web. Pinché en el enlace que me llevaba a la página de *Vogue*. No me lo podía creer: ¡yo aparecía en la foto de portada! En el titular del post se podía leer: «Así visten las chicas más estilosas de la *fashion week* de Londres».

Casi se me para el corazón.

Reconocí enseguida la foto que me había hecho aquel fotógrafo encantador con el que había estado hablando un buen rato. Recordé que me había dado su tarjeta, así que rebusqué en mi bolso para recordar su nombre y llamé a Coco.

—Es la foto que me hizo un tal Pierre Delacroix.

—¿Cómo? —respondió asombrada—. Pero, tía, ¿no sabes quién es Pierre Delacroix?

Pues no. Entonces no lo sabía. ¿Cómo iba yo a saberlo?

—¡Es el fotógrafo más *cool* del momento! Es el autor de *The Society*, el blog de moda más famoso del mundo.

—¡Ah, claro! —caí en la cuenta—, por eso me preguntó de dónde era mi ropa.

—¿Y qué le dijiste?

—Pues que era de Zara, ¿qué le iba a decir?

—¡Ay, madre! Haberle mentido.

—¿Estás de coña? —dije asombrada por su ocurrencia.

—Bueno, ¿dónde comes?

—En casa, ¿vienes?

—Vale. Llego en un rato. —Y colgó el teléfono.

Yo me quedé en la cama con el móvil en la mano, y en ese momento comenzó la fiesta. Empecé a recibir un bombardeo de notificaciones en la pantalla. «@PierreDeLaCroix y @Vogue te han etiquetado en una foto», me informó mi teléfono. Mis seguidores aumentaban a la velocidad de la luz. Refrescaba y refrescaba la aplicación sin dar crédito a lo que estaba sucediendo. En pocos minutos pasé de mil a tres mil. Seguía con los ojos como platos viendo subir el número de seguidores como si fueran acciones de Wall Street. Tuve una sensación extraña de empoderamiento difícil de describir. A las pocas horas tenía cinco mil y fue como si, de repente, me hubiera tocado la lotería.

Seguí atenta a lo siguiente que pudiera pasar. «Tiene 1 nuevo comentario». Pinché para ver de qué se trataba. Una tal Emilie me preguntaba:

«¿Me puedes decir de dónde es el abrigo que llevabas en la foto del blog *The Society*?».

«Es de Zara».

«Gracias, estás impresionante en la foto».

«Gracias».

Por un momento, me sentí halagada. Decidí meterme por curiosidad en su perfil para ver qué tipo de gente me seguía. Por su aspecto, tenía pinta de ser alemana o inglesa. En sus fotos aparecía un gato en repetidas ocasiones y una chica muy parecida a ella que supuse que sería su hermana. Le gustaban los cómics y las frases de autoayuda. Había muchas imágenes de su escritorio con bolis de todos los colores, por lo que deduje que sería ilustradora. De repente, me di cuenta de que había perdido otra media hora de mi mañana imaginándome la vida de una persona a la que ni siquiera conocía. ¡Qué ridiculez!

Me metí en la ducha de un salto y al salir, aún envuelta en la toalla, volví a coger mi teléfono con cierta ansiedad. Como si una fuerza superior quisiera comprobar que todo estaba saliendo bien, que todo seguían siendo buenas noticias. Esta vez tenía un mensaje de mi hermana: «Mira lo que me han mandado mis amigas». Era el enlace a la famosa foto del blog de Pierre. Por su mensaje pude deducir que estaba orgullosa de mí. «¡Eres la mejor, *sister*!». Le agradecí el cumplido. En realidad, no había hecho nada para merecer tanto reconocimiento. Pensé que la próxima vez que fuera con Coco a un desfile al menos pensaría mejor mi vestimenta. Es más: comprendí perfectamente por qué ella había meditado tanto el modelito antes de salir de casa.

Coco llegó para comer. Estábamos solas, mis compañeras de piso estaban trabajando. Solían llegar pasadas las once de la noche, y siempre agotadas. Su trabajo era muy sacrificado, no como el de Coco, que resultaba de lejos mucho más llevadero. Saqué el tema mientras comíamos.

—Y tú, ¿has encontrado algún trabajo interesante? —me preguntó Coco.

—Nada. Hoy no he hecho nada más que estar metida en Instagram.

—¿A que engancha? —Se notaba que ella vivía por y para la red social.

—¡Y tanto! Me he pasado media mañana metida en el perfil de una tal Emilie a la que no conozco de nada.

Coco había traído su comida en unos *tuppers*. Tenía una pinta horrible. Todo estaba cocido, decía que engordaba menos. Yo me hice una ensalada de canónigos con tomate y un poco de pollo a la plancha, lo mismo que comía en España. Al terminar, pasamos al salón, donde teníamos una tele sin sintonizar y dos sofás muy cómodos.

—Esta noche es la fiesta de Gucci. ¿Te apetece venir conmigo? —me preguntó Coco, encantada de tener una amiga desocupada que pudiera seguirle el ritmo.

—¿A qué hora es? —Yo dudaba de si me apetecía volver a meterme en una marabunta como la del día anterior.

—Sobre las ocho de la tarde. ¿Por qué? ¿Tienes algo mejor que hacer?

Coco hizo esa pregunta un tanto ansiosa. ¡Cómo podía yo dudar y mucho menos decir que no a la oportunidad de acudir a la fiesta de Gucci!

—La verdad es que no —respondí.

—¡Vente! Va a estar genial. Han cambiado al director creativo. El nuevo se llama Simon Roberts, es americano. Por lo visto es un *crack* y es la primera fiesta que hace la casa para anunciar su incorporación.

Con semejante introducción, hasta me sentí emocionada por el tal Simon.

—Bueno, vale, te acompaño. ¿Dónde es?

—En el Hotel Café Royal, uno de los más emblemáticos de Londres.

—Vale. Pero vamos desde tu casa, ¿no? —Quería asegurarme de que a aquel evento iría perfectamente vestida, y para ello necesitaba el fabuloso armario de Coco, que estaba, de lejos, mucho mejor surtido que el mío.

—¡Claro! Nos cambiamos juntas. Te dejo lo que quieras.

Coco era muy generosa, siempre lo había sido. Desde pequeña, me dejaba toda la ropa que tenía. Ella era hija única y nunca había tenido que compartir sus cosas con nadie. Otros niños se vuelven egoístas, pero Coco no era así. Coco era desapegada y se ilusionaba cuando tenía la oportunidad de ayudar.

Cuando salía de mi casa hacia la de Coco, me crucé con Fanny, una de mis compañeras de piso, que llegaba agotada del curro.

—¿Te vas?

—¡Sí! Tengo la fiesta de Gucci.

—¿Y eso? ¡Qué planazo, ¿no?!

—Sí, me ha invitado Coco. Voy como su «más uno».

—¿Y dónde es la fiesta?

—En Café Royal, uno de los hoteles más emblemáticos de Londres —presumí.

—¡Pasadlo fenomenal! —respondió Fanny—. Yo estoy agotada. Me hago algo de cena y me voy a dormir.

—Bueno, pásalo muy bien tú también —le dije, a pesar de saber que su plan nada tenía que ver con el mío.

Yo había llegado a Londres dispuesta a encontrar un trabajo normal en una oficina o en una tienda de moda, con unos horarios y un sueldo fijo al mes, pero, ahora que empezaba a descubrir la vida de Coco, me planteaba que quizás la mía también podía ser una vida más libre. Además, aquella profesión tenía mucho que ver con mi gran pasión: la fotografía.

Fui hacia Victoria Station para coger el metro que comunicaba con Notting Hill. Me encantaba aquella zona porque había muchas tiendas de segunda mano. Por aquel entonces, yo tenía un estilo muy *vintage*, no sé si porque la ropa me sentaba bien o porque era lo único que podía permitirme con el dinero que me pasaban mis padres.

Como a una niña pequeña a la que no le compran muchos juguetes, me encantaba ir a la habitación de Coco para probarme modelitos. Su cuarto era de película: tenía las paredes cubiertas de pósteres, espejos llenos de collares colgando, decenas de pares de zapatos muy desordenados y una colcha enorme sobre la cama con la bandera de Inglaterra.

—Oye, ¿no crees que tienes demasiadas cosas de Londres? Tu cuarto parece una tienda de *souvenirs* —le dije con tono sarcástico.

—Y más que voy a poner. Estoy enamorada de esta ciudad. Me ha cambiado la vida.

—¿No echas nada de menos España?

—Nada —respondió tajante—. Bueno, ¿qué? ¿Preparada para la fiesta? —me preguntó muy animada.

—Sí, aunque después de lo que vivimos ayer, quiero asegurarme de que hoy estoy a la altura de las circunstancias.

—¡No te preocupes! Yo te dejo lo que quieras —dijo feliz.

Coco empezó a sacar ropa de su armario como si fuera a mudarse. Casi todo era de Topshop, su tienda favorita: vestidos, faldas, sombreros y chaquetas de todo tipo. No me podía creer la de chaquetas que almacenaba. Llegué a contar más de cincuenta. Ella decía que lo más importante del armario de una mujer eran las chaquetas y los bolsos. Yo tomé nota de ello. A ella siempre le había gustado mucho más la moda que a mí y yo me había convertido, sin querer, en su aprendiz.

Me probé obediente una de las chaquetas que Coco me dijo que me sentaría bien. Una marrón de ante que tenía algunos flecos colgando. «Muy *western*», dijo ella.

—¿Seguro que no voy poco arreglada?

—¡Qué va! En Londres la gente va como le da la gana.

No hay códigos. Me encanta cómo te queda. ¡Cuídamela! La compré en Topshop el año pasado y es de mis favoritas.

Claro que se la iba a cuidar. Sin esa chaqueta, mi *look* no valía nada.

5

Llegamos al Hotel Café Royal. Ya en la acera, delante de la entrada principal, un grupo de fotógrafos se apiñaba sobre una alfombra rojo vino muy elegante. Tuvimos que pasar por delante para acceder a la entrada, recibiendo los correspondientes chas, chas, chas y los *flashes*. Un par de chicos vestidos de esmoquin nos preguntaron nuestros nombres. Coco se adelantó para ahorrarme el mal trago. «Coco más una», declaró. Uno de los jóvenes apuestos, con pinta de alemán de buena familia, desató el cordón de terciopelo para dejarnos pasar.

Desde aquel preciso momento pasé a analizarlo todo al detalle. Seguía preocupada por si mi atuendo estaba a la altura, pero no quería molestar a Coco con mis dudas. Ella me conocía muy bien y debió de ver la angustia en mis ojos. «Estás guapísima». Sus palabras me aliviaron.

En el vestíbulo había instalado un *photocall* muy bonito, con el logo de Gucci hecho con flores. «Son flores naturales», aclaró Coco, que no sé cómo lograba enterarse de todo. Lo siguiente que vi fue un montón de cámaras, también micrófonos, y más *flashes* de esos que ciegan a cualquiera. De pronto me sentí acalorada, como si se hubiera desatado un incendio dentro de mi cuerpo. Cuando me giré para avisar a Coco de que me estaba poniendo un poco nerviosa, vi que ella iba directa al *photocall*.

—Ponte conmigo, porfa. ¡Que no quiero salir sola!

—Me dijiste que no me harías esto —me quejé entre dientes.

—Porfa, porfa, porfa...

En fin, así era Coco cuando se ponía en plan consentida. Posamos juntas en aquel decorado por el que teóricamente solo desfilaban personas importantes del mundo de la moda. Superado el momento incómodo, nos fuimos hacia la barra, donde varios camareros, también apuestos, preparaban unos daiquiris de melocotón con una pinta deliciosa.

—¿Nos pone dos, por favor?

A los pocos minutos nos trajeron las dos bebidas acompañadas de dos chupitos.

—¡Invita la casa! —añadió amable uno de los camareros, con una sonrisa de esas que atraviesa el alma.

—¡Salud! —exclamó Coco, y se bebió el chupito de un trago. Enseguida se le iluminó la cara porque vio a alguien conocido—. ¡Gabriel, querido! ¿Cómo estás? ¡Qué alegría verte! —dijo en un tono, para mi gusto, un poco exagerado.

El tal Gabriel iba vestido entero de negro y se movía con indiferencia, como si fuera alguien importante. Me analizó de arriba abajo y me saludó con un gesto algo despectivo.

—¿Cómo estás, Coco? ¡Te veo divina!

—Mira, esta es mi amiga Greta.

—Hola. Encantada. —Nos dimos dos besos.

—Igualmente. Y tú, ¿a qué te dedicas?

—Pues ahora mismo a nada. De hecho, estoy buscando trabajo —contesté.

—¿Ah, sí? ¿Y dónde te gustaría trabajar?

—No tengo ni idea. He enviado el currículum a varias empresas.

—¿Pero de qué? ¿De moda, de arte?

—Un poco de todo —contesté. Sus preguntas me estaban agobiando.

Al percatarse de que no podía sacar ningún provecho de mí, Gabriel se dirigió de nuevo a Coco, con quien sí parecía tener miles de cosas de las que hablar. Por la velocidad a la que hablaban uno y otro supuse que a los pocos minutos se quedarían sin temas. Hablaban sin mirarse a los ojos, observando de reojo quién iba llegando. Yo me fui evadiendo gradualmente de su conversación para sumergirme de lleno en aquel mundo en el que todo era nuevo para mí.

En ese instante entró por la puerta del Café Royal la gran Alexa Chung. La reconocí en el acto. Alexa era una de las *it girls* más famosas del momento. Siempre había sido un ídolo para mi hermana Carlota y sus amigas. Todas querían vestir como ella y buscaban en Google sus estilismos para copiarlos. Llevaba una falda de cuero negra muy corta, un jersey blanco ajustado y unos botines de leopardo. Me alivió comprobar que ella tampoco iba muy arreglada.

Continué agarrada a mi daiquiri como si fuera el único que pudiera entenderme y observé a Alexa Chung desde la distancia. Me fijé en cómo se movía y en cómo saludaba a la gente, cercana pero distante a la vez. Se notaba que sabía moverse en esos ambientes y que aquella noche era para ella una noche más. Pero para mí no lo estaba siendo. Sabía que nunca me olvidaría de todo lo que estaban viendo mis ojos.

—Mira, Coco. Ha llegado Alexa Chung.

—Sí, ya la he visto —contestó ella restándole importancia, como si se vieran a diario.

Alexa Chung pasó por el *photocall* y sonrió como el resto de los famosos que iban apareciendo. Al terminar con el protocolo, vino directa hacia la barra donde estábamos nosotras. De hecho, me pareció que venía directa hacia mí. Al verla acercarse de frente, miré hacia otro lado. No quería que notara que la estaba observando descaradamente. Ella se colocó a mi derecha.

—¿Está bueno? —me preguntó con naturalidad.

—¿El qué?

—El cóctel.

—¡Ah, sí! Buenísimo —respondí nerviosa.

—Me pone lo mismo —le dijo al camarero, que la atendió con especial cariño.

—Me gusta mucho tu chaqueta —añadió.

—¡Gracias! La compré en Venice Beach —mentí, no sé por qué.

—¿Ah, sí? ¿Dónde, en Venice?

Mierda. Yo nunca había estado en Venice Beach.

—En una tienda *vintage* —seguí mintiendo.

La mentira se estaba haciendo grande y en cualquier momento podía dejarme en evidencia. Por suerte, Coco había dejado de hablar con su amigo para unirse a nuestra conversación.

—¡Alexa! ¿Nos podemos hacer una foto contigo?

—¡Claro! —contestó ella encantadora.

Coco sacó su Iphone del bolso y le preguntó al tal Gabriel si podía tomarnos la foto. Fue un momento un poco tenso, porque estoy segura de que él también quería salir, pero todo pasó en décimas de segundo. Gabriel nos hizo la foto rápido, sin ponerle demasiado cariño. Las dos estaban muy acostumbradas y posaron con naturalidad, pero yo me quedé en medio con una sonrisa forzada, los mofletes de color rosa y rezando porque Coco no soltara que la chaqueta era suya y que no la había comprado en Venice Beach, sino en Topshop.

Alexa Chung nos sonrió, cogió su daiquiri de melocotón y se fue. «Nice to meet you, girls!», se despidió con naturalidad, como si fuéramos sus amigas de toda la vida. Yo me quedé impactada por su simpatía. Desde aquel día se convirtió en mi *it girl* favorita. Y, además, le había encantado mi chaqueta, que aunque no fuera mía me hacía la misma ilusión.

Coco y yo quisimos comprobar rápido la foto que nos había hecho Gabriel. «A ver cómo salimos». Yo ya me había metido en la causa porque sabía que la foto podía tener muchísima repercusión. Miramos la foto y ahí estaba Alexa, sonriente, divertida, brillando como una estrella con aquella minifalda de cuero negra que le hacía unas piernas larguísimas. Coco también salía muy guapa, con una sonrisa muy natural. Y luego estaba yo, en medio de las dos, roja como un tomate, con cara de haberme colado en la foto con el entusiasmo de una fan incapaz de disimular su emoción.

A Coco le gustó la foto y decidió subirla a su Instagram, muy en contra de mi voluntad. «Qué más da. Es solo una foto», se justificó ella, que se veía estupenda, claro. Al final decidí no darle mayor importancia. Total, aunque no saliera muy favorecida, era una prueba de que había estado con Alexa Chung, y eso era lo importante. En cuanto la vieran mi hermana y sus amigas, se iban a quedar a cuadros. Había algo en su aprobación que me hacía sentir más viva.

Continuamos los tres, Gabriel, que ya era uno más,

Coco y yo, disfrutando de aquel evento en el que sucedían cosas del todo imprevisibles.

—Voy al baño —avisé a Coco.

—¡Vale! Te esperamos aquí —me contestaron casi a la vez.

Atravesando el recinto me sentí insegura y diminuta rodeada de tanta gente importante, pero también me sentí afortunada por estar entre tantas personas famosas a las que, hasta el momento, solo conocía por las revistas. Tenía curiosidad por saber cómo eran en la vida real, cómo se relacionaban, cómo se movían en aquellos ambientes exclusivos a los que tenía la suerte de acceder gracias a mi amiga Coco.

Mientras esperaba en la cola del baño, reconocí al fotógrafo de Somerset House, Pierre Delacroix.

—¿Pierre? —le pregunté.

—Hola, Greta. —Me sorprendió que él recordara mi nombre—. ¡Saliste muy bien en la foto! —añadió.

—¡Gracias! Si hubiera sabido que me la hacía el fotógrafo más famoso del mundo, me lo hubiera currado un poco más.

—Al contrario. Quedaste muy bien porque estabas natural. Se nota que no eres una *fashionista* como el resto —soltó con un deje sarcástico que dejaba entrever que, en el fondo, detestaba aquel ambiente.

En ese momento salió del baño un señor con una chaqueta de terciopelo negra que saludó a Pierre.

—Mira, Greta —dijo Pierre amablemente en inglés—. Este es Simon Roberts, el nuevo director creativo de Gucci. Es un gran amigo mío. Estudiamos juntos en la UCLA y es el responsable de esta fiesta maravillosa.

—¿Cómo estás? —Simon me dio dos besos a la vez que apoyaba su mano en mi cintura.

—Encantada, Simon. Es una fiesta genial —contesté en su idioma. No pude evitar sentirme atraída por él, aunque pensé que era demasiado mayor para mí.

—Me alegro de que lo estéis pasando bien. ¿De dónde eres, Greta?

—Española.

—Yo hablo un poco de español. —Simon intentó pasarse al español y sonaba muy gracioso, con un acento americano muy marcado.

Pierre soltó una carcajada y añadió:

—Sigues siendo igual de malo que siempre con los idiomas.

—No te creas. Ahora estoy aprendiendo chino. ¡Es el futuro! Os dejo, que tengo que seguir saludando a toda esta pandilla de locos. Nos vemos luego, Pierre. Encantado de conocerte, Greta.

Simon se despidió con una sonrisa de las que arrasan con todo lo que se pone en su camino. Yo me sentí feliz de estar conociendo a gente importante con la que, además, estaba desenvolviéndome bien. Cuando le contara a Coco que había conocido al mismísimo Simon Roberts, director creativo de Gucci, no iba a dar crédito.

—Bueno, y tú, ¿a qué te dedicas, Greta?

—Pues estoy buscando trabajo.

—¿Ah, sí? ¿De qué?

—Me gustaría ser fotógrafa. O trabajar en alguna revista. Cada día pienso una cosa.

—Es normal. Yo a tu edad tenía las mismas dudas que tú. ¿Qué es lo que te gusta de la moda?

—Me gusta la parte más sociológica. Me gusta analizar el porqué de las cosas, soy un poco friki —contesté.

—A mí me pasa igual.

—Por eso me gusta tu blog, porque es el reflejo de la moda que sigue toda una generación.

—Vaya, qué conclusión tan interesante. ¿Y escribes bien?

—Escribo a secas. Tengo un blog en el que voy colgando mis experiencias. Lo hago en mi tiempo libre. También me gusta mucho la fotografía.

—Vaya, pues en *The Society* justo estamos buscando alguien que tenga un poco tu perfil.

—¿En serio? —dije sin disimular mi emoción.

—Sí. ¿Por qué no me envías tu currículum? Tienes mi tarjeta.

—Fenomenal —respondí. Y nos despedimos al ver que uno de los baños quedaba libre.

En cuanto fue mi turno y entré en el baño, me puse a dar saltos de alegría. No me podía creer lo que me acababa de suceder. No me podía creer que el gran Pierre Delacroix me hubiera dicho que le enviara mi currículum. Sabía que tenía delante de mí una oportunidad irrepetible para trabajar en una de las webs más relevantes del mundo de la moda. Al salir del baño, me dirigí a toda prisa a la barra donde había dejado a Coco para contarle lo que me había ocurrido. Pero no la vi. La llamé un par de veces, pero tenía el móvil apagado, supuse que se habría quedado sin batería. Fueron, sin exagerar, los quince minutos más largos de mi vida.

Hice tiempo enfrascada en mi móvil. Al levantar de nuevo la mirada, vi, al otro lado de la barra, una cara que me resultó familiar. ¡Qué casualidad! Era Pablo, aquel chico rubio y atractivo que había conocido en el mercado de las flores. ¿Qué haría Pablo en aquella fiesta? ¿Pertenecía a aquel mundo del que yo sabía tan poco? Me acerqué para saludarlo.

—¿Te acuerdas de mí?

—¡Cómo olvidarla, señorita Godoy! ¿Qué la trae por aquí? —preguntó en clave de humor.

—Pues ya ve usted —respondí siguiéndole el juego—. Una noche de glamur más. Una de tantas, me refiero. —De un golpe lancé mi pelo hacia atrás, como haciendo un gesto de distinción.

—¿Ah, sí? ¿Suele usted venir a muchos eventos de este tipo?

—Solamente a los más exclusivos, como podrá usted comprender. Tengo un caché muy elevado.

—¿Le apetece tomar algo? —me ofreció.

Pablo y yo soltamos una carcajada tímida a la vez y luego pasamos a hablar de cosas normales. De repente, me sentí como en casa. Todos esos nervios, todas esas inseguridades desaparecieron. Se notaba que estaba delante de alguien de carne y hueso. Podría quedarme charlando con él horas y horas. Un rizo le cayó delante del ojo y él lo retiró de un soplido.

Observándolo perdí la noción del tiempo y dejé de escucharlo. Solamente podía mirarlo, mi imaginación se ocupaba del resto, se divertía pensando que me gustaría pasar el resto de mi vida con él. De repente, volví a la realidad cuando alguien me cogió del brazo por detrás. Era Coco.

La fiesta transcurrió sin más novedades, y casi lo prefería así. Eran ya demasiadas emociones. Cuando volví a casa y me puse cómoda, vi que Pablo me había agregado a Instagram. Supuse que me habría encontrado gracias a la foto que había subido Coco, ya que en ella había indicado la ubicación, Café Royal. Era una nueva posibilidad que Instagram había añadido recientemente y que te permitía saber quién había estado en el mismo lugar que tú. Me alegré entonces de que Coco hubiera subido aquella foto. Aunque no saliera muy agraciada, había servido para que Pablo me encontrara. Ya estábamos en contacto. Yo también quise seguir su cuenta para poder ver sus fotos. Pablo tenía el perfil cerrado, así que hasta que no me aceptara no podría ver más que su foto de perfil.

Me puse el pijama y cogí mi teléfono para activar la alarma del día siguiente. De nuevo volví a sumergirme en el apasionante universo virtual que me ofrecía Instagram. Le estaba cogiendo el gusto a aquella aplicación en la que, accedieras a la hora que accedieras, siempre estaban pasando cosas. Coco me había enviado algunas fotos del evento, y como en una de ellas me vi guapa, decidí subirla. Así Pablo podría verme y recordar aquella noche en la que nos habíamos reencontrado accidentalmente. Me di cuenta de que aquella herramienta, además de servir de inspiración para conocer gente y sitios, también te permitía conocer a gente nueva de otra manera.

Justo antes de apagar la luz, vi que Pablo me había aceptado. *Voilá.* Ya tenía acceso libre al álbum de su vida.

Me incorporé en la cama, fue como un chute de cafeína. Me puse cómoda y fui pasando sus fotos una a una para analizarlas con detenimiento. Cada foto me llevaba a una conclusión: como tenía fotos esquiando y jugando al fútbol, deduje que era deportista; salía también con sus amigos en San Francisco, Perú y Costa Rica, por lo que estaba claro que era un chico viajero. Vi también que tenía una moto, muy bonita, por cierto. Supe que era suya porque lo aclaraba en el texto. Luego aparecían unos chavales pequeños que, según leí, eran sus sobrinos. Seguí mirando un poco más hasta llegar a la foto de una chica que despertó mi curiosidad. Era un selfi. Ella se llamaba Marta y posaba en actitud cariñosa apoyada en su hombro con cara sonriente. También era rubia y tenía los ojos verdes. Era bastante mona. Por el contexto, reconocí que estaban en Ibiza. ¿Sería su novia? ¿O su exnovia? Comprobé la fecha de la publicación: marzo de ese mismo año. Es decir, la foto la había subido él hacía seis meses. ¿Sería tiempo suficiente como para que fuera su exnovia? Si no había más fotos recientes, ¿significaba entonces que ya no estaban juntos? ¡Qué locura!, pensé, y cerré Instagram.

Me había gustado aquel tal Pablo de quien tenía pocos datos. Pero lo que más me importaba en ese momento era que él me había seguido en Instagram, es decir, que había mostrado su interés en mí. No quería darle más vueltas. Prefería quedarme con esa sensación. Había sido una noche muy productiva en la que había conocido a Simon Roberts, Pierre Delacroix me había sugerido que le enviara mi currículum y Pablo Recasens me había agregado a Instagram.

6

Al día siguiente, me levanté con una resaca emocional que me impidió salir rápido de la cama. Recordé, lo primero, que tenía que enviarle el currículum a Pierre, pero el que tenía no valía nada. No lograría convencerlo de lo que yo podía ofrecerle. Así que lo que hice fue preparar una presentación de las cosas que yo cambiaría de su web. Le sugerí nuevas secciones y le mandé algunos ejemplos de gente a la que yo seguía, por si le podían servir de inspiración. En mi mensaje concluía diciendo: «Me encantaría poder enseñarte estas y otras ideas en persona». A los pocos minutos, me contestó al correo: «¿Puedes venir hoy a las oficinas? Estamos en Bond Street, 112». Le contesté que sí y me metí corriendo en la ducha. En menos de veinte minutos estaba en el autobús y logré llegar a aquel lujoso y moderno edificio situado en el corazón de Mayfair sin perderme.

—Tengo una reunión con Pierre Delacroix —informé en recepción.

—Espere aquí, señorita —me dijo una recepcionista educada y bien vestida—. Necesito su DNI para hacerle una tarjeta de visita.

Enseguida bajó Pierre a recogerme, vestido con una chaqueta verde caza y unos pantalones que le hacían un poco de bolsa. Llevaba sus gafas de concha redondas tan características. Nada más vernos, nos sonreímos. Teníamos una conexión especial que pude sentir desde el primer momento, cuando nos habíamos quedado observando desde la distancia el panorama de la *fashion week* y compartiendo las mismas conclusiones.

Atravesamos una planta llena de gente sentada frente a sus ordenadores y llegamos a su despacho acristalado.

—Bienvenida a *The Society*. Esta es mi pequeña familia —declaró orgulloso.

—¡Guau, Pierre, alucino! ¿Todo esto lo has empezado tú solito?

—Sí. Yo también me hago esa pregunta cada día —añadió con ironía.

—¡Enhorabuena! —dije de corazón.

—Greta, he de decir que me han sorprendido mucho tus ideas. Se nota que tienes una sensibilidad especial.

—Muchas gracias. Qué halago viniendo de ti.

—Verás, mi asistente, Iris, cogerá la baja por maternidad en siete días y estoy desesperado buscando a alguien que la sustituya. He visto a mucha gente todos estos días, gente con mucha experiencia en el mundo de la moda, pero creo que este, al final, es un trabajo de *feeling*. Yo me fijo más en el potencial de la gente. También valoro mucho la personalidad y la actitud. Me ha sorprendido la espontaneidad con la que me has enviado tus ideas. Y además —concluyó sonriendo— creo que tenemos ese *feeling*.

—Vaya, gracias, Pierre. No sé qué decir.

—Solo tienes que decirme cuándo podrías incorporarte al equipo.

—¿Hoy mismo es muy pronto? —pregunté con un gesto pícaro.

Pierre soltó una carcajada.

—¡Me encantas! ¿Qué te parece si te incorporas la semana que viene para que Iris te cuente un poco lo básico de este trabajo?

—¡Perfecto!

—Por cierto, no te he ofrecido nada de beber. ¿Quieres algo?

—No, nada. No quiero molestarte más.

—Nunca molestas. Ven, anda. Vamos a tomar un café y así te enseño un poco la oficina.

De camino a la cocina, noté cómo muchas de aquellas personas que estaban sentadas ante los ordenadores levantaban la mirada con curiosidad. Pierre era el jefe y debían de estar preguntándose quién era esa desconocida que caminaba a su lado y a quien trataba con familiaridad. Se notaba que, aunque fuera una persona cercana, Pierre se hacía respetar. Tenía una manera muy especial de hacerse querer y eso son cosas que se aprecian desde el primer momento. Muchos nos sonreían cordialmente y yo les devolvía la sonrisa. No me podía creer la suerte que estaba teniendo.

—¿Con leche? —me preguntó con una taza en la mano.

—Sí, por favor.

En ese momento entró en la cocina un chico con pinta de estirado.

—Greta, este es Henry Kimber.

—Hola, Henry.

Henry me miró con recelo. Fue el único de todas las personas con las que me crucé en la oficina que no se mostró amable conmigo. Con el tiempo supe que él soñaba con hacerse con el puesto que Pierre me acababa de ofrecer. Quería ser su mano derecha, pero su carácter egocéntrico y soberbio no habían logrado convencer a Pierre. A Henry le salvaba el hecho de ser un diseñador gráfico excepcional. De no ser por eso, Pierre jamás hubiera contado con él en su equipo.

—Henry es muy especial —me aclaró cuando el chico salió por la puerta—. Ya lo irás conociendo. Y esa de ahí es Isabella, es italiana. Verás que es una chica encantadora; se ocupa de maquetar el blog. Todo el equipo de la derecha —siguió indicándome a través de la puerta acristalada con su taza de café en la mano— son los informáticos. Y los del fondo, el equipo de producción. Solemos hacer tres o cuatro sesiones de fotos al mes. Cuando te incorpores, te darás cuenta de que el ritmo aquí es frenético. Tenemos muchos viajes cada semana, especialmente ahora durante la semana de la moda, que dura un mes.

—Qué divertido —es lo único que se me ocurrió decir. Me ilusionaba trabajar en un entorno tan dinámico. Sentía que encajaba mucho con mi personalidad.

Mientras Pierre me iba contando en qué consistirían mis tareas, me daba cuenta de que aquel era el trabajo de mi vida y haría todo lo que estuviera en mi mano para darlo todo y no decepcionarlo, para estar a la altura y demostrarle que había acertado conmigo.

—Bueno, ya tendremos tiempo de verlo todo con calma. Te voy a acompañar al Departamento de Recursos Humanos para presentarte a Anne Marie. Ella te dirá todo lo que tienes que traer para hacerte el contrato.

Al salir de las oficinas no me podía creer lo fácil y fluido que había resultado todo. Me alegré enormemente de haber ido con Coco al evento de Gucci. Al fin y al cabo, había sido un cúmulo de casualidades, estar en el lugar y en el momento adecuados. Me moría de ganas de llamar a mi familia para contarles que había conseguido el trabajo de mis sueños. Coco fue la primera en saberlo. Luego, al llegar a casa, llamé por Skype a mi familia. Eran las nueve de la noche, hora española, y mis padres y mis hermanas estaban cenando.

Aunque todos recibieron la noticia con gran ilusión, cada uno reaccionó a su manera:

Mi padre: «¿Hasta cuándo es el contrato, cielo?».

Mi madre: «¿Y te pagarán bien?».

Mi hermana Paloma (la mayor): «¿Lo habéis firmado ya? Hasta que no tengas el contrato en tus manos, no lo vayas contando».

Mi hermana Carlota (la pequeña): «¿Queréis dejarla en paz? ¿No os dais cuenta de que va a trabajar para Pierre Delacroix? No doy crédito. ¡Eres una *crack*, hermanita!».

Aquella noche todos me dieron la enhorabuena. Sabían que estaba a punto de comenzar un trabajo que me abriría muchísimas puertas. Y yo sabía que esa noche no iba a poder pegar ojo de la emoción. Tenía los nervios a flor de piel. Miré el reloj y eran las once. No sé por qué razón, me moría de ganas de contarle la noticia a Pablo. Recordaba haberle dicho que quería ser fotógrafa y, en fin, parecía que tenía ante mí la oportunidad perfecta para conseguirlo y también una excusa para empezar un chat. No pude contenerme. Le escribí un mensaje a través de Instagram para informarle de la noticia.

«Oficialmente, tienes una amiga fotógrafa».

«¿Y eso? ¡Tenemos que quedar para celebrarlo!».

7

La conversación nocturna con Pablo duró horas y finalmente quedamos en que nos veríamos el fin de semana, así que el resto de la semana la pasé nerviosa pensando casi más en nuestra cita que en la incorporación al nuevo trabajo.

Todo eran buenas noticias.

Las cosas empezaban a ordenarse y poco a poco Londres se fue convirtiendo en mi hogar. En casa, las chicas cada vez estábamos más unidas; es verdad que no nos veíamos demasiado porque Fanny y María se pasaban el día trabajando, pero igualmente sabía que podía contar con ellas, y ellas conmigo. Una noche coincidimos en casa con un ánimo bastante parecido; nos apetecía quedarnos tranquilas y pedir algo de cenar. Acomodadas en los sofás, las tres en pijama, nos disponíamos a pasar una noche de chicas. Había cambiado la hora y en Londres comenzaba a anochecer algo más temprano. También habían bajado las temperaturas y podía sentirse la llegada del invierno. Estar en casa calentita y en buena compañía era reconfortante.

Después de cenar y de contarnos cómo nos había ido la semana, Fanny y María encendieron el ordenador para ver una serie. Estaban enganchadísimas.

—¿Qué serie es? —pregunté, aunque no tenía gran interés en unirme a ellas.

—Es la segunda temporada de *Downton Abbey* —contestó Fanny.

—Ah —respondí sin más.

—¿Quieres que la empecemos contigo?

—No, no os preocupéis. Estoy agotada. Prefiero quedarme aquí adormilada. No voy a durar mucho.

Y, cómo no, abrí Instagram. Cada vez pasaba más tiempo consultando la aplicación. Tenía algo adictivo. Sentía que cuando navegaba por Instagram, mi cabeza estaba relajada. Busqué a mis amigos de Madrid, que ya empezaban a descargársela. La mayoría tenía el perfil cerrado, por lo que no me daban mucho juego, así que decidí meterme en el perfil de Pierre. Él seguía a todos los personajes interesantes del mundo de la moda. A muchos de ellos los había fotografiado él mismo y salían en @TheSociety. Las fotos de Pierre eran fáciles de reconocer, tenía un estilo propio. Solía retratar a las personas con apariencia relajada en escenas cotidianas, como si hubieran sido sorprendidas caminando por las calles de ciudades como Milán, París, Londres o Nueva York.

Me quité el jersey, estaba acalorada. Recoloqué los cojines. El tiempo pasaba volando, la serie había terminado y las chicas se habían retirado con los ojos llorosos y la nariz hinchada de tanto llorar. «Qué bonito es el amor», concluyó Fanny. Yo me había quedado sola en el salón. Desde el perfil de Pierre, fui saltando de uno a otro, de cuenta en cuenta, descubriendo e imaginando la vida de miles de personas a las que no conocía de nada. Era como viajar desde el sofá a diferentes vidas. Los perfiles más interesantes eran los de las blogueras, chicas normales que contaban su vida semanalmente en sus páginas. Cada vez ganaban más seguidores y utilizaban Instagram para promocionar sus publicaciones. Nacía así el fenómeno de las *influencers*, pero entonces todavía era muy incipiente.

Entre los perfiles que visitaba con más frecuencia recuerdo los de Caroline de Maigret, Miroslava Duma, Elin Kling o Chiara Ferragni, una italiana que se había convertido en un fenómeno mediático. *The Blonde Salad* era uno de los blogs de moda más visitados del mundo y todas las prendas que ella se ponía se agotaban en pocos minutos. Según un artículo de *The New York Times*, «todo lo que tocaba lo convertía en oro y en me gusta». La bloguera mejor pagada, que acumulaba un negocio millonario detrás de sus millones de seguidores. Me di cuenta de que las reglas del juego estaban cambiando y de que estaba naciendo una nueva profesión en el panorama digital que poco a poco iría conociendo mejor gracias a mi amiga Coco.

Mi favorita entre todas aquellas estrellas virtuales era Hanneli Mustaparta, una chica noruega de treinta y pocos años que, además de modelo, era fotógrafa y siempre iba vestida impecable. Parecía una muñeca de porcelana. Era sofisticada, con una piel perfecta. Su Instagram era un sueño. Todas sus fotos reflejaban un ambiente distinguido: sus viajes por la costa amalfitana, las casas de sus amigos, las sesiones de fotos que protagonizaba... Colaboraba con Calvin Klein como directora creativa. Se notaba que tenía una visión artística muy clara y un estilo *minimal* con un toque futurista que a mí me inspiraba mucho. Su novio también era guapísimo. En las fotos él parecía muy enamorado: le preparaba fiestas sorpresa, le regalaba ramos de flores y le llevaba el desayuno a la cama. ¡Jo!, yo también quería tener un novio así. Qué suerte. Aquella chica noruega se convirtió en una referencia de vida para mí.

Pensé en Pablo y en que solo faltaban dos días para verle y un escalofrío me hizo apartar la mirada del móvil. De pronto me di cuenta de que casi sabía más cosas de Hanneli Mustaparta que de mis compañeras de piso.

La casa estaba oscura y silenciosa. Volví a coger el móvil y me puse a borrar fotos, ya que no tenía espacio; el eterno problema. Encontré, entre las imágenes del verano, una con mi hermana Carlota en el barco de mis padres y decidí subirla a Instagram. Le puse el filtro Valencia, que nos hacía parecer más morenas, y puse de título *Memories with @ CarlotaGodoy*. Siempre que me aburría, subía una foto porque enseguida recibía muchos me gusta que, de alguna manera, me hacían sentir más acompañada. Comprobar el éxito de mis fotos me producía satisfacción y me acostumbré a ir subiendo una cada día.

Me encantaba verificar a quién le gustaban mis fotos. Pero aquella noche el único clic que me importaba era el de Pablo. Y no lo tuve. Me consolé pensando que tenía algo mucho mejor: una cita con él. Habíamos quedado en el mismo sitio donde nos conocimos. Qué ganas.

Aquella noche soñé con Hanneli Mustaparta, la costa amalfitana y aquel desayuno que yo también quería que me trajeran a la cama.

A la mañana siguiente, la alarma de mi teléfono sonó anunciando que había llegado el gran día. Me levanté de un salto. Puse la música, *Alt-J*, a todo volumen. Al abrir Instagram, vi que tenía un me gusta nuevo. ¡Por fin, el de Pablo! Eso hizo que me sintiera todavía más feliz. En la ducha me puse a canturrear la canción que sonaba. Miré por la ventana para ver qué tiempo hacía: lucía el sol en Londres, lo que me hizo intuir que aquel sería un gran día. Me puse mis Levi's 501 de cintura alta y me llevé un jersey de rayas por si luego refrescaba. Habíamos quedado a las doce, pero yo llegué unos minutos más tarde porque todavía me seguía confundiendo con las líneas de autobús.

Cuando llegué a Columbia Road, vi a Pablo de lejos. Llevaba los cascos de música puestos. Le observé desde la distancia. Estaba más guapo que nunca, con su pelo rubio ceniza que le llegaba a las orejas y un chubasquero azul marino. Pablo tenía unas facciones muy marcadas y la nariz con un poco de caballete. La expresión de sus ojos me enamoró desde el primer momento en que lo conocí, hacía unas semanas, en el mismo sitio en el que ahora habíamos quedado. Respiré hondo y fui directa a saludarle.

—Pero, bueno, ¿es usted la fotógrafa Greta Godoy?

—Hola, sí, ¿quieres un autógrafo?

Recuerdo una frase de mi abuela que decía que al amor solo se llega a través del humor. Yo aún no sabía si lo que sentía por Pablo era amor, porque de eso solo te das cuenta con el paso del tiempo, pero sí sentía que estar con él era como viajar a otro planeta. Todas las cosas del mundo real desaparecían y nos sumergíamos en un mundo común donde todo era más bonito.

—¿Qué escuchabas? —le pregunté volviendo a la realidad.

—*The Look*, de Metronomy. ¿Los conoces?

—No los conozco. ¿A ver? —Estiré mi mano para coger uno de sus cascos y acercarlo a mi oído—. ¡Qué chula! ¡Me encanta!

Seguimos hablando de música y llegamos a la conclusión de que nos gustaban los mismos grupos. Kings of Leon, Grizzly Bear, Future Islands…

—¡Tenemos que ir a algún concierto juntos! —dije entusiasmada.

—¡Eso está hecho! —respondió Pablo.

El mercado de Columbia Road estaba repleto de gente. Yo seguía a Pablo con una extraña confianza que hacía que todo fluyera. Llegamos al mismo puesto de flores donde nos conocimos.

—¿Te suena? —le dije agarrando un ramo de peonías blancas e imitando la misma escena.

—¡Menuda cola formaste! ¿Te suena? —Me imitó él dudando entre qué flores escoger.

Pablo me cogió de la mano.

—Espera un momento —dijo, y se dirigió al hombre de las flores—. Deme ese ramo de peonías, por favor.

—¿Otra vez? Pablo, tengo un jardín entero en casa.

—Te lo mereces. Enhorabuena por tu nuevo trabajo, Greta Godoy —declaró mirándome a los ojos con la misma emoción con la que me hubiera mirado un ser querido.

Me sentí doblemente afortunada.

—¿Tienes hambre?

—La verdad es que sí —le contesté.

—¿Te gusta el queso?

—Mucho.

—¿Y el vino?

—¡Muchísimo!

—Pues vamos a ir a uno de mis sitios favoritos en Marylebone.

Pablo llevaba diez años viviendo en Londres y conocía todos los sitios con encanto de la ciudad. Cogimos el autobús que nos dejaba en la zona de Marylebone. Fueron más o menos unas diez paradas, que se me pasaron volando. Nos sentamos en los asientos del fondo. Desde allí, Pablo me iba explicando los sitios por donde íbamos pasando:

—Mira, ¿ves ese restaurante? Donde pone Tramshed.

En ese sitio sirven el mejor pollo de la ciudad. Dentro tienen una obra de Damien Hirst: una vaca gigante dentro de una pecera de vidrio. Es una pasada. ¡Un día te llevo para que lo veas!

Una y otra vez hacíamos planes futuros en común y eso me ilusionaba cada vez más.

—¡Qué guay! Me encanta Damien Hirst.

Llegamos al restaurante de Marylebone, La Fromagerie, un pequeño establecimiento francés donde, además de servir comida, también había delicatesen para llevar. El sitio parecía una antigua despensa y tenía mucho encanto. Pocas mesas, muy pegadas entre ellas. Tuvimos suerte y nos sentaron en una de las mesas de la entrada que daban a la calle.

—Me encanta este sitio —dije.

—Me alegro. Suelo traer aquí a mi familia cuando vienen a visitarme. A mi madre le encanta el queso y siempre viene a comprar para llevárselo a casa. No quiero imaginar cómo debe de oler su maleta. La última vez que vino…

Continuamos hablando de mil cosas. De su familia y de la mía. También de su trabajo. Pablo era decorador. Sobre todo hacía proyectos de decoración para eventos. Era autónomo y le iba muy bien así. Había estudiado Diseño de Interiores en la London Design Academy, y en cuanto terminó la carrera, decidió montar su propia empresa. Trabajaba con proveedores muy exclusivos para marcas de lujo, por eso habíamos coincidido aquella noche en la fiesta de Gucci.

—¿Así que hiciste tú aquel logo de flores naturales?

—Exacto. Entre otras cosas.

—¡Pues nos encantó a Coco y a mí! ¡Qué trabajo tan chulo! ¿Es muy duro?

Pablo me explicó que sí, que era duro, sobre todo porque le tocaba trabajar muchos fines de semana, la vida del autónomo era muy sacrificada. Había meses en los que tenía mucho trabajo y otros en los que no tanto, dependía de la época. Yo lo escuchaba embobada. Pensando en mí misma, en mis planes y mis anhelos, procuraba aprender todo lo que podía de sus más de diez años de experiencia en el sector.

—A mí me encantaría trabajar por mi cuenta algún día, montar mi propio negocio —declaré soñando en voz alta.

—Bueno, tú ahora céntrate en lo de Pierre. Ya tendrás tiempo.

De alguna manera, su consejo me caló.

Nos trajeron el queso y el vino. Estaba todo delicioso. Pablo estuvo muy atento en todo momento, cuidando que no me faltara nada. Acabamos de comer y salimos a fumar un cigarrillo apoyados en la barandilla que había en la entrada del restaurante. Fue una velada magnífica.

Al llegar a casa aquella noche, puse las flores que me había regalado en un jarrón de cristal, sustituyendo al antiguo ramo, que se había marchitado. Cada vez que las mirara, me recordarían aquella cita tan especial que nunca olvidaría.

8

Desde aquella cita no paré de pensar en Pablo ni un solo segundo. Tenía unas ganas tremendas de volverlo a ver, pero no sabía cuándo sería la próxima vez y esperaba que fuera él quien me lo propusiera. Su silencio en los días siguientes me inquietó, pero, por suerte, el tiempo en Londres pasaba volando y durante dos semanas estuve completamente volcada en mi nuevo trabajo con Pierre. Él estaba en Nueva York llevando a cabo un proyecto importante, de modo que Isabella, la chica italiana, se encargó de hacer de guía y de explicarme cómo funcionaban las cosas dentro de aquel micromundo llamado *The Society*. «Dentro de poco estarás preparada para venirte conmigo», me dijo Pierre en uno de sus correos.

Yo todos los días llegaba a casa agotada del esfuerzo de tener que hablar todo el tiempo en inglés, pero estaba feliz porque notaba que mejoraba a una velocidad vertiginosa. Ya no me daba miedo encontrarme a la gente en la cocina o escribir correos. Cada vez me desenvolvía con más soltura y seguridad.

Londres se convirtió, definitivamente, en la ciudad de mis sueños. Todos los días, de camino al trabajo, daba gracias a Dios por estar en una ciudad como aquella. Entendía la pasión que sentía Coco y no veía la fecha de caducidad.

Londres era una ciudad efervescente. Tenía algo que te impedía quedarte en casa. Siempre había un evento, unas copas, una cena..., algo que te empujaba a salir. Tenía también el encanto de una ciudad cosmopolita. Cada día conocíamos a nuevas personas que terminaban convirtiéndose en amigos. Pero esos amigos también iban y venían. Mucha gente volvía a sus ciudades respectivas. Londres no dejaba de ser un sitio de paso para todos.

Pero no solo disfrutaba de los planes con los demás. Aún me gustaba más perderme sola por la ciudad, por aquella ciudad limpia en la que todo funcionaba a la perfección. Creo que nunca he visto un parque tan hermoso como el St. James's Park, con esos árboles que parecen no terminar nunca. Muchos días me quedaba tumbada en la hierba mirando al cielo e intentando calcular la longitud de aquellos troncos. De vez en cuando, dejabán caer alguna hoja a cámara lenta que anunciaba la llegada del invierno.

Con Pierre todo iba sobre ruedas. En cuanto volvió de su viaje, me convertí en su máxima confidente. Para entonces yo ya había aprendido todo lo que tenía que saber sobre el trabajo y sobre él para poder asistirlo. No se equivocó con el *feeling* que sentimos al principio, nos llevamos siempre muy bien. Pronto empezamos a viajar juntos a distintas ciudades de Europa. Teníamos sesiones de fotos para marcas conocidas y en los descansos nos perdíamos por las calles para fotografiar a gente local para el blog.

Poco a poco, Pierre fue dándome cada vez más libertad. Incluso me dejaba disparar a mí algunas de las fotos que luego salían en *The Society*. Yo se las enviaba a mis amigas para presumir, orgullosa; por fin, mis propias fotografías. Gracias a Pierre aprendí de luz, de composición y de estilismo. También conocí a muchas personas interesantes del mundo de la moda. Me presentó a muchos de los que estaban aquella noche en el evento de Gucci: fotógrafos, directores de revistas e *influencers*.

Y también gracias a Pierre empecé a tener más seguidores. Cada vez que él me etiquetaba en su Instagram se sumaban a mi cuenta miles de personas. Alcancé los veinte mil sin apenas percatarme. Era muy consciente de que en mi sector estaba muy bien considerado el tener una buena imagen digital, y yo, para entonces, ya tenía una estrategia bastante definida que había establecido con Coco: subía una media de dos fotos al día para mantener activo mi perfil.

Una tarde, cuando terminamos de dar uno de esos largos paseos en busca de gente estilosa, Pierre y yo nos sentamos a descansar en las sillas de rayas de Green Park. Había sido un largo día. Nos quedamos unos instantes en silencio. Al poco, me pidió si podía explicarme algo muy personal. Nunca antes había compartido conmigo ninguna intimidad, así que yo puse todos mis sentidos alerta para poder aconsejarle lo mejor posible.

—¿Sabes? Pienso que este mundo, el de la moda, es muy frágil. Un día estás ahí arriba, todo el mundo te quiere, todas las marcas te buscan... Pero con la misma facilidad puedes caer. Es una industria que te eleva y te destruye.

—Pero tú eres muy bueno, Pierre, no tengas miedo. Tienes mucho talento y siempre estás reinventándote, no creo que corras peligro.

—Claro que lo corro. En esta carrera no puedes dar nada por sentado. Hay mucha competencia. Antes éramos pocos los fotógrafos que hacíamos fotos de *street style*, pero ahora salen hasta de debajo de las piedras. ¿Viste cuántos fotógrafos jóvenes había en Somerset House el día que te conocí?

Asentí con la cabeza tratando de comprenderle. Me parecía una reflexión interesante y hacerla en alto le hacía muy humano. Aun así, yo no dudaba de sus capacidades. Pierre tenía muy buena reputación. Era uno de los fotógrafos más considerados en el mundo de la moda, había formado a los mejores equipos y, además, se había sabido rodear muy bien de gente influyente. Pero, como todo genio, tenía sus miedos. Al haberse volcado tanto en su trabajo, había descuidado su vida personal. Pierre me contó que tenía una novia desde hacía años a la que apenas veía, que con tantos viajes no podía atenderla como merecía. Ella veía en Pierre al padre perfecto del hijo que ansiaba tener y, como estaba muy enamorada, se lo permitía todo. Pero desde hacía unos meses Pierre notaba que Grace se estaba empezando a cansar. Supongo que eso le hizo reaccionar.

—Tengo la sensación de haber dedicado los últimos años de mi vida exclusivamente a mi profesión y de haber descuidado mucho mi relación con Grace. Ella se merece a alguien que la sepa amar de verdad. Siento que estoy siendo muy egoísta...

—No te exijas tanto, Pierre. Estás haciéndolo lo mejor que puedes. Grace te conoce bien y te quiere tal como eres.

—Ya, pero no me quito ese sentimiento de culpabilidad.

—¿Por qué no lo hablas con ella? Seguro que, si le explicas cómo te sientes, te entenderá. Es mejor que la hagas partícipe de tus sentimientos.

—¿Tú crees? No quiero agobiarla ni preocuparla.

—Yo creo que sí. A las mujeres nos gusta saber cuándo

atravesáis por crisis de este tipo. Creo que hablarlo con ella es lo mejor que puedes hacer. Explícale el punto en el que estás. Dile que la quieres, que sientes no haber estado muy pendiente de ella en los últimos meses, pero que tienes ilusiones y planes de futuro con ella… Eso es lo que ella querrá escuchar.

—Tienes razón. La invitaré a cenar un día de estos para hablar con ella. Gracias —me dijo para concluir el tema—. Bueno, ¿y tú qué? ¿Tienes alguna historia por ahí?

—Bueno… —empecé, sonriendo con algo de vergüenza—. Conocí hace poco a un chico…

—Déjame que adivine… ¿Alemán?

Negué con la cabeza.

—¿Italiano?

Seguí negando.

—¿Francés?

—¡Es español! Madrileño, como yo.

—Me gusta. Es mejor que sea de tu misma cultura. Eso facilita mucho las cosas. ¿Y cuándo le has visto por última vez?

Le conté un resumen de la historia con Pablo. Le expliqué que, desde que lo había conocido en Columbia Road, lo había visto otras dos veces: en el evento de Gucci y en la cita que habíamos tenido en La Fromagerie, pero que, desde entonces, no había vuelto a saber nada de él, y ya habían pasado un par de semanas.

—¿Y por qué no le escribes tú?

—¿Tú crees? Me da miedo parecer demasiado dispuesta.

—Qué tontería. ¡Eso es de otro siglo, Greta! Tú eres una chica moderna. Mándale un mensaje para quedar esta semana. ¿Tienes algún plan al que puedas invitarlo?

Refrescando la memoria, caí en la cuenta de que el jueves siguiente Coco y su grupo tocaban en un bar que se inauguraba en Mayfair. Quizás esa era una buena excusa para retomar el contacto. Pablo había conocido a Coco en el evento de Gucci y ella le había contado lo de su grupo. Además, el grupo era bueno y, en fin…, ¿por qué no? Agradecí a Pierre el empujoncito, nos despedimos y ahí quedó la cosa.

Al torcer la esquina hacia mi casa, vi a Coco en la puerta.

—¡Coco!, ¿qué haces aquí? —exclamé sorprendida. No la esperaba.

—Buf… Menos mal que has aparecido —dijo aliviada—. Me he dejado las llaves en casa de Paul y no sabía dónde ir. Además, para variar, me he quedado sin batería. No sabía cuánto tiempo tendría que esperarte…

—¡Pues has tenido suerte! ¡Pasa, anda!

Entramos en casa y fuimos directas a mi habitación.

—¿Estas son las flores de Pablo? —me preguntó.

—Sí, otro ramo marchito. No sé nada de él, pero he pensado que me gustaría invitarlo a tu concierto este jueves. ¿Qué te parece?

—Me parece fenomenal.

—¿Me ayudas a escribirle el mensaje?

—Claro.

Debatimos un rato sobre qué decirle hasta que dimos con el mensaje que consideramos más acertado:

«Pablo! ¿Cómo estás? Mi amiga Coco da un concierto el jueves en un bar nuevo que abren en Mayfair. ¿Te apetece venir? Greta».

Lo mandé y me quedé inquieta esperando la respuesta.

Me parecía muy extraño no haber sabido nada de él después de lo bien que había ido nuestra cita en La Fromagerie. Intuía que algo raro estaba pasando.

A la mañana siguiente me desperté con un mensaje suyo que decía «Allí estaré». Ese mensaje cambió completamente mi estado de ánimo.

9

El mensaje de Pablo fue todo un alivio. Aquel jueves fui a casa de Coco para arreglarme. Coco estaba nerviosa por el concierto, y yo, por volver a ver a Pablo. Necesitaba saber por qué habíamos perdido la conexión. No iba a permitir que aquel chico del que yo ya me había encaprichado desapareciera de nuevo de mi vida.

Coco me abrió la puerta rápido y la seguí hacia el baño, donde tenía conectadas las planchas del pelo.

—Estoy histérica, aunque va a ser un concierto pequeño —me explicó mirándome a través del espejo, atareada con el alisado de la melena—. Paul no puede venir, él da otro concierto en Brick Lane.

—Vaya, qué pena.

—Por cierto, he visto que has llegado a los veinte mil seguidores.

—Ya..., ¡muy fuerte! Supongo que por las fotos de Pierre, y por las tuyas, claro.

—¿Sabes qué? Siempre he pensado que tenías madera de *influencer.*

—¿*Influencer* yo?

—Sí, eres buena fotógrafa, tienes buen ojo. Y a la gente le gusta tu Instagram porque pones muchas fotos de planes y de sitios guais. No se trata solamente de la ropa que llevas. De hecho, nunca etiquetas a las marcas.

—Ya... ¿Crees que debería?

—Sí, yo creo que sí —me aconsejó mientras se afanaba con el pelo—, porque así las marcas te contactarían para hacer colaboraciones.

La opinión de Coco significaba mucho para mí y me halagaba saber que creía en mí, que le gustaban mis fotografías. Nunca me había planteado eso de ser *influencer*, pero, poco a poco y sin pretenderlo, había ganado una audiencia de seguidoras fieles a las que les gustaban todas mis fotos y me enviaban mensajes, sobre todo para preguntarme de qué marca era mi ropa.

—¿Estás lista? —me preguntó Coco.

—Sí. Te he cogido esta chaqueta.

—¡Genial! ¿Has llamado al Uber?

—Sí, aquí dice que está a ocho minutos.

—Perfecto, vamos bajando.

Llegamos al bar las primeras junto con los tres músicos de la banda. Me senté en la barra mientras ellos montaban todos los instrumentos en el escenario. El bar era pequeño. Tenía una barra redonda acolchada, de las antiguas, una pista de baile donde cabrían como mucho sesenta personas y un escenario en altura para los músicos.

—¿Quieres algo de beber? —me ofreció amable Brian, el bajista del grupo.

—No, gracias, estoy bien —contesté. No quería que se molestase.

—¿Seguro?

—Seguro.

Empezaron a ensayar. Yo los esperaba en la barra con mi teléfono, inmersa en Instagram. El comentario de Coco me había dado que pensar. ¿Tendría yo madera de *influencer*? ¿Sería ese un camino viable? Me acordé de la anécdota del aeropuerto de París; un chico me había parado y me había dicho: «Perdona, ¿eres Greta Godoy? Mi novia y sus amigas te siguen. Dicen que eres su *it girl* favorita». También a Carlota le preguntaban a menudo, gente a la que yo no conocía de nada, si era la hermana de Greta Godoy. Eran algunas señales que me servían para llegar a una conclusión cada vez más evidente: me había convertido en un personaje público debido al alcance imprevisible de aquella plataforma.

—Toma, bebe algo. Te vas a deshidratar —Brian volvió a acercarse a mí con una cerveza fría en la mano. En esta ocasión la acepté—. Es un vicio eso de Instagram, ¿no crees?

—La verdad es que sí, pero también es muy útil.

—Sí, si aprendes a utilizarlo con equilibrio, supongo que sí. Yo me lo he desinstalado.

—¿Y eso?

—Pues porque me crea una desilusión profunda ver que a todo el mundo le va tan bien. Me parece un poco falso, son vidas ficticias.

Recordé que Coco me había contado en alguna ocasión que Brian era un chico muy profundo.

—Te comprendo.

—En fin, no te quiero aburrir con mis teorías. Vuelvo con los chicos, que empezamos en nada.

—Vale.

—¡Brian! —añadí.

—¿Sí?

—Gracias por la cerveza.

—De nada —dijo con una sonrisa.

Brian tenía razón. A mí también me generaba un poco de ansiedad ver todas aquellas fotos de gente a la que todo le iba siempre bien, pero la verdad es que a mí también me iba bastante bien y me apetecía compartirlo con el mundo. Además, no lo hacía aposta, me salía de manera natural. Vivía, hacía fotos y compartía todas las cosas que creía que podían inspirar a otras personas. No tenía intención alguna de provocar envidia ni nada por el estilo. Simplemente, me gustaba mostrar los sitios bonitos a los que tenía acceso gracias, en parte, a mi trabajo con Pierre.

La sala se empezó a llenar. Llegaron amigos de los músicos. Por fin bajaron los teloneros del escenario para dar paso al grupo de Coco. Tenía la sensación de que Pablo podía aparecer en cualquier momento. Miré hacia la puerta una última vez, pero no lo vi. Esperaba que no se hubiera olvidado. Todavía no lo conocía lo suficiente como para adivinar el motivo por el cual podía llegar tarde.

Coco y su grupo salieron al escenario. Ella estaba espectacular con su chaqueta vaquera, su falda de cuero y sus botas negras de Topshop que decía que le traían suerte. En cuanto empezó a cantar, el público dejó de hablar para escucharla con atención. Habían tocado dos canciones cuando vi a Pablo aparecer por el lateral de la sala, que ahora estaba a rebosar de gente. Le hice un gesto con la mano y se acercó.

—Hola —me saludó en voz baja. Coco estaba cantando una canción en acústico y se escuchaba cualquier murmullo.

—Hola —le respondí con mi mejor sonrisa—. ¿Quieres? —le ofrecí un sorbo de mi cerveza y él aceptó.

Tocaron tres canciones más. Pablo no se esperaba que el grupo tuviera tanto nivel. «Son muy buenos», me dijo un par de veces entre canción y canción. Al terminar el concierto, los dos aplaudimos con todas nuestras fuerzas. Me sentía orgullosa de Coco. Después de los bises, Pablo y yo encontramos un hueco cerca de la barra para hablar tranquilos.

—¿Cómo estás, Greta? —me preguntó muy formal.

El tono no me gustó. No había ni una pizca de aquel sentido del humor que me había enamorado. Aun así, intenté responder como si nada.

—¡Bien! Viajando mucho últimamente. Y tú, ¿qué tal?

—Yo también. No he parado estas últimas semanas...

Pablo no me miraba a los ojos y yo notaba que pasaba algo.

—Te noto cansado. ¿Estás bien?

—Sí. Solo que... Quería hablar contigo.

—¿Ah, sí? ¿De qué?

—Mira, sé que no te debo ninguna explicación y que nos conocemos desde hace apenas un mes, pero... Desde el día que te vi en Columbia Road, me pareciste alguien especial...

—Pablo, ¿qué estás tratando de decirme?

—Perdona. Voy a intentar ser lo más sincero posible. Verás, hasta hace pocos días estaba saliendo con una persona.

Se me atragantó la cerveza, pero intenté parecer lo más natural posible.

—No tenía ni idea.

—Claro que no. Cómo ibas a saberlo. El tema es que llevábamos una temporada mal. Y desde el día en que te vi en el evento de Gucci, me di cuenta de que mi relación no tenía sentido. Pensé que sería mejor dejarlo con ella. Y además..., además... No podía dejar de pensar en ti cada día.

—Perdona, ¿entonces tenías novia el día que comimos en La Fromagerie?

—Teóricamente, sí.

—Teórica y prácticamente, sí.

—Lo sé. Sé que suena fatal, pero es una historia que viene de muy atrás. Entiendo que no quieras verme o que pienses que soy un cabrón, pero tenía que ser sincero contigo. Estos días he estado intentando solucionar las cosas con ella de la mejor manera que he podido. Llevábamos juntos cuatro años y no es fácil dejarlo con alguien a quien has querido tanto y con quien has pasado tanto tiempo…

—No necesito detalles —repliqué un poco seca.

—Bueno, solamente quería que supieras el motivo de mi ausencia.

—Pero entonces… ¿ya no estáis juntos?

—Ahora mismo, no. Siento tener que soltarte todo este rollo, pero quería que supieras la verdad.

En ese momento, Coco interrumpió la conversación.

—¡Pablo! ¡Qué sorpresa! Gracias por haber venido —dijo haciéndose la sorprendida.

—¡Enhorabuena! ¡Me ha encantado el concierto! ¡Sois muy buenos! —exclamó Pablo entusiasmado—. Tú tienes una voz preciosa. Y el chico del bajo es una pasada.

—¡Brian! Sí, tocaba con Razorlight hace años. ¡Es una buena incorporación al grupo!

—Yo también toco el bajo —explicó Pablo.

Yo apenas podía seguir la conversación porque estaba en estado de shock. Era la primera conversación «seria» que teníamos y no me esperaba aquello para nada. Una mentira nada más empezar la relación. Me supuso un auténtico revés del que ya vería cómo me recuperaba.

—Me voy a ir ya —dije contrariada.

—Te acompaño —dijo Pablo, y salimos a la puerta a coger un taxi.

—La verdad es que no sé qué decir, Pablo —expresé con sinceridad.

Lo que deseaba de verdad era olvidar ese inicio accidentado y volver a empezar. Sí, me había mentido, pero ¿quién era yo para juzgarlo? Y ahora se estaba sincerando, ¿no?

—Comprendo que estés enfadada, que no entiendas cómo pude proponerte quedar teniendo novia y que…

—No, lo que quiero decir es que yo también he sentido algo muy fuerte por ti. Me gustas de verdad. Hace mucho que no me sentía así… Y no tener señales tuyas me ha hecho extrañarte más de lo que podría haber imaginado.

—Me halaga escuchar eso —dijo con una sonrisa— y te agradezco tu sinceridad. Me gustaría verte este fin de semana. ¿Te quedas en Londres?

—Sí, me quedo.

—¿Puedo invitarte a cenar? Quiero explicarte todo con calma. Te prometo que estoy intentando hacer las cosas lo mejor que puedo.

—Te creo —contesté de corazón.

10

Quedamos para cenar ese viernes a las nueve. El restaurante estaba en una pequeña plaza en la zona de Pimlico. Cuando llegamos, estaba tranquila, con los bancos vacíos. Una luz anaranjada alumbraba la entrada del restaurante La Poule Au Pot, una taberna rústica con racimos de uvas colgando, pinturas francesas y luz de candelabros.

Nos recibió un camarero perfectamente uniformado que nos cogió las chaquetas, nos acompañó a la mesa y esperó a que pidiéramos algo de beber. Pablo encargó vino para los dos y consultamos la carta. Me contó que allí era famoso el magret de pato con salsa de manzana, así que eso fue lo que pedimos, además de un vino tinto sensacional que nos ayudó a eliminar los nervios con los que nos habíamos saludado.

—Bueno, Greta —empezó muy serio—. Me gustaría aclararte algunas cosas sobre la conversación del otro día. Me quedé un poco preocupado al ver tu reacción…

Lo miré fijamente, invitándolo a continuar. Entonces Pablo me contó la historia de aquella chica que a mí me tenía en vilo. Ella también era madrileña, pero habían vivido toda su relación en Londres, donde se habían conocido. En un momento dado, ella había tenido que mudarse a

Madrid por trabajo y con la distancia empezaron los problemas de celos. Fue Pablo quien tomó la decisión de dejarla; lo demás me lo contó por encima.

—Y, en fin... Eso es más o menos todo —concluyó.

Me quedé en silencio y le di un trago al vino.

—Te agradezco tu sinceridad. La verdad es que me quedo más tranquila.

Nos miramos a los ojos y él me cogió la mano.

—Bueno, y cambiando de tema —dijo Pablo con una sonrisa cordial—. ¿Cómo estás tú? ¿Qué tal van las cosas con Pierre?

—Muy bien. Estoy muy contenta de trabajar para él. Es un *crack* en todo lo que hace.

—¿Cómo es personalmente? Me gustaría conocerlo.

—Pues Pierre es... Pierre es... —Me quedé pensando con los ojos brillantes—. Es un ser absolutamente único. Una de esas personas que tienen el increíble don de cumplir sus sueños. No le para nada ni nadie. Eso se ve en el trabajo: la manera como plantea las campañas, su visión en el momento de las sesiones fotográficas...

—¿Te va dando cada vez más responsabilidad?

—Sí, últimamente soy yo quien hace muchas de las fotos y estoy aprendiendo un montón.

—Me alegro. Tiene pinta de ser muy perfeccionista y seguro que muchas de las cosas que aprendas con él te las llevarás a tu siguiente trabajo. Por cierto, he visto que has llegado a treinta mil seguidores. ¡Enhorabuena! Están subiendo a toda velocidad... Sobre todo la última semana.

Me chocó que Pablo siguiera mi evolución tan de cerca.

—Gracias. Si te digo la verdad, no doy crédito a lo que está pasando. El otro día hablaba con Coco de la posibilidad de dedicarle más tiempo a Instagram. De tomármelo en serio. Me refiero a hacerme fotos y a colaborar con marcas, como hace ella.

—Pero... ¿dejarías a Pierre?

—¡No! Eso ni de broma. Pero sí que me gustaría valorar la posibilidad de colaborar con algunas marcas en paralelo. Solo con marcas que me gusten, claro.

—No sé muy bien cómo funciona todo eso. Pero, sea como sea, brindemos por tu apasionante carrera y por estar aquí hoy juntos.

—*Cheers!* —brindé en alto con una sonrisa.

Trajeron el magret y sirvieron un poco en cada plato. Estaba realmente delicioso. Mientras Pablo hablaba, yo intentaba no distraerme y seguir la conversación, pero era tan guapo que me resultaba difícil no quedar embelesada con aquellos ojos claros. «¿Nos fumamos un cigarro fuera?», me propuso al acabar. Accedí sin dudarlo.

Salimos del restaurante. Por la temperatura que hacía no parecía que estuviéramos en marzo, sino más bien en una de esas noches de verano en las que no necesitas chaqueta. Yo llevaba un vestido de flores que me llegaba por debajo de las rodillas y unas sandalias marrones desgastadas por el tiempo. Solía cuidar muy bien la ropa y, por lo general, me gustaba ir sencilla, sin demasiados adornos. Mi madre siempre me decía que, como era alta, me podía permitir esos vestidos por la rodilla, que me solucionaban el atuendo desde primavera hasta bien entrado el otoño.

Pablo sacó la cajetilla de su bolsillo y me ofreció un cigarro. Se acercó a mí para darme fuego y yo me acerqué a él para encenderlo. Pero entonces él me quitó el cigarro de la boca y me besó en los labios. Y en ese momento, por fin, saltaron las chispas de una pasión difícil de controlar.

—Toma, tu cigarro —me dijo divertido—. Y perdona, no he podido evitarlo.

Yo me quedé atontada y tardé un rato en reaccionar a su beso y a su comentario. Para romper el silencio añadí:

—Qué pena. Me hubiera gustado que fuera más largo.

—¿Ah, sí? ¿Cómo de largo? ¿Así? —preguntó, y me volvió a besar: esta vez fue un beso mucho más intenso.

—Mmmm... Se acerca, pero no sé por qué me lo imaginaba más largo aún —dije haciéndome la indiferente.

—¿Y así...? —susurró. Y nos fundimos en un último beso que paralizó completamente el tiempo.

Continuamos hablando, intentando hacer como si nada, pero aquellos besos lo habían cambiado todo. Volvimos al restaurante para pedir la cuenta y Pablo me propuso ir a su casa a tomar una última copa. Sabía que aquella copa era peligrosa, pero me apetecía tentar a la suerte.

Al salir del restaurante, ya con las chaquetas, Pablo me agarró por la cintura para caminar y desde ese momento recuerdo ir como flotando por la calle. No sé si era yo o era Londres, pero la noche parecía de película. De camino a casa, pasamos por delante del Albert Bridge, uno de los puentes más espectaculares de Londres, especialmente cuando está iluminado.

—Qué ciudad tan impresionante —dije.

—¿Verdad? Yo sigo pensándolo a diario. Cada esquina. Cada rincón. Londres tiene algo que te hace sentir como en una película todo el rato.

Pensé que me había leído la mente. Al llegar a la entrada de su casa, noté que la botella de vino había hecho su efecto.

—Está la casa hecha un desastre. Espero que no te asustes —dijo justificándose.

—Seguro que no está peor que la mía, tranquilo.

A Pablo también se le habían subido las copas porque casi no acertaba con la llave en la cerradura de la puerta. Al entrar, encendimos la luz. El salón era bastante grande, con una decoración muy masculina. Lámparas bajas, libros apilados, una librería muy bonita con algunas esculturas y una televisión con todo tipo de altavoces y aparatos tecnológicos.

—Qué casa tan bonita —dije.

—Gracias —respondió modesto.

—No esperaba menos del decorador más aclamado del momento.

—No me tomes el pelo, anda. ¿Qué te apetece tomar?

—¿Qué me ofreces? —pregunté mientras me quitaba los zapatos sentada en su sofá.

—¿*Gin-tonic*, ron, vodka…, té verde, poleo menta?

Pablo me miró desde la cocina con su boca de caramelo que a mí me apetecía devorar. Yo me acerqué a ver qué tenía y, al sentirlo más cerca, noté como nuestros cuerpos se deseaban cada vez con más ansia. Al pasar por su lado, sentí el mismo cosquilleo en el estómago que se siente con el primer amor de la adolescencia.

—¿Me pones un *gin-tonic* mientras voy al baño, *please*? —dije. Quería comprobar en qué estado estaba.

—Claro, es la segunda puerta a la derecha.

Me dirigí al baño entre nerviosa y mareada y me miré en el espejo. Tenía las cejas despeinadas, como siempre. El colorete se me había ido hacía un rato, así que decidí ponerme un poco más y echarme un poco de colonia. Intuía que íbamos a terminar juntos y quería estar perfecta para la ocasión. Al volver, me encontré a Pablo sirviendo las copas en la mesa del salón. Sonaba una música relajante y bonita. Yo me senté en una butaca, y él, en el sofá grande.

—Siéntate aquí conmigo, no te quedes ahí tan lejos —dijo mientras removía con los dedos los hielos de su copa. Yo me acomodé en el sofá a su lado—. ¿Estás cómoda?

—Sí, mucho —contesté por no decir algo en grado superlativo.

Nos quedamos en silencio un rato. Él encendió otro cigarrillo. Estaba fumando más de la cuenta, supuse que también estaría nervioso. Apoyé mi cabeza en su hombro con sumo cuidado y tarareé la canción que sonaba. Teníamos tantas cosas en común... Pablo echaba el humo hacia un lado para no molestarme y de vez en cuando jugaba con mi pelo entre sus dedos. La canción terminó y fue él quien rompió el silencio:

—Creo que estoy loco por ti —soltó, así de repente, sin preaviso.

Su frase me cogió totalmente desprevenida, así que me limité a sonreírle.

—¿Te apetece quedarte a dormir aquí? —me propuso.

—No sé si debería...

—Vamos, quédate. Mañana te acompaño a casa. Ahora es tarde para irte sola en taxi.

—¿Tienes un pijama para mí?

—Sí, ven.

Fuimos a su habitación y Pablo sacó una camiseta blanca y unos pantalones de algodón. Me metí en el baño para ponérmelos y después esperé en la cama.

Esperando bajo las sábanas de su cama, mi corazón se disparó. Cada vez se acercaba más el momento que tanto deseaba, pero a la vez algo en mi conciencia me hacía estar intranquila. ¿Había llegado el momento de acostarme con él? ¿No sería demasiado pronto? Sin duda, Pablo me gustaba. Y me había demostrado que yo le importaba. Parecía que la cosa iba en serio. Dejando a un lado la parte racional y escuchando mis necesidades de mujer, me apetecía descubrir su cuerpo, que de entrada intuía fuerte y robusto. Decidí dejar de pensar, relajarme y vivir el momento. Ya era tarde para dudar. Ya era tarde para dar marcha atrás. En el momento en el que Pablo se metió en la cama, todas las dudas de mi cabeza desaparecieron sin dejar rastro.

Un pequeño rayo de luz de farola iluminaba la cama y la mitad de su cara. Pablo se acostó de frente a mí con una mirada tierna e inofensiva. Una extraña confianza me hizo sentir como si aquella no fuera una situación nueva para los dos. Pablo estiró el brazo para taparme y me abrazó cálidamente con todo su cuerpo. Nos quedamos unos minutos enlazados, con los brazos y las piernas enredados, besándonos suavemente, compartiendo el aliento de una noche que jamás olvidaríamos. Me sentí tan cómoda entre sus brazos que todo fluyó de manera natural. Las manos empezaron a jugar debajo de las sábanas y los dos sentimos que los pijamas nos estorbaban. Forcejeamos bajo las sábanas para quitárnoslos y permitir así que nuestros cuerpos se descubrieran desnudos. Disfrutamos coordinados de aquella explosión de placer que apenas duró unos segundos. Nos quedamos tumbados en la cama, con el corazón a mil, tratando de recuperar el ritmo de la respiración. Pablo me cogió de la mano y me apretó fuerte. Y con ese gesto me lo dijo todo.

Nos quedamos dormidos abrazados hasta que cada uno cambió de posición para poder descansar mejor. Pasada la noche, se escuchó en el salón un pitido que me resultó familiar. Era el despertador de mi teléfono, mi alarma de todos los días. Se me había olvidado desconectarla. Pablo no se inmutaba; yo me levanté y fui de puntillas a apagarla. Me senté en el sofá. Amanecía prudentemente en aquel precioso piso de Chelsea en el que yo había sido tan feliz la noche anterior. El día estaba teñido con una neblina gris. A través de los visillos entraba un hilo de luz que alumbraba el salón donde todavía seguían las copas y el cenicero de la noche anterior. Me estiré, acomodé los cojines y me quedé dormida de nuevo.

Al abrir los ojos, lo primero que vi fue la cara de Pablo, que me observaba de cerca.

—Duerme —me dijo con una sonrisa mientras me cerraba los ojos con sus manos.

—¿Qué hora es? —pregunté desorientada.

—Son las diez y media. Tranquila, no hay ninguna prisa.

Más tarde, nos vestimos y fuimos hacia la Saatchi Gallery, una de las galerías de arte contemporáneo más famosas de Londres. Fuimos caminando desde su casa, que estaba más o menos a diez minutos. Sloane Street estaba llena de gente, como casi todos los sábados. En el museo había una exposición de Vivienne Westwood de más de cincuenta fotografías de la época del movimiento punk y la *new wave*. Chrissie Hynde, Pamela Rooke o Malcolm McLaren, representante de los Sex Pistols, eran algunos de los fotografiados. Me gustaba mucho que Pablo se enterase siempre de qué museos y exposiciones eran interesantes en la ciudad. Esa vena creativa me hacía admirarle todavía más. Gracias a él aprendí muchas cosas sobre decoración, arte, música y también moda. Pablo sabía de todo. Leía de todo. Siempre cargaba revistas como *Monocle* o *Purple*. Muchas de las cosas que aprendía con él las aplicaba luego en mi trabajo con Pierre.

Al salir, le pedí que me hiciera una foto enfrente de la galería y él aceptó sin rechistar; es más, le pareció divertido. Quería subir la foto a mi Instagram para recomendar la exposición que tanto me había gustado. Le pedí que me hiciera la foto de cerca, ya que en la última que había subido salía de lejos y así el conjunto quedaba más equilibrado. También le pedí que, por favor, saliera un fondo blanco para que se viera mejor el bolso que me había regalado una marca para que lo promocionara. Cuando Pablo me entregó el teléfono lo guardé en el bolso, no quería aburrirle con mis cosas. Ya tendría tiempo más tarde de elegir, editar y etiquetar la foto para que la gente supiera lo que había hecho aquel sábado.

A lo tonto, se nos hizo bastante tarde. Fuimos a comer, en hora española, a Tom's Kitchen. Pedimos para los dos unos huevos Benedict con salmón, un zumo de naranja, una tostada con aguacate y un café que me supo a gloria.

—Un momento —dije antes de que Pablo empezara a comer—. Déjame que le haga una foto a los dos platos juntos, por favor.

—Vale —dijo paciente mientras robaba una patata de mi plato.

Ordené la mesa para que todos los elementos aparecieran bien dispuestos. Coloqué los tenedores, quité las servilletas, volqué el azúcar y quité los sobres de la mesa. Giré el plato de la tostada de aguacate, para que no fuera tan protagonista, y enfoqué los huevos. Me encantaba el color amarillo y sabía que aquella foto me iba a dar aire en mi parrilla de Instagram.

Después de comer, cogimos juntos el autobús hasta mi casa, donde nos despedimos.

—Gracias por todo, Pablo. Lo he pasado fenomenal.

—Yo también. ¿No quieres que te haga una última foto en la puerta de tu casa? —dijo bromeando.

—Ja, ja, qué gracioso —respondí, y le di un beso en la mejilla.

Al entrar en casa me tumbé en la cama para disfrutar de uno de mis momentos favoritos del día. Tenía el regusto de haber pasado una noche alucinante y además muchas fotos que me permitían contar lo bonita que era mi vida en Londres a todos mis seguidores y amigos. Qué felicidad. Dudé si etiquetar a Pablo en la foto, pero pensé que quizás era demasiado precipitado; todavía no sabía muy bien lo que teníamos. Solo con el tiempo supe que aquella noche había sido el comienzo de la historia de amor más importante de mi vida.

11

Londres, marzo de 2015

Habían pasado casi cinco meses desde la cena con Pablo en La Poule Au Pot. Desde aquella noche en que hicimos el amor por primera vez, Pablo y yo no volvimos a separarnos. Nos veíamos todos los días, exceptuando las veces en las que él o yo teníamos viajes de trabajo.

El trabajo con Pierre me demandaba cada vez más tiempo. Nos acercábamos a febrero, un mes clave en el que teníamos muchos viajes, ya que era la semana de la moda de Nueva York, Londres, Milán y París sucesivamente.

Pierre y yo fuimos intimando cada vez más. Todos aquellos viajes, vuelos y hoteles nos unieron hasta tal punto que llegué a olvidarme de mi vida real, de quién era yo fuera de aquel trabajo que me tenía completamente absorbida. Un trabajo de día, pero también de noche, pues Pierre no solo me pedía que lo acompañara a los desfiles, sino también a las fiestas que las marcas organizaban luego. Fiestas que quedaban muy bien en foto, pero que, después de treinta días seguidos, acababan siendo una paliza, sobre todo cuando lo único que me apetecía después de un día duro era llegar al hotel y darme un baño de agua caliente. Había días que llegaba tan cansada que se me olvidaba hasta escribirle a Pablo para darle las buenas noches.

Poco a poco fui entregándome a Pierre en cuerpo y alma, siempre con una enorme gratitud. No solo le admiraba profesionalmente, sino también personalmente. Pierre tenía un don de gentes alucinante y un carisma y sentido del humor que le convertían en reclamo para cualquier fiesta. Además, era una persona sencilla y humilde y, pese a ser uno de los fotógrafos más importantes del momento, siempre aseguraba que todo lo que había conseguido era gracias a su equipo, lo cual me dejaba siempre en buen lugar. Su personalidad, además de su talento, le ayudó a llegar lejos. No imaginaba a una sola persona a quien no le cayera bien Pierre, y eso que habíamos conocido a mucha gente. Yo siempre me quedaba en un segundo plano ayudándole con lo que necesitara y llevándole la agenda del día. Pronto memoricé cuáles eran sus caprichos y se los facilitaba antes incluso de que abriera la boca para pedírmelos. El nuestro era un trabajo duro y yo sabía que, gracias a aquellos detalles, había logrado que Pierre me quisiera siempre a su lado.

Aquel mes de febrero cogimos una media de dos vuelos por semana. La semana de la moda de París era la última; veníamos de la de Milán, ya cansados y con ganas de regresar a casa. Por entonces, yo sentía que Londres era mi hogar, mucho más que Madrid, que ya me parecía de otra época. Aquellos días eran los más duros. Teníamos que madrugar mucho. Siempre íbamos con prisas. La mayoría de los días no comíamos hasta volver al hotel. Yo tenía que cargar con el ordenador y las cámaras de Pierre, comprobar que las tarjetas estuvieran vacías, las baterías llenas, las invitaciones impresas. Comprobar también qué cafeterías de la zona tenían wifi para ser los primeros en subir las fotos al blog. Pero antes había que enviárselas a Isabella para que las retocara; era una cadena que requería ritmo y eficiencia. Había mucha competencia, y aquella carrera la ganaba quien publicara el primero.

Además, desde que existía Instagram, las reglas del juego habían cambiado para todos. Ahora había miles de fotógrafos callejeros más jóvenes, más fuertes y con mejores cámaras, que se agolpaban a la puerta de los desfiles para conseguir la mejor foto. Pierre me decía que, para distinguirnos de los demás, teníamos que conseguir un material diferente. Esperábamos en las esquinas cercanas al evento intentando que las *influencers* y otros personajes clave del mundo de la moda nos dedicaran unos segundos y poder hacer así algún retrato especial que venderle a *Vogue* o a otros medios que esperaban impacientes el contenido que les pudiéramos facilitar.

Y al fin regresamos a Londres, pero había que seguir trabajando. Aquella semana fue especialmente dura para Pierre. Se quejaba de que había fotógrafos que pegaban empujones para conseguir una foto. Se había terminado el compañerismo de antaño, cuando se podía hablar con la gente y hacer fotos en condiciones. Su profesión se había prostituido y ahora parecían *paparazzis* dispuestos a hacer cualquier cosa con tal de obtener la mejor instantánea. La nueva dinámica sin reglas ni educación fue haciendo mella en Pierre, que se negaba a trabajar a codazos. Él jamás quiso mostrarse agresivo y poco a poco se fue viendo relegado de una profesión que él mismo había inventado.

—A las doce es el desfile de Burberry, ¿te importa ir sin mí? —me preguntó—. Estoy agotado, necesito descansar.

—Vale. No te preocupes. Te mando desde allí todas las fotos para que elijas.

—¿Tienes todas las baterías?

—Sí, lo tengo todo en el bolso. Me llevo la cámara de mano —añadí.

—Vale. Te lo agradezco.

El desfile de Burberry solía ser el más esperado de la semana de la moda de Londres y uno de los más seguidos en el mundo entero. Su puesta en escena era increíble. Esta vez la localización era un invernadero en Hyde Park. Me pareció una idea preciosa. Una hilera de coches depositaba a personajes famosos del mundo de la moda a las puertas del recinto.

Mostré mi invitación al chico de la puerta y me sentaron en primera fila. El sitio de mi derecha estaba vacío, pero el cartelito indicaba un nombre: Mario Testino. Me puse nerviosa. Siempre había querido conocerlo y por fin tendría la oportunidad.

Antes de que empezara el desfile, me agarré a mi teléfono como si fuera un salvavidas en medio del mar. Un mar muy revuelto, lleno de tiburones. Lo peor que me podía pasar en ese momento era perderlo. Como no sabía muy bien qué hacer, le escribí a Pablo. Yo ya estaba en Londres, pero ahora era él quien estaba de viaje, así que no pudimos vernos. De hecho, hacía varios días que no sabía nada de él y no me había dado ni cuenta.

«¿Estás?».

Esperé unos minutos hasta que vi que se conectó a WhatsApp.

«¡Sí! Por fin sé algo de ti».

«Pierre me ha dado su entrada para el desfile de Burberry y aquí estoy, sola ante el peligro».

Le adjunté un selfi.

Por alguna razón, Pablo se desconectó un rato y yo me impacienté. Me sentí sola. Me di cuenta de que Mario Testino había llegado; sentado a mi lado, estaba trasteando con su cámara. No le dije nada porque estaba inquieta por el silencio de Pablo. Al cabo de un tiempo que se me hizo interminable, volvió a conectarse:

«Tranquila, lo vas a hacer fenomenal».

Su mensaje me animó y de repente fue como si estuviera a mi lado.

«Te dejo, que empieza el desfile».

Empezó el desfile y salieron de una en una todas las modelos. La primera era Cara Delevingne. Era la primera vez que la veía en persona y, aunque nunca fue santo de mi devoción, tenía que reconocer que aquella chica más bien menudita tenía actitud. Se movía en la pasarela con seguridad, pisando fuerte, y todos los allí presentes levantaron el móvil para retransmitir ese momento en sus redes sociales. Parecía más importante compartirlo que vivirlo. Yo pensaba en toda la gente que estaría viéndolo cómodamente desde su casa. Casi era mejor así; al fin y al cabo, te lo contaban igual los miles de personas que estaban enfocando su teléfono hacia la pasarela.

Después de Cara salieron Edie Campbell y otras modelos a las que en alguna ocasión había conocido gracias a Pierre. Y al fin llegó mi momento favorito. Todas las modelos desfilaron en fila india, con paraguas abiertos, y una lluvia de papeles plateados empezó a caer inundando todo el invernadero. Fue precioso. Se me puso la piel de gallina. Repasé en la cámara las fotos que tenía y mandé las mejores a mi móvil para reenviarlas rápidamente a Pierre y luego a Isabella. El resto de la gente ya se había levantado para salir pitando hacia el siguiente desfile.

Mario Testino fue de los pocos que se quedó sentado ojeando también su teléfono. Entonces, vi la oportunidad.

—Mario, ¿te importa hacerte una foto conmigo?

—¡Sin problema! —dijo simpático, y posó sonriente a mi lado.

—Gracias.

—De nada. ¿Eres española?

—Sí.

—Adoro España.

—Gracias.

No había mucho más que hablar porque todos estábamos pendientes del programa, y yo ya tenía lo que quería: una foto con Mario Testino para colgar inmediatamente en mi Instagram. Añadí el *hashtag* del evento y salí del desfile pitando para ver si conseguía algún retrato bueno en la calle.

Y di en el clavo. Vi a Cara Delevingne en la otra acera y corrí tras ella. Nadie más la había visto. Era una oportunidad única de hacerle una foto exclusiva. Cara me vio, me sonrió y me dio tiempo de darle al clic antes de que se subiera al coche. ¡Bingo! Aquella foto sería la portada del blog. Se la mandé a Pierre y me contestó con el emoticono de aplausos.

«¡Mándasela corriendo a Isabella! Tiene que ser la portada de *Vogue.* Y tenemos que enviarla ya».

«¡Voy!».

Media hora más tarde, la foto estaba colgada en el blog de *The Society* junto a todas las fotos que a Isabella le había dado tiempo a retocar. Y también estaba en *Vogue,* con un titular que decía: «El desfile de Burberry en veinte fotos, por Pierre Delacroix».

«Buen trabajo, Greta. Estoy muy orgulloso de ti».

En ese momento, no necesitaba los créditos, solo la aprobación de Pierre. Estaba tan agotada que en el autobús de vuelta a casa me quedé dormida. Casi me paso la parada. No sentía el cuerpo. Estaba congelada y soñaba con pedirme una hamburguesa gigante y llamar a Pablo. Hacía tanto que no nos veíamos... Solamente había intercambiado aquellos mensajes con él desde el desfile y, sinceramente, no me había enterado ni de lo que me había puesto.

Entré en Instagram. La foto con Mario Testino tenía cinco mil me gusta y muchos comentarios de mis amigos: «Cómo te mueves», «Qué *crack*», «Eres la mejor», «Flipo con tu vida», «Alucino con tus planes», «Qué suerte poder estar ahí». Más o menos, todos venían a decir lo mismo y yo los leía ilusionada. Por lo menos, la paliza había merecido la pena. Y, como siempre que navegaba por Instagram, el tiempo pasó volando y me quedé dormida. Ya llamaría a Pablo en otro momento.

Al día siguiente volamos hacia París a cubrir los últimos desfiles. El último día, terminados ya todos los eventos, Pierre y yo almorzamos juntos en una terraza en Saint Germain. ¡Al fin una comida tranquila y como Dios manda! Teníamos que regresar a Londres esa misma tarde. Los dos estábamos agotados y con ganas de recuperar la normalidad de nuestras vidas.

—¿Qué te apetece pedir? —me preguntó mientras el camarero esperaba.

—Lo que tú quieras.

—OK, pues tráiganos, por favor, una tabla de quesos, unos ravioli de trufa y un sándwich vegetal. Y dos zumos de naranja.

Acertó, como siempre.

—Estoy destrozado —confesó estirando las piernas—.

No creo que pueda aguantar una semana de la moda más. ¿Te has dado cuenta de la cantidad de fotógrafos que había?

—Sí. Es alucinante, parecía un hormiguero.

—Y qué maleducados. Uno de ellos me ha empujado para hacerle una foto a Miroslava Duma, y encima, el muy tonto, no tenía la tarjeta preparada.

—Menudo imbécil.

A mí también me habían empujado, pero preferí escuchar a Pierre y que él me siguiera contando sus impresiones.

—Se ha perdido toda la educación. Ese tío llevaba todo el día conmigo, lo conozco desde hace años. Y no solamente me ha hecho perder a mí la foto, sino que tampoco la ha conseguido él. En fin…

—Qué horror.

Se creó un silencio y trajeron la tabla de quesos.

—¿Sabes? Me he estado planteando seriamente tomarme un año sabático. Necesito renovarme. Hace cinco años esto era otra cosa. Todo era muy distinto. Me entristece ver cómo algunos, que en su día fueron mis amigos y todavía los considero así, ya ni siquiera se paran para saludarme.

Se creó otro silencio.

—Necesito un respiro. Necesito desconectar de todo. Necesito hacer un parón para ver con perspectiva si realmente quiero continuar por este camino.

Me quedé pensando. Si Pierre se tomaba un año sabático, ¿qué sería de mí? Pero no era el momento de poner esa cuestión sobre la mesa.

—Estoy segura de que ese tiempo te va a venir fenomenal.

Pero Pierre era tan atento que él mismo sacó el tema.

—Me da mucha pena separarme de ti. Eres una de las

mejores cosas que me ha pasado en los últimos años. De veras lo digo. —Me cogió las manos y me miró a los ojos con toda confianza—. Por supuesto, me ocuparé de que te quedes en una buena posición —añadió.

De modo que ya lo tenía decidido.

—Por mí no te preocupes, Pierre —era lo que tenía que decir.

Regresamos al hotel y llamé a Coco aterrorizada. ¿Qué haría sin Pierre? Me había acostumbrado a todo aquel universo de locura siempre de su mano.

—¿Y no te gustaría continuar haciendo lo mismo, pero sin Pierre? —resolvió ella.

—La verdad es que sin él no me atrevería. Yo no conseguiría ni la mitad de las cosas por mi cuenta. Sería completamente distinto. No me lo quiero ni imaginar… Él hace que todo sea tan distinto…

—¿Sabes qué? Yo creo que ha llegado el momento de que lo intentes.

—Que intente el qué.

—Volar sola. Dedicarle tiempo a tu cuenta de Instagram.

—¿Tú crees?

—Sí. Tienes ya cien mil seguidores, un montón de marcas te escriben para colaborar… Tienes que encontrar una representante que lleve tus cosas y ya está. Greta, puedes ganar mucho mucho dinero. ¿Eres consciente de eso?

Me quedé pensativa.

—¿Me ayudarías?

—¡Pues claro! Te voy a poner en contacto con Lawrence, la directora de MOMENT, la agencia de representación de *influencers* más importante. Colaboran con las mejores marcas. Tú solamente tienes que hacerte fotos con las prendas que te mandan e ir a los eventos que te digan. El resto lo negocian ella y su equipo. ¿Estás la semana que viene en Londres?

—Sí, vuelvo esta tarde.

—Vale, pues ahora mismo le escribo.

Y colgamos.

12

Regresamos a Londres en el primer avión de la tarde. Soñaba con mi casa, mi cuarto, mi baño, mis cosas en los cajones. Con no tener que estar constantemente haciendo y deshaciendo maletas. Pierre me dijo que me tomara libre el día siguiente y yo se lo agradecí.

El viernes quedé con Pablo para cenar en Pizza East, uno de nuestros restaurantes italianos favoritos del este de Londres. Nada más verle, me lancé a sus brazos, pero él no respondió como yo esperaba.

—¿Estás bien? —le pregunté.

—Sí, gracias por preguntar. Ya era hora —dijo en tono de reproche.

—¿A qué viene eso? —le pregunté sorprendida.

—Pues que ya es hora de que me preguntes cómo estoy. Llevo más de un mes sin hablar más de quince minutos con mi novia. Todo lo que sé de ella lo sé por Instagram. Igual que sus seguidores. ¿Te parece normal?

—¿Perdona? No entiendo nada.

—Dime si me equivoco. ¿No tengo razón? ¿Cuál ha sido la última conversación de calidad que hemos tenido? Ni siquiera la recuerdo.

—Pablo, creo que estás sacando las cosas de quicio.

—No, Greta, no. Llevo varios días pensando en cómo decirte esto… Y creo que no me queda más remedio que pedirte que nos tomemos un tiempo. No podemos seguir así. Para mí esto no es una relación.

—¿Un tiempo? ¿De qué me hablas? ¿Quieres que lo dejemos? —pregunté perpleja.

—Por ahora, te estoy pidiendo un tiempo para que pensemos los dos si este es el tipo de relación que queremos. Yo, por lo menos, me había imaginado otra cosa —dijo muy serio—. Mira, no te lo tomes a mal. Pero desde que estás tan metida en Instagram, las cosas han cambiado mucho. Puedo entender que tengas que viajar tanto por trabajo, yo también lo hago, pero esto es otra cosa. Creo que vives obsesionada con ese universo que, además, es falso. Piensas todo el día en tus fotos y no te das cuenta de lo que pasa realmente a tu alrededor. De las cosas importantes, las cosas de verdad.

Me quedé pensativa. Había una parte de mí que sabía que tenía razón. También es cierto que había tenido tanto trabajo que no había podido preocuparme ni de él ni de mí misma. De hecho, aquella misma noche arrastraba un cansancio que me hacía estar más sensible que de costumbre. Pero todo esto sonaba a excusas. No quería dejar la relación, así que intenté arreglar la situación sin tratar de justificarme, sin hablar de mis problemas. Me aterrorizaba la posibilidad de perderlo.

—Siento mucho decírtelo así y no quiero ofenderte —continuó él—, pero creo que ya no eres la Greta que yo conocí. Te has convertido en una persona egoísta que solamente se preocupa por sí misma. Estás tan volcada en tu trabajo que se me hace imposible localizarte, sentirte, hablarte. Siempre tengo que andar con cuidado para ver en qué momento te cojo. Siento que soy solo yo el que está pendiente de los dos…

—Tienes razón… Pablo, perdóname.

Una lágrima empezó a caer por mi mejilla y me tapé la cara con las manos. Estaba avergonzada. Sabía que tenía razón y que me había equivocado, que había descuidado nuestra relación, que lo había descuidado a él.

—Quizás necesitaba este golpe de realidad para reaccionar. Te prometo que voy a cambiar. Voy a volver a ser la de siempre. Si hace falta, cierro mi cuenta de Instagram. Haré lo que sea, porque no me imagino mi vida sin ti.

—No digas tonterías. No se trata de eso —dijo.

—Estoy dispuesta a hacer lo que haga falta para demostrarte lo mucho que te quiero —dije desesperada—. Pablo, tú eres mi única prioridad. Eres lo más importante que tengo en mi vida. Dame una oportunidad para demostrarte que voy a volver a ser la de siempre. Que ha sido solamente una época. Te lo prometo. Confía en mí.

Pablo me cogió las manos y me miró a los ojos.

—Vamos… No te pongas así. No puedo verte llorar.

—Lo siento —repetí, y me levanté para abrazarle—. Te quiero tanto, Pablo…

Era la primera vez que se lo decía.

Con aquel abrazo comprendí que me había salvado por los pelos. Me alegré profundamente de haberme entendido con él. Pablo era sin duda la persona más importante de mi vida. No concebía Londres sin él. Era mi principal apoyo y, aunque la última época había dado por sentado que jamás le perdería, el hecho de ver que podía pasar me hacía valorarlo todavía más.

Y no debía confiarme. No debía olvidar que mi relación pendía de un hilo y que tenía que hacer examen de conciencia. Tenía que cambiar bastantes cosas si quería evitar otra crisis como esta. Él decía que debía controlar mi obsesión por el teléfono y por las fotos, por aquella vida virtual que, era cierto, me había consumido las últimas semanas. Decidí que estaría un par de días sin subir fotos a Instagram; de esa manera le demostraría que podía sobrevivir sin eso, que no dependía de aquella red social para nada.

Un par de días sin Instagram. Podría superarlo. Y sí, lo cumplí.

Las siguientes semanas me dediqué a Pablo en cuerpo y alma. Sentía el remordimiento de cuando cometes una traición y no quería hacer otra cosa que estar con él. Ver que le perdía me había hecho reaccionar y darme cuenta de que tenía todo lo que yo buscaba en un hombre. Era bueno, respetuoso, atento, generoso y, sobre todo, me quería por encima del bien y del mal. Yo también a él, y ahora se lo tenía que demostrar. Poco a poco fuimos recuperando la normalidad y yo me sentí aliviada. En el fondo, aquella conversación nos había unido todavía más y ahora los dos estábamos más seguros de lo que teníamos y de lo que queríamos.

Entonces llegaron los cambios en el trabajo. Antes de acabar el mes, Pierre lo preparó todo para tomarse su año sabático. Fue bastante rápido. Convenció a Grace e hicieron las maletas para emprender juntos su fascinante aventura, una vuelta al mundo que pasaba por lugares tan dispares como Pekín, Los Ángeles o Melbourne. Me alegraba tanto por él... Sabía que necesitaba ese viaje para aclarar sus ideas y recuperar su relación.

Justo antes de que Pierre partiera, en uno de esos días que adelantaban que el buen tiempo volvía, quedé para cenar con él.

—Qué contento estoy, Greta. He recuperado la ilusión de vivir. Tenía la sensación de que estaba en un pozo sin fondo. Nunca me habría imaginado que tomaría esta decisión…

—Cómo me alegro, Pierre, te admiro tanto…

—Yo también te admiro a ti, mucho.

Pasamos la velada compartiendo confidencias y recordando, ya con nostalgia, los momentos que habíamos pasado juntos.

—Te voy a echar mucho de menos —continuó diciendo.

—Yo también a ti, Pierre. Muchísimo.

—¿Qué tal está Pablo?

—Bien, ahí está. Tuvimos un pequeño bache al volver de París.

—¿Qué pasó?

—Pues me dijo que no había estado muy pendiente de él y me di cuenta de que tenía razón.

—Ay, Greta, querida. Ten cuidado con ese tipo de cosas. ¿Sabes qué?

—¿Qué?

—Con el tiempo me he dado cuenta de que, aparte del trabajo, tengo pocas cosas que me den alegría en la vida. He pasado tantos años entregado completamente a esta profesión que ahora siento que me he quedado huérfano de espíritu.

—¿Por qué dices eso, Pierre? ¿Tú sabes la de gente que te quiere y te admira?

—No te confundas… Muchos de ellos me han querido por quien he sido profesionalmente, y ya ves qué rápido te dan la espalda. Los buenos amigos se cuentan con los dedos de una mano.

—No digas tonterías, Pierre. Todo el mundo que te conoce te quiere. Saben que eres bueno en el trabajo y sobre todo buena persona, y que todo lo que tienes lo has conseguido a base de esfuerzo.

—Me halagas. Pero lo que te quería decir es que si algo he aprendido en todo este tiempo es que la fama y el dinero no lo son todo. No quiero que caigas en ello cuando sea demasiado tarde. Hazme caso: cuida a Pablo. Entrégale tu amor cada día de tu vida. Al cabo de los años, te darás cuenta de que, al final, lo que te llevas para siempre, aunque cambies de trabajo, de ciudad o de amistades, son tus recuerdos con las personas que has amado y que te han amado en la misma medida. Construye esos recuerdos con gente que merezca la pena de verdad.

Me quedé en silencio. Pierre, además de ser un fotógrafo de primera, era una persona brillante, y esos consejos me los decía de corazón. Me costaba hacerle entender que la gente justamente lo quería por esa naturalidad y cariño con que trataba a todos por igual. Me daba mucha pena ver que cerraba esa etapa de su vida con gran sentimiento de decepción. Intenté que no tuviera esa sensación de final amargo.

—Pierre, parece que te sientas traicionado. Y no es así.

—La palabra no es *traicionado.* La palabra es desilusionado. Le he dedicado mucho tiempo a toda esa gente. Y eso me ha hecho reflexionar... Si llegas a los cuarenta y todavía tienes muchos amigos es que has dedicado demasiado tiempo a intentar caerle bien a demasiada gente.

Me reí de la ocurrencia.

—Es cierto —continuó Pierre—. ¿Tú sabes la de veces que he tenido que ser políticamente correcto para ganarme la aceptación y el cariño de la gente? Es un ejercicio muy cansado y poco a poco va dejando huella.

—Me lo imagino. Desde luego, parece salirte tan natural…

—Supongo que lo parece porque ya me he acostumbrado a ser así. Pero a lo que iba, tú tienes que vivir tu vida sin importarte lo que diga la gente. Aprende de mí. Yo he perdido mucho tiempo intentando mantener mi reputación intacta, intentando no decepcionar a nadie y olvidándome de mí mismo. Ten cuidado con ese poder que le das a esa gente que un día puede terminar destruyéndote.

Pierre concluyó así una conversación que jamás olvidaría. Memoricé todos aquellos consejos que me iban a venir muy bien en mi nueva etapa como *influencer*.

Nos despedimos con un fuerte abrazo. Era la primera vez que nos abrazábamos así y agradecí ese contacto cálido y sincero que resumía lo real que había sido todo entre nosotros. Me moría de la pena al pensar que dejábamos de trabajar juntos y que no lo volvería a ver, como mínimo, hasta dentro de un año. Pierre había sido la primera persona que había confiado en mí, que había apostado por mí a ciegas. Con él había recorrido los rincones de ciudades del mundo entero. A través de sus ojos y de su manera de pensar, había comprendido cómo funcionaba el apasionante mundo de la moda. Y no solamente eso: su percepción de la vida era absolutamente fascinante. No me podía creer lo muchísimo que iba a echar de menos a esa persona.

Me subí al autobús y lo observé doblando la esquina. En ese momento una lágrima empezó a rodar por mi mejilla. Qué de sentimientos juntos. Pánico, desconcierto, incertidumbre, soledad… El hecho de no saber cuándo volvería a verlo me creaba una sensación de vértigo que solamente podía mitigar si escuchaba la voz de Pablo. Así que le llamé.

—¿Ya os habéis despedido? —me preguntó.

—Sí.

—¿Qué tal ha ido?

—Bien —dije entre sollozos.

—¿Estás llorando, mi amor?

—Sí... —Y ahora sí, rompí a llorar.

—No te preocupes, de verdad. Vais a estar en contacto.

—Lo sé, pero no es lo mismo.

—Tranquila, ya verás como volar sola te va a sentar bien.

—¿Tú crees?

—Estoy convencido. Al no tenerlo al lado siempre, vas a aprender a valerte por ti misma.

—Ay... Pablo, tengo miedo...

—¿Por qué, mi amor?

—Porque no sé qué va a ser de mi vida. No sé si estoy haciendo el tonto tratando de sacar esto adelante... Si tiene sentido...

—Escúchame bien. No tengo ninguna duda de que lo vas a hacer fenomenal y yo voy a estar a tu lado, ¿vale? Prométeme que no vas a llorar más.

—Te lo prometo —dije sonándome. Y colgamos.

Empezaba una nueva etapa en mi vida. Había conseguido convencer a Pablo de que mi afición por Instagram no era tan mala, de que podía convertirse en un trabajo de verdad. Esa era la parte positiva. Sin embargo, al colgar el teléfono, volví a pensar en Pierre y otra lágrima humedeció mi cara. Tenía el día así, qué le íbamos a hacer.

13

Me desperté en mi habitación de Victoria Station. Por las mañanas solía estar sola en casa porque mis compañeras de piso se iban temprano a trabajar, pero ese día coincidí con María, que se había quedado porque le dolía mucho la cabeza. Aquella semana la pobre había dormido una media de cuatro horas y se le acumulaba el cansancio. Su cuerpo le mandaba señales.

—¿Estás mejor, Mary? —le pregunté desde el sofá—. ¿Quieres que te prepare un té calentito?

—No, gracias. Lo único que necesito es descansar.

—Pues duerme.

—Si el problema es, precisamente, que no puedo dormir. He estado trabajando a un nivel tan intenso que ahora, por más que lo intente, no consigo quitarme de encima este estrés.

—¿Cómo es posible eso?

María apagó el ordenador y empezó a contarme todas sus preocupaciones. Me contó que su jefe era un aprovechado y un tirano. Poco a poco, había ido pidiéndole favores que iban más allá del trabajo. No solo tenía que entregarle miles de informes incluso los fines de semana, sino que también tenía que ir a recoger sus camisas a la lavandería, gestionar sus dietas, ocuparse de sus hijos... María se había convertido, sin querer, en una secretaria multitarea. Lo peligroso del asunto era que él no tenía vida más allá del trabajo, así que a veces la jornada se acababa de madrugada, cuando a él le apetecía soltar el boli.

—¿Y no te planteas cambiar de trabajo? —le pregunté con la mejor de mis intenciones.

—¿Tal como está la cosa? Imposible.

—Tampoco está tan mal. Tienes muy buen currículum, estoy segura de que conseguirías un puesto en cualquier otro fondo de inversión...

—No me atrevo. Recuerdo la época en la que no encontraba trabajo. Fue horrible. Engordé cinco kilos.

—Ya, pero no puedes seguir así... Tu trabajo acabará contigo.

—Ya, Greta, pero ¿qué quieres que haga? ¿Que me haga *influencer* como tú y me dedique a hacerme fotitos todo el día?

Ese comentario me hirió en el alma.

—Oye, no hace falta que me hables así —contesté indignada—. Estoy intentando ayudarte.

—Perdona, no quería ofenderte. Estoy cansada y no sé ni lo que digo.

—Ya, pues piénsatelo dos veces para la próxima.

Me levanté y me fui a mi cuarto resentida. Cerré de un fuerte portazo y me tumbé en la cama para meditar lo que acababa de suceder.

—Greta —se escuchó al otro lado de la puerta.

—No quiero hablar.

—Por favor, perdóname.

—No quiero hablar. Vete, por favor —dije agarrada a la almohada y con los ojos llorosos.

—Por favor, te lo pido, perdóname. Te juro que no tiene sentido lo que he dicho. Estoy muy orgullosa de ti y creo que te va a ir fenomenal.

—No me hace falta escuchar ahora todo eso. En serio, vete. Va a ser mejor.

En ese momento prefería no hablar con nadie, tenía los nervios a flor de piel. Cualquier comentario podía molestarme. Y su perdón llegaba tarde. Sus palabras me habían hecho más daño del que yo podría haber imaginado, porque me hacían cuestionármelo todo de nuevo. ¿Era mi profesión algo de lo que tuviera que avergonzarme?

Abrí mi diario y empecé a escribir, como siempre hacía cuando estaba triste. Necesitaba consultar conmigo misma si estaba tomando una buena decisión. Me puse a enumerar los pros para seguir apostando por mi carrera como *influencer*. Mi diario siempre me ayudaba a ordenar las ideas y a resolver dudas.

Entonces sonó el teléfono. Era Coco. ¡Qué alivio! Ella sí que podría entenderme.

—¡*Baby*! ¿Qué tal? —Coco siempre estaba de buen humor.

—Pues aquí ando…

Mi tono era radicalmente opuesto y Coco se sorprendió, ya que yo no solía estar en ese plan.

—¿Qué te pasa? ¿Estás bien?

—Bueno, he tenido una discusión con María.

—¿Qué ha pasado?

—Me ha insinuado que ser *influencer* es un trabajo de pacotilla…

—Pero ¡qué tontería! Voy ahora mismo a tu casa y comemos juntas. Quítate eso de la cabeza.

Coco no tardó nada. No me apetecía quedarme en casa, no quería seguir bajo el mismo techo que María. Seguía muy molesta. Así que en cuanto escuché el timbre, salí del apartamento escopetada dando otro portazo.

—Estoy bastante jodida, tía —empecé a contarle en cuanto nos acomodamos en el restaurante—. Ayer me despedí de Pierre y casi me muero de la pena. Hace un par de semanas tuve bronca con Pablo, casi lo dejamos, y encima tengo muchísimas dudas sobre cómo enfocar mi carrera. Solo faltaba el comentario de María para rematarme.

—A ver, vamos por partes. Lo de Pierre me parece que te abre una posibilidad brutal para cambiar de aires y empezar a hacer algo distinto. Lo de Pablo, no tenía ni idea, pero suena a que lo habéis solucionado ya. Y lo de ser *influencer,* te lo vuelvo a repetir: es una cosa que estás haciendo ya de manera natural. ¡No te va a costar nada! ¿Qué es lo que te preocupa?

—Me preocupa no saber hacerlo bien. Me da miedo quedar como una tonta, como una pava que no tiene otra cosa que hacer que hacerse fotitos con esto o con aquello.

—Pero ¿qué tontería estás diciendo? ¿Quién te ha dicho eso? Tú no pensabas así hace unos días. Esa mentalidad es ridícula. Ser *influencer* es un trabajo muy honrado. Es una nueva forma de hacer publicidad. De hecho, hoy en día es la forma de publicidad que tiene un mayor impacto. A mucha gente le cuesta aceptar los cambios, incluso pueden sentir envidia: es normal. Pero tú tienes que estar orgullosa de tu profesión; además, no hay marcha atrás. Esto no ha hecho más que empezar. Sin nosotras, las marcas no venderían ni la mitad de sus prendas. ¡Somos sus comunicadoras! Tú, además, has estudiado Periodismo y sabes de fotografía. Eres el perfil perfecto. Aprovéchalo.

—No sé qué pensar… Después de lo que ha dicho María…

—Deja ya de pensar en lo que diga la gente. Cuanto más triunfes, a más personas envidiosas te encontrarás, incapaces de hacer lo que haces tú. Ser *influencer* es un trabajo como otro cualquiera. Ya verás cuando, en unos años, todo se normalice. Llegará un día en que se acabarán los prejuicios y estará mucho más aceptado.

—Lo sé. Si yo sé el trabajo que supone, lo veo contigo, pero no quiero que parezca algo frívolo porque solo me hago fotos a mí misma.

—Bueno, puedes aprovechar y promocionar también tus fotografías. ¿Por qué no subes algunas de tu trabajo, de los proyectos en los que colaboras con las marcas; así irán apreciando tu talento delante y detrás de la cámara, que es lo que te interesa.

—¿Tú crees que tengo talento? —le pregunté insegura.

—¡Claro que sí! ¡Mucho! Y también pienso que tienes mucho estilo propio. No tengo ninguna duda de que vas a llegar superlejos.

«Llegar superlejos». Me quedé un rato pensando en esa frase. No sabía a qué se refería exactamente con llegar lejos, supongo que cada uno tiene unas expectativas distintas de hasta dónde quiere llegar en su vida y en su trabajo, pero esas palabras fueron balsámicas. Coco me comprendía como nadie y con conversaciones como aquella me demostraba lo buena amiga que era.

Con ella podía compartir problemas de mi nueva realidad. Me daba perspectiva frente a personas como María, reticentes al trabajo de *influencer*, personas que me parecían cada vez más anticuadas. Para María, la vida era un jefe, un ordenador y una oficina. Pero para mí no. Yo quería trabajar desde casa, hacer mis sesiones de fotos y ser libre, no estar atada a ningún horario. Con Pierre había aprendido a vivir en las calles y ese estilo de vida encajaba mucho más conmigo. Así que decidí olvidar el comentario envenenado de María y lanzarme al vacío.

Aquella pequeña crisis me sirvió para remontar y dedicar la semana a mis primeras tareas en serio como *influencer*. Subí mi ritmo de publicaciones. Quedaba con Coco para hacernos las fotos cerca de su casa en Notting Hill, pues había muchos rincones blancos que me ayudaban a conseguir un estilo más depurado. Llevábamos dos o tres *looks* dentro del bolso y nos hacíamos fotos mutuamente. Ella sabía cómo me gustaban a mí y yo sabía cómo le gustaban a ella. Sabíamos cuál era el perfil bueno de cada una y eso nos permitía ir más rápido.

Uno de esos días, Coco me confesó que estaba un poco triste. Me sorprendió, ella era siempre la fuerte de las dos. Pero ahora le tocaba expresar su frustración y a mí sacar las fuerzas para remar en el barco en el que íbamos las dos.

—¿Miedo a qué? —le pregunté.

—Miedo a no triunfar. A que el grupo se canse.

—Pero ¿qué es para ti el triunfo, Coco?

—Me gustaría tocar en el festival de Glastonbury. Es el festival en el que tocan todos los grupos nuevos, es lo que nos hace falta para consolidarnos.

—Bueno, si sale ahora la firma del disco con la productora, quizás ellos os ayuden a conseguirlo, ¿no?

—Eso espero... Pero no es tan fácil como parece.

Nos quedamos en silencio reflexionando, hasta que di con el consejo que esperaba que la ayudara tanto como a mí me ayudaban los suyos.

—Coco, no te exijas tanto. Tienes que valorar lo que habéis conseguido hasta ahora. Estáis tocando cada semana en una ciudad de Inglaterra. Habéis sumado un montón de seguidores y estás a punto de firmar con una productora increíble. No tengas prisa. Sé que es fácil decirlo y difícil llevarlo a la práctica, pero tienes que esforzarte y disfrutar del momento. *Enjoy the ride*, como dicen. Las cosas llegan cuando llegan y entonces se quiere algo nuevo, así que tienes que disfrutar de cada pequeño avance que consigas y no obsesionarte tanto con lo siguiente que vendrá.

—Tienes razón, Greta, pero llevamos mucho tiempo sacrificándonos por el grupo. Y ya no lo digo por mí, creo que los chicos se van a rendir si esto no termina de despegar. Es una apuesta que lleva mucho tiempo. Ellos viven de la música, ¿sabes? No podemos andar haciendo experimentos. Eso es lo que me da más miedo, que justo cuando tengo la esperanza de que el grupo salga adelante y de que lleguen las oportunidades, me dejen colgada…

Entendí que era un terreno más pantanoso que el mío porque implicaba a más gente, pero intenté buscarle el lado positivo.

—De acuerdo, pues entonces acepta que no todo depende de ti. Tú vas a lucharlo hasta el final: eso es lo que tienes que hacer, nada más. Y si el grupo no funciona, te buscarás la vida de otra manera. No vivas preocupada pensando en un futuro que desconoces. Ten fe en que esta productora consiga que toquéis en Glastonbury. Yo estoy segura de que va a ser así.

Nos miramos y nos fundimos en un abrazo. Con ella no tenía que contenerme.

—Cómo me alegro de que la vida nos haya vuelto a unir —dijo.

—Yo también me alegro. No sé qué haría sin ti en este momento…

—Por cierto, ¿has subido foto hoy?

—¡Hoy no!

—¿Cómo que no? ¡Tienes que subir fotos todos los días!

—Lo sé. Pero ¿no te parece que si subo demasiadas se pueden cansar de mí?

—Todo lo contrario, la gente quiere saberlo todo de ti. Cuantas más cosas pongas, mejor. ¡Tienes que cambiar el chip! Ponte ahí, anda, que te hago una con el café.

Coco montó la escena perfecta para la foto. En esto, ella era la experta y no tardaba nada, se notaba que tenía el ojo entrenado. Me hizo la foto, la colgué en Instagram y nos fuimos cada una por nuestro lado. Yo había quedado en recoger a Pablo a la salida de su trabajo. Su oficina estaba en Brick Lane, en medio del ajetreo del este de Londres. Me subí al tren y me puse mis cascos. Sonaba *Sweet disposition*, de The Temper Trap.

Pablo salió de aquel edificio gris con su carpeta de arquitecto y una sonrisa de oreja a oreja, guapísimo. Más guapo que nunca. No sé si era él o yo que cada día estaba más enamorada. Lo que más me gustaba era su sentido del humor y lo positivo que era. Aunque hubiera tenido un mal día, me recibía siempre con una sonrisa y algún comentario que me hacía vibrar y a la vez sentirme como en casa.

—¿Cómo está mi pequeña? —dijo levantándome por los aires.

—¡Superbién! He comido con Coco y me ha enseñado un montón de cosas.

—Pero ¡cómo me alegro! Eres la niña más lista del mundo. Ven aquí. —Me apretó fuerte contra su pecho y nos dimos un beso de los que eliminan cualquier problema de golpe.

—¡Ay! —exclamé separándome—. Un segundito… ¿Me haces una foto aquí? Que salga el pantalón.

Pablo disparó la cámara. Tenía muchísima paciencia. Como buen virgo, siempre estaba dispuesto a ayudar, aunque tenía sus límites, claro. Yo tenía cuidado porque no quería que se cansara de mí.

Mientras caminábamos en busca de un sitio donde sentarnos plácidamente a charlar y contarnos nuestro día, encontré una tienda de muebles que me apasionaba. La había visto en un reportaje de *Monocle*, la revista favorita de Pablo que siempre acertaba con los mejores sitios de la ciudad.

—¡Un segundo! ¡Quiero hacerme una foto en la tienda!

—OK —dijo Pablo.

Me hice una foto con él y seguimos caminando hacia The Breakfast Club, un restaurante americano donde servían unas hamburguesas exquisitas y unos zumos que nunca se terminan. ¡Qué hambre!

—¡Un momento! —exclamé cuando llegó a la mesa la hamburguesa de tres pisos—. ¡Voy a hacerle una foto! ¡Última, te lo prometo!

Coloqué las patatas, el kétchup, los batidos, las servilletas, los tenedores, etiqueté a Pablo y al restaurante y subí la foto al instante. Había cogido práctica y lo hacía a la velocidad de la luz.

—¡Ya está!—dije encantada—. Bueno, cuéntame, ¿qué tal ha ido tu día de trabajo?

—Muy bien. Todo como siempre. Hoy nos han encargado un evento nuevo para Mayo. Longchamp. ¿Te apetece que vayamos juntos?

—Claro. Voy feliz. —Gracias a Pablo también tenía acceso a eventos exclusivos como a los que solía ir con Pierre.

A Pablo le hacía ilusión ir a los sitios conmigo, que nos vieran juntos. Y a mí también. Pablo era muy atractivo y siempre que entrábamos en un sitio todas las chicas le miraban con deseo. Pero su punto fuerte era justamente ese descuido con el que esquivaba todas las miradas menos la mía. Cómo me gustaba. Me miraba y escuchaba siempre con atención y me sonreía con esos ojitos que se le achinaban… Yo me lo quería comer con patatas, a él y a la hamburguesa, que me estaba resultando deliciosa.

Cuando estábamos a punto de terminar la hamburguesa, noté que Pablo hacía un gesto raro, como de sorpresa. Por su expresión advertí que estaba algo incómodo. Al girarme, vi que se trataba de aquella chica, la de su Instagram.

—¡Hola! —saludó ella con voz entrecortada. Como sin querer interrumpir, pero interrumpiendo del todo.

Pablo se atragantó. Bebió un sorbo de zumo, intentó tragar lo que estaba masticando, se limpió la boca como pudo con la servilleta y se levantó para saludarla.

—Mira, Greta, esta es Marta.

—Hola, Marta. Encantada.

Enseguida caí en la cuenta de que aquella Marta era su exnovia. El momento se volvió tremendamente incómodo.

—¿Qué haces aquí? —le preguntó Pablo.

—Pues nada, he venido a hacer una entrevista, seguramente me mude de nuevo a Londres…

—Ah, qué bien. ¿Para trabajar en una marca de moda?

—Sí, bueno, en una empresa emergente.

Me limité a escuchar para ver cómo se resolvía aquella escena tan extraña. Me parecía una tremenda casualidad que nos hubiéramos encontrado allí justo en aquel momento y me dio la impresión de que era una estirada. Había algo entre ellos que me estaba molestando.

—Bueno, pues… ¡mucha suerte! —concluyó Pablo.

—Gracias —respondió ella. Le sonrió cómplice; a mí me miró con condescendencia, y se fue.

Yo me quedé pensando: «¿Qué es lo que acaba de pasar?». Por la manera en la que nos había interrumpido, comprendí que entre ellos todavía quedaba algo pendiente. ¿Con qué derecho se atrevía a acercarse así a Pablo? Estaba segura de que ella sabía que yo era su novia. Seguro que me seguía en Instagram y había visto fotos de los dos.

Respecto a Pablo, su actitud me pareció de lo más forzada, como si aquel encuentro lo estuviera delatando. ¿Seguirían en contacto? De ser así, ella había sido una descarada por acercarse a mí como si nada, como si ella fuera la importante en aquella historia y yo fuera el nuevo *juguetito* de Pablo.

Pedimos la cuenta y nos fuimos hacia el metro. Hacía una noche maravillosa, pero yo no me podía sacar de la cabeza lo que acababa de pasar. Pablo, callado, lo cual hacía la escena aún más insoportable.

—Qué raro ha sido este momento, ¿no? —le pregunté una vez logramos sentarnos en el metro. Me temblaban las piernas y prefería adoptar una posición cómoda.

Ruido de vagones y vías de tren.

—¿Tú crees? No, mujer. Marta es una chica de pocas palabras.

«Encima la defiende», pensé.

—Vaya.

—¿Qué significa «vaya»?

—Nada, vaya, como si digo OK o pues vale.

—Oye, no te pongas así de borde.

—Hombre, no sé. Tú verás…

—¿Estás celosa?

—Sí, ya quisieras.

Pablo se echó a reír. Y eso me desarmó.

—Estás celosa. Te conozco —dijo burlándose de mí. Y en ese momento recuperó su naturalidad.

Se giró para abrazarme.

—¿Tú crees que yo podría querer a alguien más que a ti?

—Pues no lo sé —dije dudando.

—Pues yo sí lo sé. Sería imposible. Me gustas mucho, Gretita. Sigo loco por ti, igual que el primer día que te vi sujetando aquel ramo de peonías.

Su comentario me relajó. Me costaba reconocerlo, pero Pablo tenía razón. Me había entrado un ataque de celos que de repente me parecía ridículo, aunque en el fondo seguía pensando que tenía motivos para estar celosa. Mi intuición femenina disparó todas las alarmas. Aquella Marta, además de ser guapa, no tenía ni un pelo de tonta. Me mosqueaba la coincidencia. Entonces pensé que seguro que nos había localizado por aquella foto de las hamburguesas. Quizás la ubicación le había revelado dónde estaba Pablo y había venido a marcar terreno, a informarle de que ahí estaba ella, que había vuelto a Londres para quedarse. Y quería comunicárselo de primera mano. Preferí tranquilizarme pensando que Pablo me prefería a mí, pero inevitablemente me llené de dudas e inseguridades. Ellos habían estado cuatro años juntos y nosotros apenas unos meses. Caí en la cuenta de que Pablo nunca me había contado la historia del todo y ahora quería saberla. Quería saber quién era aquella chica que me había caído tan mal.

14

Llegó el mes de mayo y por fin empezó a sentirse la primavera. Los días en Londres eran más largos. Las calles y los parques estaban repletos de gente disfrutando del buen tiempo.

Mi parque favorito era Primrose Hill, por sus vistas. El parque está situado en lo alto de una colina, en una de las áreas residenciales más exclusivas de todo Londres. Un pequeño distrito en el que Pablo y yo solíamos parar a comprar el vino, los quesos, las uvas y las nueces para nuestros pícnics. Lo metíamos todo en un cesto de mimbre que habíamos comprado en un mercadillo en Notting Hill que, además de ser muy práctico, sabía que quedaba muy bien en las fotos.

Ese día, nada más llegar al parque nos descalzamos y extendimos el mantel de cuadros sobre el césped. Fuimos sacando del cesto todo lo que habíamos traído. Eran las seis de la tarde y pronto atardecería. Los dos teníamos una pasión loca por la lectura. En ese momento, yo leía a Cortázar; Pablo un libro sobre tecnología y otro sobre historia. No podía enumerar la de novelas que me había leído a lo largo de mi vida; de pequeña, pasaba horas en mi cuarto leyendo y leyendo hasta que mi madre me recordaba que era la hora de cenar y entonces, aun así, bajaba con mi libro a la mesa y ella me lo tenía que quitar de las manos para que me concentrara en la comida. Sin embargo, ahora cada vez me costaba más concentrarme en la lectura.

Aquella tarde me aburrí pronto de leer y me puse a comprobar los me gusta de mis últimas fotos.

—¿Te das cuenta de que esta foto, a diferencia de esta otra, ha tenido muchísimos me gusta? —comenté.

Pablo contestó sin levantar la vista de su libro.

—Bueno, vete a saber por qué. Será un tema de gustos.

—No, fíjate bien. ¿No crees que es porque en esta salgo sonriendo, mientras que en esta otra no estoy mirando a la cámara?

Pablo echó un vistazo con desgana.

—¡Greta, estás loca! La gente no se fija en ese tipo de cosas. A mí me gustan las dos.

—Ya, pero ¿si tuvieras que elegir una?

—Pues no sé. Quizás la que sales sonriendo.

—¿Ves? Tú también, o sea que quizás debería sonreír más en las fotos.

Pablo no contestó a mi comentario y se enfrascó de nuevo en la lectura, pero yo seguía teniendo dudas, así que volví a interrumpirlo.

—¿Sabes qué? —dije.

—Quééé —Pablo alargó la *e*, un poco molesto.

—¡Ay, bueno! ¡Ya te dejo tranquilo!

—No, mujer, ¡dime!

—Pues que me he fijado que Coco suele colgar sus fotos a las ocho de la tarde. Me ha dicho que, a esa hora, las fotos tienen más me gusta porque es cuando la gente sale del trabajo. ¿Tú, por ejemplo, a qué hora abres más Instagram?

—No sé. A lo mejor, tres veces al día: al despertarme, a la hora de la comida y quizás antes de dormir.

—¿Solamente?

—Sí, solamente.

—Así que puede que sea mejor que ponga las fotos antes de dormir… para que las vea más gente.

—Pues quizás sí, no sé cuáles son las reglas de Instagram, mi amor —respondió Pablo amable, pero un poco cansado del tema. A mí, en ese momento, era lo único que me preocupaba.

La tarde transcurrió tranquila y después de dormir una agradable siesta apoyada en sus piernas, decidimos volver a casa. Empezaba a refrescar. Antes de irnos, le pedí a Pablo que me hiciera una foto leyendo y otra con la cesta de mimbre. Como no me parecían suficientes y no sabía si me encajarían bien con el resto, le pedí que me hiciera una de espaldas con las vistas de Londres de fondo y luego le hice una a él cargando la bolsa de mimbre. Las fotos en las que salía con Pablo eran las que más éxito tenían y yo, de alguna manera, sentía como si la gente celebrara nuestro amor a través de sus me gusta.

De repente, me acordé del día que vi a Coco por primera vez al poco de llegar a Londres, de cómo me había llamado la atención su intensa afición por hacer fotos, de lo perpleja que me había quedado cuando me había hecho cinco fotos en un segundo. Ahora yo también vivía con esa necesidad, era mi trabajo.

Cuando llegamos a casa de Pablo, era ya de noche. Me senté a ver la televisión en el salón. Pablo tenía sintonizados todo tipo de canales y los dos nos pusimos cómodos para seleccionar una película. Me encantaban esos planes de sábado. De hecho, ya casi no pasaba por mi casa de Victoria Station. Estaba la mayor parte del tiempo en casa de Pablo, ya que él vivía solo; nos encantaba. Llevábamos juntos casi un año y en alguna conversación había salido el tema de irnos a vivir juntos, pero eso eran ya palabras mayores, así que los dos decidimos que era mejor esperar.

Me preparó un té. Coloqué la taza en la mesa para hacerle una foto y subirla a Instagram. Pensé un ratito en el texto y, como no quería que Pablo me viera enganchada mucho tiempo, puse algo fácil: *Tea time with @pablorecasens* y añadí un corazón. Bloqueé el móvil y le besé para distraerlo.

—¿Qué tal está Coco? —me preguntó cariñoso.

—¡Muy bien! Desayuné con ella el martes. Últimamente pasamos mucho tiempo juntas. Me lo paso bomba con ella y, además, aprovechamos para hacernos fotos la una a la otra.

—¡Qué bien! Me alegro de que os estéis ayudando. ¿Qué tal le va con el grupo?

—¡Genial! Está nerviosa porque le han propuesto tocar en Glastonbury. Por lo visto, se están produciendo algunos cambios de última hora y quizás podría tocar en sustitución de un grupo que se ha caído del cartel.

—¿Estás de coña? Sería increíble —dijo Pablo.

—¿Has ido alguna vez? Podríamos ir juntos —sugerí.

—Me parece una buenísima idea. Vamos a ver si quedan entradas.

El festival se celebraba a finales de junio en Somerset, a tres horas en coche de Londres. En cartel estaban todos los cantantes que nos gustaban: Arctic Monkeys, Mumford & Sons, The xx, The Cure, Phoenix, Fleet Foxes y nuestro nuevo grupo favorito: Grizzly Bear. ¡Los dos nos emocionamos! Sacamos las entradas en ese mismo momento. Iríamos a ver a Coco si cantaba, y si no cantaba, también iríamos con ella, porque a los tres nos apasionaba la música.

Justo en ese momento llamó Coco.

—Acabamos de comprar las entradas para ir a Glastonbury para verte.

—¿En serio? ¡Me muero de la ilusión! Pero todavía no sé si es definitivo…

—¡Nosotros más! —dije dándolo por hecho—. Estás en altavoz, por cierto.

—¡Ah! ¡Hola, Pablo!

—¡Hola, Coco! ¿Qué tal estás?

—Pues la verdad… Estoy preocupada. No sé nada de Larry, el productor. Y ya no sé qué pensar. Me dijo que el martes me confirmaría si tocábamos y estamos a sábado. ¿Creéis que debería escribirle yo?

—Yo esperaría al lunes, deja pasar el fin de semana —intervine.

—OK, eso haré. ¿Qué tal vosotros? ¿Qué hacéis?

—Pues nada, estamos aquí en casa viendo la tele. Nada en especial. Pablo te manda un beso.

—¡Pablo, otro de mi parte! —respondió Coco.

Me encantaba que Pablo y Coco se llevaran tan bien. Muchas veces quedábamos los tres, más algún ligue que se traía Coco, algún chico delgaducho, con pantalón pitillo y pinta de malote de recreo. Parecía que los elegía a todos iguales. Su última relación había sido con un tal James, que también era cantante. Los cantantes de los grupos tenían una especie de necesidad de mezclarse entre ellos. Había una endogamia muy marcada, actuaban como si fueran una raza aparte. Evidentemente, compartían sueños: tocar en festivales, componer canciones que dieran la vuelta al mundo y llevar una vida bohemia, pero que a la vez les permitiera sobrevivir en una ciudad tan dura como Londres.

Y hablando de sobrevivir, yo todavía me sentía un poco desorientada sin Pierre. Todavía no me había escrito desde que había empezado su vuelta al mundo. Supuse que estaría descansando del teléfono también. Me acordé, como si se tratara de otra vida, de lo felices que habíamos sido juntos. Había pasado poco tiempo, pero tratando de sobrevivir en una ciudad tan exigente a mí me parecía una eternidad.

Con Instagram todavía no ganaba tanto dinero como para subsistir, de modo que pasé un tiempo buscando otros trabajos que me permitieran mantenerme económicamente. Empecé a llevar las redes sociales de una marca de relojes, hice las fotos de algún catálogo y estuve de niñera en casa de unos franceses que querían que su hijo de seis años aprendiera español. El niño se llamaba Cayetano. ¡Me lo pasaba bomba con él! Hacíamos los deberes y luego veíamos películas en español con subtítulos en inglés, así que los dos aprendíamos por igual.

Cada semana iban saliéndome cosas nuevas, hasta que un día recibí un mensaje de Lawrence, la directora de MOMENT Management, con quien Coco me había puesto en contacto por correo electrónico. Me proponía que nos tomáramos un café. Le contesté que sí de inmediato; sabía que ella era la solución para encontrar algo más estable.

Coincidió que quedé con ella el mismo lunes que Coco tuvo noticias de Larry.

—¡Nos han cogido! ¡Nos han cogido! —gritaba Coco al teléfono—. ¡Tocamos en Glastonbury!

—¡Qué contenta estoy por ti, Coco!

—¡Ay, Greta! Me muero de la ilusión, te lo juro.

—¡Lo sé! ¡Sé cuánto significa para ti! ¡Te lo mereces tanto…! ¿Se lo has dicho a los chicos?

—¡Todavía no! ¡Te he llamado a ti la primera! Ahora mismo los voy a llamar. Te cuelgo para contarles. Mucha suerte en tu entrevista con Lawrence, le vas a encantar. Tú ve relajada y sé tú misma. Explícale en qué momento te encuentras.

Nada más entrar en las oficinas de MOMENT Management, me recibió con gran entusiasmo una chica rubia. Era la tal Lawrence, por lo que pude leer en el letrero de su camisa. Era bajita pero bien proporcionada. Se movía a toda velocidad, parecía uno de esos robots teledirigidos que van de un lado a otro hasta que se les acaba la batería. Lawrence me miró de arriba abajo, con ganas de saberlo todo de mí.

—Bueno, querida, Coco me ha hablado muy bien de ti. —Tenía un acento inglés muy marcado, pero la entendía perfectamente. De hecho, me di cuenta de que hacía mucho que ya no me agobiaba con el idioma—. Me han dicho que tienes mucho talento como fotógrafa, que has trabajado con Pierre Delacroix y que tienes ganas de saber un poco mejor cómo funciona todo este mundillo. ¿No es así?

Con tanta explicación, casi no quedaba nada más que añadir. Me tranquilizó saber que podía saltarme la introducción.

—Así es…

—Déjame que vea. —Lawrence me cortó para analizar las fotos de mi perfil. Pasaron unos dos minutos en silencio que se me hicieron larguísimos, mientras ella pasaba las fotos con el dedo y asentía todo el tiempo.

—¿Estuviste con Alexa Chung en la fiesta de Gucci? ¡Yo también estuve allí! —Por sus comentarios y por cómo me estaba tratando, me estaba recordando a la mala de la película de *El diablo se viste de Prada.*

Continuó unos segundos más analizando mi perfil en busca del fallo. Yo cruzaba los dedos por debajo de la mesa, deseando que aquel examen terminara cuanto antes.

—Mira, Greta, no te voy a engañar. Nosotros recibimos a miles de niñas como tú al día, perfiles con muchos seguidores. Algunas de ellas los compran, así que no podemos fiarnos del todo de que esa información sea real, pero tengo que decirte que creo que tienes algo especial. Tus fotos son buenas. Aportan cercanía y eso es lo que ahora mismo busca la gente, por eso tienes muchos me gusta. La gente está cansada de las supermodelos y quiere seguir a niñas como tú, que transmiten su vida sin demasiadas pretensiones. ¿Me explico? —resolvió con seguridad—. Por curiosidad, ¿cuántas fotos subes al día?

—¿Al día? —exclamé sorprendida—. Subo tres fotos a la semana, como mucho.

—¡Eso es muy poco! Tienes que publicar dos o tres fotos por día mínimo. Y vídeos también. Los vídeos tienen muchísimo éxito y ahora todo tiende hacia lo audiovisual.

Me agobié al escuchar ese ritmo de publicaciones, sabía que eso iba a requerir mucho más tiempo, pero en ese momento todo lo que me dijera me parecía bien. Asentí sin dudarlo dos veces y sin tiempo a consultarlo con mi conciencia. Tenía que conseguir que me representara esa tal Lawrence como fuera. Estaba segura de que a su lado desaparecerían todas mis inseguridades.

—¿Quién te hace las fotos? —continuó con el cuestionario.

—Bueno, ahora me las hago yo. A veces le pido a mi novio que me ayude, y otras veces a Coco, claro.

Nos reímos. Continuó hablando mirando la hoja que tenía delante, donde iba tomando notas.

—Por el bien de tu relación, búscate un fotógrafo.

Me guiñó el ojo y, después de compartir ese efímero momento de complicidad, se levantó dando por terminada la reunión. Yo la seguí como pude. Salió de la sala, yo salí detrás y nos despedimos en la puerta. No me quedó muy claro qué habíamos acordado, pero nos dimos la mano y ella me sonrió de nuevo. Lo único que sabía era que nos habíamos llevado bien y que a partir de ahora tendría que subir más fotos al día.

Nada más llegar a casa recibí otro correo suyo muy formal, donde me decía que le había encantado mi perfil y que quería que formara parte del equipo de MOMENT Management, por lo que supuse que no lo había consultado con nadie y que, de alguna manera, yo era su apuesta. Me comunicó que estaría en la sección de *Talents*, como Coco había intuido. Llamé a mi querida Coco para darle la noticia y agradecerle toda su ayuda, y quedamos en vernos por la noche para celebrar ambas noticias.

Llamé también a Pablo, pero no me cogió el teléfono; debía de estar ocupado en el trabajo. Estaba deseando verlo para contárselo y también para revisar juntos el contrato que tenía en mi bandeja de entrada. Pablo, mi ángel de la guarda, me ayudaría a descifrar la letra pequeña. Me pedían tres años de permanencia en la agencia, un porcentaje de los ingresos que yo generara y exclusividad. Ponía también que me asignarían un «asesor de contenidos»; yo pensé que eso sonaba muy bien y que era justo lo que necesitaba, un poco de orientación.

Yo quería firmar ese contrato como fuera y solamente le veía el lado positivo: me conseguirían más clientes, negociarían por mí los contratos, me orientarían sobre la estrategia... Así no me sentiría sola, tendría a alguien con quien compartir todas aquellas dudas que me venían persiguiendo los últimos meses, desde que Pierre ya no estaba.

Escuché a Pablo entrar por la puerta sigiloso. No dijo «¡Hola, mi amor!» como de costumbre. Vino directamente a la habitación. Yo estaba tumbada en la cama con mi ordenador. Llamó a la puerta, que estaba entornada. «Adelante», dije extrañada. Y apareció con un ramo precioso de peonías blancas en las manos. Esas flores se habían convertido en las protagonistas de todas las fechas importantes de nuestra relación. Me levanté feliz para darle un abrazo.

—Coco me ha contado lo del contrato —me aclaró—. Enhorabuena, mi amor, te lo mereces.

Nos abrazamos, nos reímos y después de comernos a besos hicimos el amor varias veces. Cuando terminamos de celebrarlo, todavía envueltos en las sábanas, nos pusimos a revisar el contrato en el ordenador. Pablo, muy serio, se puso las gafas de cerca y estudió con detenimiento todas las cláusulas que venían entre líneas. Me dijo que le parecía que estaba todo dentro de lo normal. Lo único que no le gustó fue lo del asesor.

—¿Por qué te ponen un asesor? Tú sabes muy bien lo que quieres.

—Bueno, pero yo no soy una experta. Ellos se dedican a esto y se encargarán de guiarme, supongo.

—Mmm... —No pareció convencerle mi justificación—. ¿Y esto de que tienes que colgar dos artículos al día mínimo? ¿Tú crees que te puedes comprometer a tanto?

Me quedé callada. Yo tampoco había sabido responder a esa pregunta. Pablo continuó:

—Es un ritmo bastante alto. Vas a tener que estar constantemente haciéndote fotos para poder mantener esa media. Eres consciente de eso, ¿verdad?

—Lo sé, pero ¡a mí me divierte hacerme fotos! Y tengo la ayuda de Coco —se lo decía a él, pero también a mí misma—. En un futuro, lo suyo sería tener un fotógrafo que viniera conmigo a todas partes.

—OK. ¿Estás segura de que esa es la vida que quieres?

—Sí, estoy segura. Creo que es una oportunidad increíble.

Yo pensaba que tenía delante de mí una ocasión única para posicionarme como *influencer* y para triunfar y consolidar mi carrera como fotógrafa.

Esperé unos días y finalmente le devolví el contrato firmado a Lawrence en un correo muy cariñoso en el que le daba las gracias por haber confiado en mí. Ya formaba parte de MOMENT Management, una de la agencias de representación de *influencers* más importantes del mundo.

Lo primero que hice fue cambiar la biografía de mi Instagram y añadir: *Represented by MOMENT*. De repente, sentí que era parte de algo. Ya no estaba sola.

Llamé a mi madre por teléfono para explicarle que su hija se había convertido oficialmente en una *influencer* con representante. A Mario, mi mejor amigo de la universidad, se lo conté por FaceTime, y a Carlota, por WhatsApp. Con cada uno tenía una vía de comunicación. Con mi madre hablaba casi a diario, sobre todo por las mañanas. Con Mario siempre hacía videollamadas, nos gustaba vernos las caras, y con Carlota chateaba a todas horas. Ella estaba siempre en línea, supongo que hablando con sus amigas de preocupaciones propias de su edad: novios, modelitos y cosas que para mí no tenían importancia, pero que para ella eran todo un mundo. Yo la orientaba en sus decisiones, le daba seguridad. Al escuchar sus inquietudes, me daba cuenta de que yo misma había madurado, de que yo ya había superado esos problemas y de que los míos ahora eran otros.

Con Paloma, mi hermana mayor, tenía una relación más distante. Hacía bastantes semanas que no sabía nada de ella, pero supuse que mi madre le habría contado la noticia y que en algún momento me escribiría para darme la enhorabuena.

Precisamente, a la mañana siguiente recibí un mensaje desde la cuenta de correo de su trabajo.

Mi pequeña Greta:

¿Cómo estás? Ya me ha contado mamá lo de MOMENT Management. Estoy muy contenta por ti, es una oportunidad increíble. Estamos muy felices de escuchar tus noticias. Carlota no para de hablar de ti en casa; cada vez que viene una amiga suya a comer, te conviertes en el tema de conversación. Ya sabes cómo te admira y lo orgullosa que está de ti. Bueno, como todos.

Quería aprovechar este correo para recordarte lo importante que es que mantengas los pies en la tierra, que recuerdes siempre quién eres y de dónde vienes. Nunca dejes de ser tú misma. No te compares con nadie. No permitas que nadie te haga sentir inferior. Tú tienes algo bonito que aportar al mundo y tienes que confiar en tu propia estrella, escucharte a ti misma y sacar lo mejor de ti, sin importarte lo que hagan los demás. No te confundas intentando ser una persona que no eres. Cuando tengas dudas, vuelve a ti y recuerda qué es lo que quieres conseguir. Y más importante todavía, aprende a conservar y a mantener todo lo que consigas.

¿Qué tal van las cosas con Pablo? Espero que bien. Cuídale, cuida a las personas que tienes a tu alrededor. Recuerda que no estás sola en el mundo y que las relaciones hay que construir-

las día a día. Hay que invertir energía y tiempo. Espero que lo estés llevando bien, imagino que tu nuevo trabajo te ocupará mucho tiempo. No olvides nunca que tu faceta personal es igual o más importante que la profesional. Es como si tuvieras dos parcelas con flores, tienes que regalarlas por igual para que no se te mueran las plantas en ninguna. ¿Entiendes a lo que me refiero? Espero que sí.

Te quiere,

Tu hermana Paloma

Sus palabras me emocionaron mucho. Mi hermana Paloma era muy fría conmigo en persona, pero en cambio me escribía este tipo de mensajes que demostraban la bellísima persona que era y que, a su manera, me cuidaba, aunque no lo hiciera de una forma tan obvia como mi madre o mi hermana Carlota, con quienes hablaba a todas horas. Paloma se mantenía distante, en un segundo plano, pero a veces me sorprendía con mensajes y consejos como aquellos que sin duda me daban que pensar.

Su correo me hizo recordar quién era yo en aquel momento. Cuáles eran mis prioridades y también mis circunstancias reales. ¿Qué tenía yo de especial? En realidad, nada. Era una chica de veintitrés años que trataba de abrirse camino en el mundo de la moda, con un estilo propio que, al final, era lo que me daba seguidores, según Coco. También me hizo pensar en Pablo, con quien, más o menos, las aguas habían vuelto a su cauce y la relación funcionaba bien —o eso creía.

15

A partir del momento en que firmé el contrato con MOMENT Management, Lawrence empezó a enviarme todo tipo de propuestas de colaboración. El volumen de trabajo comenzó a subir. Trabajaba con marcas medianas, todavía desconocidas, a las que yo también les proponía ideas.

Luego llegaron las grandes marcas, que contactaban con Lawrence y decidían por mí las fotos que debía colgar en mi Instagram promocionando sus prendas. Mi papel como *influencer* consistía en darles a aquellas prendas un contexto creíble, que pareciera que formaban parte de mi día a día. Mis días dejaron de ser normales, es decir, dejaron de ser como los días del resto de los mortales que viven sin pensar en que se tienen que hacer una foto en cada esquina. Todo lo que me pasaba se convertía en una posible publicación de Instagram. Me acostumbré a fotografiarlo todo y a contar cada paso que daba. Le dedicaba muchas horas a pensar cómo quedarían aquellas fotos en mi perfil. Me vinieron a la cabeza las palabras de mi hermana Paloma. No quería perderme, no quería tratar de ser alguien que no era, pero a veces era complicado.

Aquella semana Lawrence me reenvió un correo que decía: «Check this article, babe!», con un emoticono sonriente. El artículo era de Vogue y en el titular ponía: «The new Spanish photographer you must know». Me costó un rato digerirlo. Cuando recuperé la consciencia, navegué hasta el final de la página para ver qué fotos habían escogido. Eran fotos de mi Instagram, ¡fotos que yo había hecho! y otras en las que yo salía. En el texto mencionaban las marcas con las que había trabajado hasta la fecha y aseguraban que tenía un estilo como fotógrafa «que había creado escuela». Era como leer el compendio de mi carrera profesional hecho por una periodista a la que yo no conocía; seguro que me seguía de cerca por Instagram, porque había acertado bastante con el resumen de mi vida. También hablaban de Pablo, mi novio, al que mencionaban como el «guapo acompañante que siempre iba elegante y estiloso». Seguro que le iba a hacer gracia cuando se lo leyera. Aunque Pablo era muy discreto y no le gustaba que subiera demasiadas fotos suyas.

Me alegraba mucho que hubieran aludido a mi profesión de fotógrafa. Era mi parte favorita del artículo. Fue así como poco a poco fui creyendo en mí.

Desde entonces, los acontecimientos se sucedieron en cascada. Mi número de seguidores no paraba de crecer; llegué a la cifra de medio millón como por arte de magia. El día que salió el artículo en *Vogue* me lo pasé en casa respondiendo mensajes de cariño y felicitaciones de amigos. Recibí un WhatsApp de Mario: «Enhorabuena, bebé, eres la mejor. Te lo mereces». Luego un correo de mi hermana Paloma: «¡Me han mandado este enlace mis amigas! Sales guapísima. ¡Enhorabuena!». Después un mensaje de un exnovio mío del que hacía siglos que no sabía nada. «¡Enhorabuena, Gretita! Te veo estupenda». Consulté Facebook para comprobar si ahí también tenía mensajes. Un primo mío de Santander había compartido la noticia en mi muro: «*Congrats,* prima, ¡eres el orgullo de la familia!».

En ese momento me llamó mi madre: «¡Cielo! ¡Qué alegría! ¡Ya me ha contado Paloma! Les he reenviado la noticia a mis hermanos y a todas mis amigas. Estamos todos tan orgullosos de ti. Te paso a tu padre». Y mi padre: «Pero bueno, señorita, ¡hasta dónde vas a llegar con tus éxitos!».

Todas sus palabras coincidían: «Te lo mereces». «Tú solita lo has conseguido todo». «Enhorabuena. Eres la mejor». «Lo vas a petar». «Eres una *crack...*».

Y de repente, *boom.*

Bomba expansiva. La gente continúa con su vida mientras tú tienes un chute de adrenalina increíble que te ha hecho perder la noción del tiempo. No sé cómo se llama, pero crea una gran adicción. Poco a poco me fui acostumbrando a ser noticia entre mi familia y amigos, y si no tenía algún acontecimiento relevante, me lo inventaba para volver a recibir toda aquella atención.

También me acostumbré a recibir todo tipo de cosas gratis. A mi casa empezaron a llegar regalos y más regalos. Paquetes con cartas cariñosas firmadas a mano por los diseñadores de las marcas: bolsos, gafas, perfumes, agendas... Cosas que necesitaba y otras que no, pero que ahí estaban. Una vez en mi poder, tenía que convertir todos aquellos objetos en elementos que formaran parte de mi día a día, fotografiarme con ellos y que pareciera que me los había comprado yo, que eran parte de mi universo. Esa era la gracia del juego.

Desapareció el vestirse de forma espontánea. Cada día, antes de salir de casa, tenía que pensar bien lo que elegía en base a lo que tenía que sacar en mi Instagram con mayor urgencia. Una vez elegido el modelo con la ropa que tenía que promocionar, pensaba si el evento al que tenía que asistir encajaba en mi perfil. Quién iba. Qué tipo de experiencia podría retransmitir. Y por tanto, si me interesaba ir a ese plan o no. Empecé a vivir mi vida completamente al revés. Ya no hacía lo que me apetecía de manera natural o improvisada con cualquiera, ahora hacía lo que fuera a quedar mejor en mi Instagram para preservar aquella galería de fotos que se había convertido en el epicentro de mi vida.

Por supuesto, mis compañeras de piso fueron las primeras que empezaron a notar todo aquel movimiento. Al principio, eso de recibir regalos era excitante para todas, pero después era tal la cantidad de cosas que llegaban cada semana que pronto todo ese trasiego de timbres y mensajeros se convirtió en un empacho que nos afectó a todas.

Lawrence recibía cada día mensajes de marcas muy potentes para hacer alguna colaboración. Un viaje a Coachella, una maleta de Louis Vuitton, un perfume de Loewe, una experiencia en Marrakech... A todo hubiera dicho que sí sin pensármelo, pero ella era más prudente y planeaba para mí una estrategia equilibrada.

De hecho, poco a poco Lawrence fue atando más en corto las riendas de mi trabajo, que llenaba toda mi vida. Tenía el control de lo que yo debía o no debía hacer, y lo que ella me indicaba yo lo hacía como una marioneta. No tenía tiempo de pensar si lo que me pedía me venía o no me venía bien, si encajaba o no encajaba en cómo me sentía en cada momento. Lawrence controlaba mi agenda. Controlaba mi tiempo de trabajo y también de ocio. Decidía a qué eventos iba y por qué. Solía haber una media de uno o dos eventos por semana. «Tienes que hacer acto de presencia», decía que era importante para dejarme ver y ganar seguidores o hacer contactos.

Por lo general, tenía que acudir a los eventos sola y yo lo prefería, para no molestar ni a Pablo ni a Coco. Uno de los eventos más divertidos que recuerdo fue la fiesta de Aquazzura, una marca conocida por montar fiestas por todo lo alto. El director creativo, Ricardo Ciampini, era un italiano muy dicharachero y bien relacionado con toda la *jet set* inglesa, por lo que en sus fiestas estaban garantizados el glamur y el lujo. Le pedí a Lawrence si podía ir acompañada. Ella me dijo que no, que de milagro había conseguido que pudiera ir yo. Como estaba segura de que a Pablo tampoco le iba a apetecer, no le insistí.

Llegué a la fiesta, que tenía lugar en un antiguo palacio restaurado en el centro de Londres. Iba vestida de marca de pies a cabeza, con unos tacones incomodísimos pero elegantes. Estaba nerviosa, como siempre que llegaba a ese tipo de eventos sola y tenía que ponerme las pilas para hacer amigos a toda velocidad. En la entrada, a cada lado de las escaleras, había dos leones. No hablo de esculturas, me refiero a dos leones de verdad. Me hubiera encantado conversar con los dos hombres que estaban ahí sujetando a sus *mascotas*, seguro que tendrían cosas interesantes que contar. Pero yo estaba allí por trabajo y no resultaba oportuno hablar con ellos, así que avancé por el vestíbulo.

Nos recibían camareros altos y atractivos que cargaban bandejas de champán y canapés deliciosos. Con cortinas de terciopelo rojo y paredes acolchadas, el lugar no podía ser más glamuroso. En el centro del recibidor había una enorme mesa redonda de madera barnizada con un jarrón inmenso lleno de frutas y flores preciosas.

Según transcurría la noche, la gente iba soltándose, y lo que parecía un evento más, de esos en los que te mueres de ganas de que acabe y donde solo se habla de superficialidades, terminó convirtiéndose en un fiestón digno de ser recordado. El DJ, un tal James Terry, un hombre alto y fuerte con pinta de portero de discoteca, pinchaba música disco muy animada. Canciones de los noventa versionadas que todos nos sabíamos y canturreábamos entre conversación y conversación.

En un determinado momento de la noche, el director creativo, Ricardo Ciampini, subió a la plataforma del pinchadiscos y empezó a rociar con champán a los invitados, a quienes no parecía importarles destrozar sus mejores galas. Yo, por supuesto, decidí meterme en aquella locura. Ya había hecho un par de amigos que me servían de refuerzo para moverme con soltura por el evento.

Se formó una especie de conga improvisada y yo dejé la copa para no perdérmela. La encabezaba el director de Harvey Nichols, detrás iba el diseñador de Loewe, detrás la directora de Elle UK... Todos habían perdido completamente los papeles y estaban entregados a la fiesta, algo que no solía ocurrir en otros eventos del estilo a los que también había asistido.

Cuando miré el reloj eran las tres de la mañana. Me acordé de que esa noche dormía en casa de Pablo. ¡Mierda!, no lo había avisado de que llegaría tarde. Debía de estar preocupado. Fui todo lo rápido que pude hacia el ropero porque había dejado mi teléfono allí, en el bolso. Tenía un mensaje suyo:

«Greta, he dejado las llaves debajo de la alfombra por si acaso. Te he llamado pero no me cogías, espero que estés bien».

Lo llamé, pero tenía el teléfono apagado. Qué mala pata. Sabía que me iba a echar en cara no haberlo avisado de que me retrasaría. Al móvil le quedaba solo un tres por ciento de batería, lo justo para mandarle un mensaje diciéndole que estaba bien, por si se levantaba en medio de la noche. Entonces pensé que me quedaría un rato más en la fiesta; total, él ya estaba dormido, qué más daba llegar a las tres o más tarde.

Empezó a sonar *La bambola*, una de mis canciones favoritas. Corrí por el pasillo para no perdérmela. George, el dueño de Harvey Nichols, me estaba esperando para seguir bailando juntos. Era un hombre de unos sesenta años, gay, muy divertido, que no paraba de abrazarme; lo había conocido en la conga, porque lo tenía justo delante.

Continuamos bailando y de repente, en medio de todo aquel gentío, vislumbré una cara que me resultaba muy familiar. Me costó un poco recordar quién era hasta que caí en la cuenta de que era Simon Roberts, el director de Gucci al que Pierre me había presentado en una de las primeras fiestas a las que había ido con Coco al llegar a Londres. Como creía que no me iba a reconocer, aparté la mirada y continué bailando. Pero fue él quien se acercó a mí para saludarme.

—*Hello! I think I know you...* —me dijo en un inglés muy americano.

—¡Hola! ¡Sí! No sabía si te acordarías de mí. Nos presentó Pierre Delacroix en una fiesta en el Hotel Café Royal. Yo trabajaba con él.

—¡Oh! ¡No me lo puedo creer! Escuché que había dejado el blog. ¿Cómo está? —me preguntó con verdadero interés.

—Pues creo que está fenomenal. Ahora está en Costa Rica, pero no te puedo contar mucho más porque no hace ni caso del teléfono.

—Ya me imagino. Le escribí, pero nunca obtuve respuesta.

—Pues no le des importancia. Ya sabes, como dice él: «No news, good news».

—Totalmente. Eso es muy suyo, es cierto. Me alegro de que esté bien… Es un gran hombre —dijo Simon.

—Lo es —afirmé.

Continuamos hablando, sobre todo de Pierre, pero también de él y de mí. Me contó que vivía en Nueva York, pero que viajaba mucho a Londres y a París, ya que tenía el equipo creativo de Gucci repartido en ambas ciudades. Se mostró muy interesado en mi trabajo. Me preguntó mucho por la época en la que trabajaba con Pierre. Él recordaba alguna de las campañas de fotos en las que yo había participado y me dio la enhorabuena.

—Así que tú eres la magnífica fotógrafa que estaba detrás de esos preciosos retratos…

Me sonrojé.

—Yo no lo diría así. Soy una principiante, pero desde luego me divierte muchísimo la fotografía.

—¿Y dónde puedo ver tu trabajo?

—En Instagram.

En el acto sacó su teléfono, me lo pasó y me pidió que le mostrara cosas.

—¡Me gusta mucho tu estilo! Muy limpio y elegante. ¿Dónde has aprendido a hacer fotos?

—La mayoría por mi cuenta. Pero todavía me queda mucha técnica por aprender.

—No te preocupes demasiado por eso. Se nota que tienes talento. La técnica es cuestión de ponerse.

La conversación continuó unos minutos más. Cuanto más tiempo pasábamos juntos, más me gustaba estar con él. Yo también le pregunté por algunas cosas de su trabajo que sin duda despertaban mucho mi interés. Gucci en ese momento era una de las marcas que más estaba despuntando y estaba delante de la persona que se estaba encargando de llevar a cabo aquella revolución. Además, el hecho de que los dos fuéramos tan amigos de Pierre hizo que conectáramos de una forma especial desde el principio. Ellos habían sido amigos en la universidad de Los Ángeles y tenían muchas cosas en común.

Hablar de Pierre me hizo recordar lo mucho que le echaba de menos y lo bien que nos lo habríamos pasado en aquella fiesta juntos. Pero también me acordé de Pablo, de que se estaba haciendo tarde y de que iba a flipar por la hora a la que iba a llegar y, encima, sin haberlo avisado. Así que me despedí de Simon, recogí mi bolso del ropero y me dirigí a la entrada, donde un encantador azafato me pidió un taxi que apareció a los pocos segundos.

Durante el trayecto en el taxi recapitulé todo lo que había vivido aquella noche. Qué simpático, Simon. Y qué atractivo. Me había transmitido muchísima serenidad, la serenidad de una persona que ya había pasado por lo que estaba pasando yo y que podía aconsejarme con sabiduría y seguridad. Pensé que habíamos congeniado. Recordé lo mucho que me gustaban los hombres mayores; siempre había imaginado que acabaría con una persona mucho mayor que yo. Sentí que aunque nuestra relación no tuviera mucho sentido por la diferencia de edad, había existido una extraña atracción que ambos habíamos disimulado. No podía negar que, seguramente, si no hubiera tenido novio, las cosas hubieran sido de otra manera.

Llegué a casa de Pablo y cambié el chip. No me sentía culpable porque, al fin y al cabo, solamente habíamos estado charlando un largo rato, pero tenía que reconocer que el tal Simon se me había quedado grabado en la retina...

Abrí la puerta sigilosamente para no despertar a Pablo. Al quitarme los zapatos, sentada en la cama, escuché su voz adormilada.

—¿Qué hora es? —preguntó.

—Perdona, mi amor, son las cinco y media —dije suavemente.

—¿Cinco y media? Pero... ¿dónde has estado?

—He ido a una fiesta de trabajo.

—Pues sí que se ha alargado la fiesta.

—Bueno, he conocido a gente muy interesante.

—Ya me lo contarás mañana. No me quiero desvelar.

—Vale, mi amor.

Me metí en cama, sin rozarle por miedo a molestarlo, y esa noche dormí sin sus abrazos. Pero era mejor así, a mí tampoco me apetecía contarle los detalles de aquel evento. Pasé a vivir las cosas para mí. Pablo no soportaba el ambiente de este tipo de fiestas; se le notaba porque en un momento dado había dejado de hacerme preguntas sobre lo que había pasado y, a veces, cuando me apetecía contárselo, desviaba la conversación.

Algo estaba pasando entre Pablo y yo. Algo empezaba a torcerse. Yo intentaba que toda esta nueva faceta profesional no afectara a mi vida personal, pero era complicado. ¿Dónde estaba el límite? ¿Cuándo dejaba de ser una fiesta de trabajo para convertirse en una fiesta de placer? Y si fuera así, ¿tenía derecho él a molestarse? Me había acostumbrado a ir sola a este tipo de eventos, justamente para no comprometer a nadie. A Pablo no le gustaba nada todo aquel postureo, así que habíamos acordado que iría sola. No sabía si esa era la mejor solución, lo que sí sabía era que Pablo ya me había dado bastantes toques y que al día siguiente seguro que tendríamos una conversación seria al respecto.

Me dormí rápido, estaba agotada. Y satisfecha, porque en aquella fiesta había hecho muy buenos contactos y eso formaba parte de mi trabajo. Por suerte, al día siguiente no tenía que madrugar. Me podía quedar en la cama recuperando fuerzas.

Pablo se levantó a las ocho de la mañana y se marchó sin darme un beso. Efectivamente, estaba cabreado. No le había hecho ninguna gracia que llegara tan tarde sin avisar. Me acordé del mensaje de mi hermana Paloma, donde me decía que tuviera cuidado con este tipo de cosas, que tenía que cuidar mi relación con Pablo. Y reconocí que había hecho mal al no avisarlo. Yo, en su lugar, también me habría enfadado con él. Sentí que estaba abusando de la confianza que teníamos.

Me desperté a las doce, que en Londres es la hora de comer. Tenía una llamada y un mensaje de Pablo.

«Avísame cuando te despiertes. Me gustaría comer contigo».

Su tono era más serio de lo normal. Ni un «mi amor» ni nada cariñoso. Me envió la localización de un sitio cerca de su oficina. Me vestí a toda prisa y cogí el metro hasta King's Cross.

En la conversación fue bastante al grano.

—¿Qué tal ayer?

—Pues muy bien, la verdad. Fue una fiesta bastante divertida para lo que suelen ser este tipo de eventos —contesté sincera. Total, no tenía nada que esconder. No iba a reconocer que aquel tal Simon me había parecido muy atractivo, porque además ya me había olvidado de él.

—¿Con quién fuiste? ¿Te acompañó Coco?

—No, fui sola, no me dejaron llevar a nadie.

—¿Y te plantas ahí sola?

—Sí, ¿qué pasa?

—No sé. Nada.

—Es mi trabajo, Pablo.

—Ya. No sé.

—¿Qué te pasa?

—Nada, no me pasa nada.

Insistí porque era importante que sacara aquello que lo reconcomía.

—¿Qué te pasa, Pablo? Venga, dime.

—No sé, Greta, no quiero darte el coñazo siempre con el mismo tema.

—¡No me das el coñazo! ¿A qué tema te refieres?

—Bueno, pues al tema de tu trabajo. No llevo nada bien que tengas que estar todo el día subiendo fotos, con me gusta de chicos, peticiones de amistad, eventos, fiestas, llegando a las mil de la mañana sin avisar...

—Pablo —dije medio riendo—, pero si sabes que no tengo ojos para nadie más que para ti. No te irás a poner celoso a estas alturas.

—No lo sé. De repente se te cruza uno de esos tíos, diseñadores de éxito, y te tira la caña...

—Pero qué dices. Yo no lo permitiría nunca.

—Bueno, eso lo dices ahora... Conozco muy bien esos mundos...

—Pablo, por favor, no digas tonterías. Yo en esas fiestas hablo de trabajo y me voy. No doy pie a que pase nada con nadie —sentencié.

—¿Quién es Simon Roberts? —preguntó de repente.

—¿Qué? —dije desconcertada. Me cogió de sorpresa y no sé hasta qué punto mi expresión me delató.

—Sí, que quién es un tal Simon Roberts.

No entendí cómo había salido su nombre. Sentí como si Pablo me hubiera estado espiando por un agujero.

—Pues es un amigo de Pierre, el director creativo de Gucci. ¿Por qué?

—¿Has visto que te ha agregado a Instagram esta mañana?

—No, no lo he visto. No he mirado el móvil desde que he salido de casa —mentí.

—Pues ese tío te ha agregado a Instagram.

—Bueno, Pablo, ¿a dónde quieres ir a parar? Yo agrego a mucha gente sin más.

—Pero ¿os conocisteis ayer?

—No, le conocí hace mucho en aquella fiesta en la que te vi a ti también, ¿te acuerdas? —Quería salir de esa conversación cuanto antes.

—¿Y qué pasó? ¿Él se acordaba de ti?

Todas sus preguntas eran un callejón sin salida. Su intuición me estaba acorralando y yo no sabía cómo salir de aquel interrogatorio. Me empezaban a sudar las manos.

—Pues sí, le vi y él me dijo que le sonaba mi cara y yo le dije que nos había presentado Pierre. Hablamos de Pierre dos minutos y me fui.

—Vaya, pues qué casualidad que te agregue, ¿no?

—Oye, Pablo, me estás poniendo un poco nerviosa. ¿Qué insinúas con todo esto?

—Greta, no soy tonto, ¿vale? Soy bueno contigo, pero no soy tonto y tengo ojos para percibir ciertas cosas. ¿Qué hace una tía sola hasta las cinco y media de la mañana en una fiesta? ¿De verdad era una *fiesta de trabajo*?

—Estoy flipando contigo... Menuda gilipollez. Pues qué quieres que haga. Bailar, charlar, conocer a gente, sin más. Si la mayoría de los tíos de estas fiestas son gays.

—No te excuses, Greta. Me pone muy nervioso que me trates como a un tonto.

La conversación se iba de madre. No había por dónde cogerla. Pablo estaba muy enfadado. Yo podía entender que le molestara que no lo hubiera avisado de que llegaba tarde, pero resulta que también le molestaba imaginar que su novia estaba hasta las tantas de la mañana conociendo a gente en fiestas a las que a él no le apetecía nada ir. Tenía una gran intuición y, no sé cómo, estaba seguro de que gran parte de la noche la había pasado con el tal Simon que a las pocas horas me había agregado a Instagram.

—Me vuelvo al trabajo, llego tarde a una reunión —me dijo, y se despidió dándome un beso frío en la mejilla.

—¿Te veo luego en casa? —le pregunté tratando de normalizar el asunto.

—Preferiría verte otro día, Greta. Estoy un poco cansado de tener que darte tantos toques de atención.

—Pablo, por favor, no seas injusto.

—Bueno, me tengo que ir… Si no te importa, nos vemos mejor otro día.

Entendí que necesitaba su espacio, de modo que recogí mis cosas, mi ropa y mi neceser de su casa para volver a Victoria Station. Al desconectar su ordenador para coger mi cargador en su cuarto, recordé que tenía que pasar algunas fotos de su escritorio a mi *pendrive,* así que volví a conectarlo para seleccionarlas. Nada más encender la máquina, saltó la notificación de un correo en la esquina derecha de la pantalla. Pablo se lo había dejado abierto.

El mensaje era de una tal Marta.

Rápidamente recordé que Marta era el nombre de su exnovia, aquella tía seca y entrometida a la que había conocido fugazmente en The Breakfast Club mientras comíamos una hamburguesa. Un escalofrío me recorrió todo el cuerpo y no pude evitar querer saberlo todo. Abrí la bandeja de entrada y pinché en el mensaje de Marta. Ella le proponía tomar un café en Green Park esa misma tarde. Me froté los ojos y volví a leerlo desde el principio para ver si lo estaba entendiendo bien.

Miré el reloj, eran las cinco de la tarde. De repente sentí que la casa se me caía encima. Además, todavía sufría la fatiga y la resaca de la noche anterior. El corazón se me hizo trizas y todo mi sentimiento de culpabilidad se vio diluido y transformado en un enfado incontrolable. No pude leer la contestación de Pablo a ese café. Pensé inmediatamente que podían haberse estado comunicando también por teléfono. Yo jamás me había metido en su correo ni en sus mensajes, me parecía una regla de oro para la relación, pero aquella vez había sido inevitable; el mensaje me había saltado en la cara y me había sentado como una bofetada, así que ahora quería saberlo todo.

Por supuesto, no podía decirle que había leído el mensaje porque me iba a regañar por haber cotilleado sus cosas. Faltaban dos horas para el posible encuentro y yo preferí esperar para ver cómo se resolvía el asunto. Coincidía que Pablo me había dicho a mediodía que prefería que no nos viéramos esa tarde. Todos los datos apuntaban a que podía estar tramando un posible encuentro con ella. Esperé impaciente a que llegara la hora y me planté puntual, a las siete menos diez, en la parada de metro de Green Park, donde supuestamente ellos podían haber quedado si Pablo había aceptado su invitación.

Creo que fueron los peores diez minutos de toda mi vida. No sabía si Pablo iba a aparecer o no, pero yo ya me sentía traicionada. ¿Con qué confianza aquella tía le escribía ese mensaje? Para mí, eso lo decía todo. Yo no le escribiría a un exnovio para proponerle tomar un café si sabía que tenía novia. ¿Qué tipo de conversación iban a tener? Encima, yo sabía que ella vivía otra vez en Londres, lo había soltado aquella vez que habíamos coincidido los tres. Me había caído fatal desde el principio, me había parecido una descarada, y esta vez el envite estaba siendo muy fuerte.

Anduve sigilosa por toda la calle, tratando de hacerme invisible. Me temblaba el pulso y me faltaba el aire. Tenía que elegir muy bien la esquina desde donde pillarlo, si es que aparecía. Recordaba cómo era ella físicamente, así que no me iba a ser difícil reconocerla entre toda la gente que salía a esa hora del trabajo en una estación tan concurrida como Green Park. Pero había dos salidas del metro y no sabía si estaba observando la equivocada. Apliqué mi sentido común poniéndome en su lugar: ¿por dónde saldría yo si tuviera este tipo de encuentro en Green Park? Y, efectivamente, acerté.

De repente la vi sola, con un abrigo verde que le llegaba hasta la rodilla. Miraba hacia los lados, evidentemente buscando a Pablo. El corazón empezó a latirme a una velocidad vertiginosa, creía que se me iba a salir por la boca. Con Pierre había aprendido a ser paciente y a estar al acecho en cualquier ocasión, pero esto era diferente, era mucho más comprometido. Respiré hondo para aguantar el tipo.

Pasaron ocho minutos más, y allí estaba él, con su abrigo azul marino y una sonrisa de oreja a oreja. Se dieron un beso en la mejilla, solamente uno, no dos, uno. Y luego un abrazo. Desde luego, aquel saludo me pareció un poco extraño. No encajaba con la relación que Pablo me había vendido que tenía con ella. Empezaron a andar en dirección a Oxford Street. Yo estaba paralizada, pero me di cuenta de que tenía que reaccionar, así que me puse a seguirlos por toda la calle con una distancia prudente para que no pudieran verme.

Caminaban relajadamente. Yo iba detrás, esquivando a la gente y con miedo a que uno de los dos se girara y me descubriera en una situación tan patética.

Se metieron en el Cecconi's de Bond Street y me quedé perpleja. No es precisamente el lugar idóneo para ponerte al día con tu ex. Lo normal sería que se metieran en un Starbucks y que la cita fuera corta, pero no ir al típico restaurante de moda, ¿no? Pidieron una mesa y los sentaron cerca de la entrada. Observándolos desde fuera, me sentí como un mendigo de la calle. Descalza. Desarmada. Descompuesta. Tenía tres opciones: primera, interrumpirlos; segunda, largarme a casa con una depresión de caballo, y tercera, seguir observándolos para recabar más información. Me decidí por esta última y esperé, muriéndome por dentro. Presencié toda la escena de enamorados: él sacó del bolsillo del abrigo un sobre que no alcancé a ver, y ella..., ella... le besó en la boca. Un beso intenso como los que nos dábamos nosotros.

No pude aguantar más. Ya había visto suficiente. Entré en el restaurante y fui directa a su mesa. Si hubiera sido una escena de *El Padrino*, seguramente habría acabado con ella de un disparo.

—Hola —dije muy seria, sin más.

—¡Greta! ¿Qué haces aquí? —Pablo tenía los ojos abiertos como platos.

—Pues justamente era eso lo que te iba a preguntar yo a ti.

Ella se sintió intimidada. No era para menos.

—Eres un cerdo —dije, y me fui.

Pablo salió a toda prisa detrás de mí. El número estaba garantizado. Empecé a correr por la calle tan rápido como pude, llorando desconsolada, sin saber en qué dirección iba.

Pablo aceleró el ritmo hasta alcanzarme y consiguió cogerme del brazo para pararme.

—Greta, perdóname —imploró.

—¡No me toques! —grité muy enfadada—. ¡No quiero volver a verte en mi vida!

—Por favor, no te pongas así, te lo puedo explicar…

—¿Ah, sí? —Me paré en medio de la calle y le solté llena de rabia—: ¿Qué es lo que quieres explicarme? ¿Que has quedado con tu ex para ver qué tal le va la vida? ¿Que no es lo que parece? ¿Que me lo ibas a contar? ¡No seas cabrón! No te atrevas a llamarme ni a contarme ni una sola mentira más. ¿Quién eres? Dime, ¿cuánto tiempo llevas en contacto con ella?

Pablo solamente decía principios de palabras que yo interrumpía sin piedad.

—Prefiero no saberlo. Olvídate de mí para siempre.

Liberé mi brazo de un tirón y seguí corriendo sin rumbo.

Pablo se quedó ahí plantado. Supongo. No me giré para comprobarlo. Corrí hasta doblar la esquina y, cuando no pude más, me senté en un portal para reponerme. Me temblaba todo el cuerpo. Me quedé allí paralizada, con un dolor tan fuerte en el corazón que no me veía capaz de seguir caminando. No tenía fuerzas para moverme. La gente que pasaba me miraba con cara de circunstancia. Yo solo quería morirme. Quería volver a España con mis padres, estar en un lugar seguro. Pasaron unos minutos y empecé a enloquecer. No sabía bien a dónde ir. Llamé a Coco y no me cogió el teléfono. No quería llamar a mis hermanas con semejante disgusto; seguro que se preocupaban más de la cuenta. Cogí el autobús de vuelta a mi casa de Victoria Station y me encerré en mi cuarto. En mi teléfono había tres llamadas perdidas de Pablo. Por supuesto, no se las iba a devolver. En ese momento pensé que jamás volvería a hablarle. No quería saber nada de él.

María llegó de trabajar en ese momento. Salí de mi cuarto con los ojos hinchados como un sapo. Al verme, se quedó asombrada y del susto soltó su bolso al suelo para darme un abrazo.

—¿Qué ha pasado, Greta?

Me derrumbé. Lloros y más lloros.

—He pillado a Pablo liándose con su ex.

16

Desde aquel día, Londres cambió de color para mí. Ya nada volvió a ser lo mismo. Me sentía traicionada, desamparada, incomprendida... Empecé a pensar que nada tenía sentido. Quería marcharme de allí, volver a mi zona de confort, con los míos. Echaba de menos a mi familia, a Carlota, a Mario... Los necesitaba más que nunca.

Pablo no dejó de llamarme ni un solo día. Me enviaba mensajes larguísimos pidiéndome perdón y repitiendo una y otra vez lo mucho que me quería. Yo no le podía creer. No confiaba en él. Todo lo que habíamos construido se había ido a la mierda con aquella traición. No tenía ganas de verle ni de escuchar sus excusas baratas. Cualquier acercamiento me provocaba una sensación de angustia y ya no soportaba ni siquiera vivir en la misma ciudad que él. Necesitaba volver a España, así que me saqué un billete y abandoné Londres por unos días. Pensé que alejarme físicamente me ayudaría a distanciarme mentalmente de Pablo.

Regresé a Madrid para recuperar fuerzas. Mis padres no me esperaban, ni mis hermanas, ni Mario. No había avisado a nadie de mi regreso. No sabían tampoco el motivo por el cual había decidido volver. Por el momento, no pensaba contarles lo de Pablo. Tenía dudas de si en algún momento iba a perdonarlo y sabía que mi madre jamás podría olvidar esa traición. Ella era tan intransigente como yo con la infidelidad. Hablaba de este tema con tanta vehemencia que siempre intuí que le había pasado algo de joven, que quizás algún novio se la había jugado como ahora Pablo a mí. Pero nunca me lo reconoció.

Subí a mi cuarto a dejar las maletas. Abrí la puerta y me reencontré con mi habitación de siempre. Mi cama con su edredón, el escritorio deshabitado, la butaca de color beis y el perchero de joyas con colgantes que hacía mil años que no me ponía, pero que no quería tirar.

Hacía bastantes meses que me había ido de casa, por lo que tampoco me sentía cómoda del todo. Se me notaba en la cara el disgusto y mi madre no paraba de hacerme preguntas rarísimas. Sabía que algo pasaba. Y efectivamente, allí estaba yo, huyendo de mi propia realidad e intentando refugiarme en un lugar que ya no me correspondía. Sabía que esa situación no iba a ser sostenible en el tiempo, en algún momento tendría que volver a Londres, donde había decidido crear mi nuevo hogar. Tenía que seguir mi vida allí, con o sin Pablo, pero necesitaba unos días para recuperar fuerzas y volver con otra actitud.

Consulté mi teléfono y vi un mensaje de Lawrence. Me preguntaba si estaba bien y me recordaba que llevaba dos días sin subir ninguna foto. Su voz me sonó igual de incómoda que la alarma del despertador o las preguntas de mi madre. Qué mierda, pensé. Cómo voy a publicar nada ahora, con la depresión que tengo encima. Recordé que habíamos firmado un contrato con una de las marcas y que tenía dos fotos pendientes. ¡Qué horror! No quería hacerlo. No quería que Pablo tuviera ninguna señal mía, y menos aparentando que estaba bien cuando la verdad era que estaba destrozada. Quería desaparecer. Pero tenía que ser profesional.

Abrí Instagram y bloqueé a Pablo. Sabía que era la mejor solución para continuar con mi vida virtual. Bloquearle me hacía sentir mejor, aunque sabía que, como mi perfil era público, él podría verme desde cualquier otra cuenta. En aquel momento, odié ser *influencer* y empecé a ver que no todo era tan positivo como yo creía cuando firmé aquel contrato con Lawrence. Me había comprometido a un ritmo muy alto que ahora me parecía un suicidio.

Le pedí a Carlota que me hiciera unas fotos con el bolso en la calle, debajo de casa. A Carlota siempre le hacía ilusión ayudarme. Yo a cambio le regalé el bolso; sinceramente, me daba lo mismo, tenía muchos iguales.

Carlota, como cualquier niña de su edad, era buena fotógrafa ya que se pasaba el día haciéndose fotos con sus amigas. Sabía perfectamente los ángulos que funcionaban y le gustaba que la etiquetara para ganar seguidores. Mi madre no acababa de entender nuestra obsesión con el móvil, ni Paloma tampoco. Pero a nosotras nos daba igual; para Carlota yo era su hermana mayor, la molona, y Paloma la aburrida que nunca nos comprendía.

Aquella tarde Carlota me hizo muchas preguntas sobre mi vida como *influencer*. Parecía que ella también pretendía dedicarse a ello en algún momento.

—¿Tú crees que yo también podría ser *influencer*? —me preguntó sentada en el sofá del salón.

—Cuando termines la universidad, puedes ser lo que quieras, pero termina tus estudios, igual que hice yo —añadí mostrando seriedad.

—Ya, pero ¿para qué quiero estudiar Derecho si luego no sirve para nada?

—Carlota, ¿qué tonterías estás diciendo? La carrera es fundamental para coger experiencia y para conseguir trabajo. Acabas de empezar Derecho; si no te gusta, haz otra cosa, pero no dejes de estudiar.

—Ya, pero yo no quiero ir a una oficina como Paloma de ocho a ocho. Yo quiero ser como tú, autónoma, y organizar mi tiempo libremente.

Estaba en un callejón sin salida, pero algo tenía que responder.

—Bueno, Carlota, yo he tenido suerte. Pero tengo una carrera de Periodismo que me avala y, en caso de que algún día decida que ya no quiero ser *influencer*, me servirá para hacer otras cosas.

—Ya, bueno…

No pareció del todo convencida, así que continué dándole más razones:

—A mí me parece fenomenal que tengas Instagram y que subas fotos y que te diviertas con tus amigas, pero no tiene nada que ver cuando se convierte en tu profesión. Si te quisieras dedicar profesionalmente a ello, tendrías que tener un plan de negocio, unos objetivos. Tendrías que tomártelo de otra manera y hacer cosas que quizás no te apetezcan.

—¿Como qué?

—Pues habrá días en los que no te apetezca nada subir una foto, por ejemplo. O gente que te envidiará simplemente por tener seguidores. La gente es muy mala y cuanto más éxito tienes, más envidia generas.

—No veo nada de malo en eso.

—No quiero decir que sea malo. Lo que quiero decir es que no es oro todo lo que reluce. No pienses que la vida de las *influencers* es perfecta. Tiene sus cosas buenas, pero también sus cosas malas. Si llegado el momento decides dedicarte a ello, yo soy la primera que te va a ayudar, pero por ahora céntrate en sacar tu carrera y en tener una base, que la vida da muchas vueltas.

Creo que con mi discurso conseguí calmar sus dudas, porque nunca más me volvió a sacar el tema. Aquella conversación con Carlota me sirvió para darme cuenta de que muchas chicas de su edad estaban confundidas. Tenían una imagen errónea de lo que era ser *influencer*. Solamente veían el lado positivo y querían dejar sus estudios para dedicarse a vivir del cuento, y eso era un error garrafal que en algún momento pagarían. Ellas no eran conscientes todavía de la carga emocional que hay que soportar cuando te conviertes en un personaje público, cuando pierdes esa valiosa privacidad y la cambias por esa sensación constante de que, pase lo que pase, el *show* tiene que continuar.

Carlota también me contó que en su universidad habían sacado un máster para formar a *influencers* y que había muchísima demanda de inscripciones. ¿Existía una fórmula para ser *influencer*? Realmente había llegado el momento que Coco me había advertido. Recordé sus palabras: llegará un momento en el que la profesión esté aceptada.

Aquella foto del bolso tuvo los cuatro mil me gusta de costumbre. Yo me alegré porque, de alguna manera, sentía que la audiencia seguía ahí apoyándome, ajenos a mi realidad, a mis verdaderos sentimientos. Creían que mi vida seguía igual de bien sin saber que, en realidad, estaba descompuesta y que iba completamente a la deriva. Lawrence me preguntó cuándo iba a volver a Londres y le dije que no lo sabía. Me estaba resultando un poco pesado eso de tener que darle explicaciones de cada movimiento que hacía. Si no se las daba ni a mis padres, ¿por qué tenía que dárselas a ella? Odié mi trabajo, odié el mundo y a mí misma.

Pasaron los días, llevaba casi una semana en Madrid y poco a poco fui encontrándome mejor, a base también de comer los platos tan deliciosos que preparaba mi madre y de tener conversaciones de sobremesa todos juntos. Eso me recargaba y me hacía sentir bien de verdad. Quedé también con Mario para contarnos. Me moría de ganas de verlo. Él siempre me escuchaba y me entendía; a él sí que podía contárselo todo.

Mario apareció de buen humor, como siempre, dispuesto a escuchar el relato de mis éxitos. Enseguida notó por la expresión de mi cara que esta vez traía malas noticias. Cuando le conté lo que había pasado, él se posicionó rápidamente y odió a Pablo en el acto. Me preguntó si en algún momento iba a volver a hablar con él y le contesté que no tenía nada que hablar con ese mentiroso, que me seguía llamando todos los días, pero que a mí me daba igual, que no le cogía el teléfono y que no se lo iba a coger nunca más en la vida.

Decidí no volver a Londres todavía. Ahora tenía dinero para pagarme billetes de avión cuando quisiera y eso me daba flexibilidad, pero a la vez me hacía sentir indecisa. Hacía y deshacía los planes todo el rato a mi antojo y me preguntaba si había tomado la decisión adecuada. Cuanto más dinero tenía, más caprichosa y más egoísta me volvía. Mi vida me tenía muy ocupada. Mis problemas eran lo primero y los demás no me importaban en absoluto. Tenía muchos frentes abiertos. Era incapaz de comprometerme con un plan a largo plazo, prefería apuntarme a última hora si veía que no me había salido nada mejor.

Escribí a mis compañeras de piso de Victoria Station y

me dijeron que estaba todo en orden, que deseaban que me recuperara del golpe. Les dije que en ello estaba y que por favor me regaran las plantas de vez en cuando.

Echaba de menos a Coco. Hablábamos por teléfono, pero no era lo mismo. La extrañaba cuando no la tenía cerca, nuestra relación estaba basada en vernos y hablarnos de tú a tú. Coco se había quedado a cuadros con la noticia de Pablo, para ella también había supuesto una decepción. Yo, además, exageraba la historia porque quería olvidarme de él cuanto antes y que ella me apoyara. Lo convertí sin querer en un enemigo odioso para los míos.

Recordé que faltaba poco para el concierto de Glastonbury y que tenía las entradas en mi correo. No quería dejar de ir, pero me daba miedo encontrarme a Pablo. Coco me dijo que le hacía mucha ilusión que fuera con ella, pero que, si no quería ir, también lo entendía. «Tú no te preocupes —me dijo—, nosotros vamos a estar en el reservado y él no va a tener acceso a esa zona». Ese comentario terminó de convencerme y decidí que iría, que mi vida tenía que continuar y que en el reservado con Coco estaría a salvo.

Volví a Londres el mismo día del concierto. Cogí el avión temprano y luego un tren hasta el pequeño pueblo de Somerset, donde se celebraba el festival. Hacía frío para ser junio y el cielo amenazaba con algún que otro rayo que anunciaba una posible lluvia. La gente iba con abrigos tipo Husky y botas Hunter, un *look* muy inglés. Había llovido durante la mañana y el suelo estaba embarrado. Me acordé del buen clima de España, pero por otra parte había echado de menos aquel ambiente. Caminaba sola fijándome en todo, con miedo a encontrarme con Pablo. Llamé a Coco para ir directa al reservado.

—¿Dónde estás?

—Delante del escenario principal, ven.

La encontré rápido y nos fundimos en un abrazo que duró unos segundos. Hacía apenas unas semanas que no nos veíamos, pero a las dos se nos había hecho eterno. Ella tocaba por la noche, después de Fleet Foxes. Me acompañó a la otra punta del recinto para ver a uno de mis grupos favoritos, Grizzly Bear. El concierto era al aire libre. Yo ya me había olvidado de la posibilidad de coincidir con Pablo. Caminaba entre la marabunta de gente de la mano de Coco, saltando y bebiendo una cerveza deliciosa, disfrutando del ambientazo del concierto y de estar juntas de nuevo.

Cuando llegamos al concierto y por fin conseguimos un buen sitio, me giré a mi derecha por una extraña intuición y allí estaba Pablo. Lo vi, pero hice como si nada. Quería avisar a Coco, pero ya era tarde. Él también me había visto y venía directo hacia nosotras.

—Hola, Greta.

—Hola.

—¿Podemos hablar un segundo?

—Prefiero que no. No creo que sea ni el lugar ni el momento —contesté muy seca. En realidad, por dentro estaba deseando hablar con él. Había pasado el tiempo exacto para empezar a echarlo de menos. Ahora era cuando se me hacía más cuesta arriba seguir haciéndome la digna.

—Pues si no es ahora, ¿cuándo? Llevo dos semanas intentando hablar contigo, pero no me coges el teléfono. ¿Qué más puedo hacer?

—Eso no lo sé.

Coco se alejó un poco de nosotros, no mucho, por si tenía que socorrerme. Fue para los tres un momento bastante incómodo.

—Necesito que me creas. Te juro que fue un desliz. No hay nada más entre nosotros.

—No creo una sola palabra de lo que dices.

—Lo entiendo, pero, por favor, Greta, dame una última oportunidad. Estoy hecho una mierda.

—Pues habértelo pensado mejor. No quiero saber nada más de ti, te lo dije muy claro aquel día y te lo vuelvo a repetir.

Pablo se quedó hecho polvo sin saber que yo por dentro estaba peor. Le sorprendía mucho verme así de seria, nunca nos habíamos visto en ese plan.

—¿Sabes qué, Greta? Me parece muy injusta tu reacción. Yo siempre te he escuchado cuando has querido hablar conmigo. Te he dejado expresarte cuando venías rallada de tus viajes, cuando me pedías que te diera una última oportunidad para demostrarme que ibas a cambiar... Y tú no me dejas ni siquiera explicarte los motivos por los que...

Le interrumpí.

—No compares, Pablo, no tiene nada que ver.

—Sí, Greta, sí tiene que ver, ¡joder!

—No, Pablo, yo nunca te he sido infiel. Sabes lo que eso significa para mí.

—Greta, fue una gilipollez. No hay nada más entre nosotros. ¿Puedes entender que tuve un fallo? Un puto fallo. Que estaba cabreado por lo de la noche anterior... y me dejé llevar.

—Qué horror, no quiero hablar de ese día ni un segundo más. Vamos, Coco.

Di por terminada la conversación y cogí a Coco del brazo para largarnos. Coco arqueó las cejas como diciendo «ahí te quedas, guapo» y nos alejamos a toda velocidad.

En cuanto tomamos distancia, le pedí perdón a Coco

por la escena. «Has estado fenomenal», me dijo ella. No quería darle el concierto, sabía que aquella era una noche importante para ella, así que hice un esfuerzo por olvidar lo que acababa de suceder.

Fuimos al reservado donde estaban los chicos de la banda ensayando e intentando controlar los nervios. Aquel era un momento crucial para su carrera. Faltaba una hora para que salieran a actuar y me avisaron de que tenía que salir ya del escenario. Pedí una cerveza y me puse en la primera fila para poder ver a Coco y gritar y aplaudir con todas mis fuerzas.

Cuando me quedé sola, pensé en la escena con Pablo y una lágrima recorrió tímidamente mi mejilla. Me había quedado hecha polvo. Me repetía sus frases, que me atravesaban como puñales. Me entraron las dudas. Dudas de si debería de haberlo escuchado. Dudas que hacían peligrar mi estabilidad emocional. Le di un trago a la cerveza, luego dos, luego tres y en el cuarto volví a pensar en Coco y en todo lo que significaba estar ahí para ella.

De repente se encendieron las luces y salieron al escenario. Coco iba guapísima con un mono sesentero plateado. Los chicos iban a juego con unas camisas de seda ajustadas y pantalones pitillo. Empezó a sonar el bajo de Brian y le siguieron los demás. Tocaron primero una de mis canciones favoritas, *Leave me alone.* No podía ser más acertada, eso era exactamente lo que había tratado de decirle a Pablo. Miré para atrás, por si aparecía, pero no lo vi entre tanta gente.

Aquella primera canción rompió el hielo y el público cayó rendido ante la voz poderosa y sensual de Coco. Tocaron cinco canciones más. Yo me las sabía todas y las cantaba desde la primera fila. Estaban radiantes todos, aunque yo solo tenía ojos para ella. Sentí orgullo de madre y se me encendieron las mejillas de la emoción. Subí un vídeo a Instagram y batió récords. A mis seguidores les encantaba Coco. Entre todos los mensajes, llegó uno de Lawrence que me daba la enhorabuena por haber llegado a cien mil me gusta. Lawrence era una especie de alarma que saltaba para lo bueno y para lo malo.

Terminaron su actuación y se metieron en el camerino. Fui corriendo, esquivando al público, para darles mi enhorabuena. Nada más ver a Coco, nos dimos un abrazo enorme.

—¿Qué tal lo he hecho? —preguntó Coco.

—¡Has estado impresionante!

Y gritamos enloquecidas. Yo sabía lo muchísimo que significaba ese momento para ella y no podía estar más contenta y orgullosa de mi amiga.

Más tarde, en la habitación del hotel al que estábamos invitadas a cambio de subir unas fotos, estuvimos un rato tiradas en la cama, metidas en Instagram, comprobando el éxito de nuestras publicaciones. Coco se metió en la ducha. Yo vi un nuevo mensaje en mi bandeja de entrada. Era Simon. Me preguntaba cuándo volvía a Londres, él regresaba esa semana y quería verme.

—¡Coco! —grité desde la cama.

—¿Sí? —respondió desde la ducha.

—¿Sabes quién me ha escrito? —dije subiendo cada vez más el tono.

—¿Quién? —contestó ella.

—¡Simon Roberts!

—*What?*

No pude ocultar la ilusión que me hizo saber de él. A pesar de que me había agregado a Instagram, nunca habíamos interactuado. Pero yo me había quedado con ganas de conocerlo un poco mejor y por algún extraño motivo su mensaje me hacía sentir bien. Era como una especie de anestesia local. ¿Era demasiado pronto para sentir algo por otra persona? Por un instante, pensé en que, si Pablo supiera que estaba en contacto con Simon Roberts, me lo recriminaría. Él había sido el motivo por el cual habíamos discutido y, según él, la causa por la que se tomó la libertad de liarse con su exnovia... Pero ahora lo que pensara Pablo me tenía que dar igual. Ya no estábamos juntos y no le debía ninguna explicación.

Al llegar a mi casa de Victoria Station me invadió una intensa sensación de confort. Amé mis plantas que, aunque secas, seguían teniendo presencia. Amé mi cuarto, mi ropa, mi ventana con velas; todo eran velas y flores en mi cuarto. Todo estaba en su sitio.

Aquella semana había quedado con Simon y sentía que Londres empezaba a recuperar su color. Era julio y el sol poco a poco fue sustituyendo a los días de lluvia. Habíamos quedado para tomar un café en Dover Street Market, arriba de todo, en el sexto piso, donde tenían una terracita con vistas a Mayfair, muchas revistas de moda y un café exquisito. Al verlo aparecer, se me encendió una sonrisa automática y todas mis dudas y mi cargo de conciencia desaparecieron. Encontré imposible no enamorarme de un hombre como él.

Simon llevaba unas gafas de pasta amarillas y una revista en la mano. Se notaba por su aspecto que era una persona importante. Ser director creativo de una marca como Gucci debía de darle mucho poder. Simon aparentaba un aire arrogante y filantrópico, propio de una persona de éxito, pero pronto descubriría que detrás de aquel americano con aires de superioridad se escondía un hombre espléndido, bueno y generoso.

—*Hey! How are you Greta?* —me preguntó amistoso.

Simon hablaba lento y siempre intercalaba aquel tono relajado con alguna sonrisa sugerente. Tenía unos ojos grandes y expresivos y la boca un poco torcida, y cuando se reía, se le arrugaba toda la cara. Pero lo que más me gustaba sin duda era su forma de mirar a los ojos. Su peculiar manera de mostrar interés por lo que le contaba me hizo sentir la reina de aquel universo común que entre confidencias estábamos empezando a tejer.

Hablamos de muchas cosas: de su familia, de la mía, de su trabajo, del mío. Me preguntó por mis vacaciones. Le expliqué que tenía una casa en Santander, un pueblecito en el norte de España, y que siempre iba allí con toda mi familia a pasar el verano. Él me contó que tenía una casa de veraneo en los Hamptons y me preguntó si había estado alguna vez allí. «Deberías venir», dijo.

Yo había oído que los Hamptons era una zona preciosa cerca de Nueva York donde veraneaban las familias americanas adineradas, pero nunca había conocido a nadie que tuviera casa allí, claro. Pensé que me encantaría conocer el sitio. Además, tenía entendido que había mucha afición al polo, y a mí me apasionaban los caballos.

Antes de despedirnos en aquella cafetería de Mayfair, Simon volvió a insistirme: «En serio, ¿por qué no te vienes unos días? Me haría mucha ilusión enseñártelo». Pensé que era una propuesta demasiado generosa para ser real, pero que así eran los americanos. Seguramente, Simon estaba acostumbrado a ese nivel de vida y a hacer y deshacer los planes a su antojo. Esquivé su propuesta con un «sería increíble» que dejaba el tema en el aire. Él me dijo que todavía tenía tiempo para convencerme. Su insistencia me halagó y me sacó una sonrisa nerviosa. Todavía no lo conocía lo suficiente y me parecía un plan demasiado descabellado, pero había una parte de mí que quería atreverse, que me empujaba a plantearme aquella locura como una opción tentadora.

Nuestra cita me sirvió de parche para olvidarme de Pablo. Aparecía una nueva ilusión en mi vida y prefería dejarme llevar por una historia nueva que pararme a solucionar una historia que ya veía pasada. Simon tenía algo que no tenía Pablo: sus años de experiencia le convertían en un señor capaz de transmitirme toda la protección y seguridad que necesitaba en aquel momento, separada de mi familia y de mi verdadero hogar. Ese algo que en su día Pierre supo darme.

Casualmente, aquella tarde recibí un mensaje suyo en el que me preguntaba cómo estaba. ¡Qué de cosas que contarle! No sabía por dónde empezar. Le expliqué que había estado con su amigo Simon tomando un café y él me contestó con un comentario que pasé por alto entonces: «Ten cuidado con Simon. Es buena persona, pero es peligroso».

Pasaron los días y Pablo dejó de escribirme. Desde el concierto de Glastonbury no había vuelto a recibir ninguna señal suya. Ese silencio me inquietó, me hizo dudar de si debería haberle dado la oportunidad de explicarse. Me vino a la cabeza aquel reproche que me había hecho de que él me había dado oportunidades para cambiar. ¿Estaba siendo injusta por no querer escucharlo? Me daba miedo tirar por la borda todo el trabajo que había hecho para sacarlo de mi cabeza.

Al llegar a casa, coloqué mi teléfono en mi mesa de escritorio para llamar a Mario por FaceTime. Tenía ganas de verlo, aunque fuera virtualmente. Le pregunte qué tal iban las cosas por Madrid, qué tal su trabajo en *Vogue.* Él me contó todos sus avances. Le habían ascendido a redactor jefe. Se había convertido en el redactor jefe más joven en la historia de la revista. Mario era muy trabajador y muy inteligente. Tenía una amplia cultura de moda y escribía con mucho ingenio y sentido del humor. Si alguien se merecía ese puesto era él.

Le conté con ilusión que había conocido a Simon Roberts y que me había invitado a tomar un café.

—¿Sabes quién es? —le pregunté.

—¿Estás de coña? ¡Simon Roberts es mi ídolo! —me dijo Mario—. Es un *crack.* Le ha dado un giro brutal a la marca.

—Además —dije yo aportando lo que había descubierto de su personalidad—, es cariñoso, sencillo, divertido, se interesa por todo... —enumeré mientras me tocaba el pelo.

—Un momento... No me digas que... ¿Te estás enamorando de él?

—Pues... —dije mordiéndome el labio—. La verdad... es que no lo sé...

Mario arqueó las cejas.

—A mí no me engañas a estas alturas, querida.

17

Pasaron los días y llegó el mes de agosto. Entró una ola de calor que demostró que Londres no era una ciudad agradable con esas temperaturas. El metro estaba lleno de gente, los autobuses tardaban más de la cuenta, las calles estaban repletas de turistas que se abanicaban para no morir en el intento... Todos aquellos mercadillos por los que paseaba la gente estilosa durante la primavera se habían llenado de extranjeros en camiseta de tirantes. Creo también que desde que no estaba con Pablo veía las cosas diferentes.

Pese a mi gran abatimiento sentimental, el número de seguidores no había dejado de crecer. Ya sumaban ochocientos mil y aumentaban cada vez que alguna marca me mencionaba en su Instagram. Su apoyo me dio un empujón y aquella semana recuperé la alegría. Me acostumbré a ajustar mis niveles de felicidad a todo aquel reconocimiento que recibía de mis seguidores a diario. Esa era la mayor satisfacción. Si algún día estaba un poco más floja, subía una foto y *¡boom!*, lluvia de me gusta. El móvil se me llenaba de corazones y de mensajes con iconos de aplausos que me hacían sentir bien. Cuantas más cosas compartía sobre mi vida privada, más cosas querían saber: cómo eran mis amigos, cómo era mi familia, cómo era mi habitación, qué ropa llevaba, a qué sitios iba, qué desayunaba... Y sobre todo, ¿dónde estaba mi novio?

Pablo se había convertido en una estrella dentro del álbum de mi vida y sus fotos eran las que más éxito solían tener. Ahora que había desaparecido de mi vida real, no sabía cómo iba a reemplazarlo en mi vida virtual. Seguro que, si las seguidoras se enteraban de que lo habíamos dejado, se llevarían un disgusto. Especialmente las que habían visto crecer nuestro amor por las redes sociales. Lo cierto es que yo también echaba de menos subir fotos con él. Nuestras fotos juntos eran mis favoritas. Las miraba una y mil veces, hasta casi aprendérmelas de memoria. Conseguir una buena instantánea de los dos era como tener un tesoro. Pero ahora todas esas imágenes estaban guardadas en mi perfil como resumen de mi pasado. ¿Había llegado el momento de eliminarlo de mi historial?

Mi familia ya estaba en Santander desde el 1 de agosto, como todos los veranos. Yo me moría de ganas de llegar y reunirme con todos. Solo tenía que cerrar las últimas colaboraciones para poder coger ese vuelo. Me apetecía mucho ver a mi familia y también a mis amigos de Pedreña. A los de siempre. Teníamos una pandilla enorme, de la cual Coco también formaba parte. Aquel verano, una vez más, Coco puso de excusa que tenía muchos conciertos para no venir. A mí me daba pena. Coco siempre había sido mi «dos» en aquel pueblecito en el que conocías a cada persona con la que te cruzabas por la calle.

Pensé que en Pedreña podría llevar una vida un poco más relajada y que aprovecharía para desconectarme del teléfono. Pero no fue así. Lo primero que hice nada más llegar a casa fue darle mi dirección a Lawrence para que pudiera enviarme allí cualquier regalo y conectarme al wifi para que no se me acabaran los datos.

Aproveché también para contarle que lo había dejado con Pablo y me contestó con un mensaje que me sonó a contestador automático: «I feel sorry for you, babe». A veces me preguntaba si Lawrence tendría pareja. Lo dudaba mucho por la manera en la que vivía, pegada al teléfono y al correo. Ella no tenía vacaciones, pero eso no parecía importarle. Su adicción al trabajo conseguía saciar todos sus anhelos.

Durante los primeros días en Pedreña, conseguí llevar una rutina saludable: desayunaba rico, contestaba mensajes, salía a correr, jugaba al golf, cenaba con mis amigos de la infancia... y disfrutaba de la brisa del Atlántico y de la tranquilidad de vivir en un pueblo pequeño en el que podía ir a todos lados andando. Siempre llevaba el móvil conmigo, por si acaso, pero lo utilizaba menos que en Londres.

Una mañana en la que tenía planeado acompañar a mi madre a la compra, recibí un mensaje de Lawrence que me obligó a quedarme en casa. Tenía que contestar rápido a una colaboración que me proponía la marca Calvin Klein.

—¿En qué consiste? —le pregunté a Lawrence.

—Son unas fotos para la campaña de #MyCalvins.

Miré mi agenda. De repente, ya no me hacía tanta ilusión como antes. Mis prioridades estaban empezando a cambiar.

—¿Pero tiene que ser el 10 de agosto? ¿No puede ser en septiembre?

No quería que nada interrumpiera mis vacaciones en familia.

—No, cariño, las fotos tienen que ser ese día. Ah, por cierto, son en Nueva York.

—¿En Nueva York? —exclamé alarmada.

—Ah, sí, claro, perdona, se me había olvidado decírtelo.

Se me iluminó la cara. Recordé que los Hamptons estaban cerca de Nueva York.

—Mmm…

Volví a pasar las páginas de mi agenda para revisar los días.

—Es decir, volvería el 12, ¿no?

—Exacto. Bueno, si quieres quedarte unos días más para conocer la ciudad les puedo decir que te saquen el billete más tarde.

—Mmm… Quizás sí. Te digo algo cuanto antes.

Colgué el teléfono indecisa. Acababa de llegar a Pedreña y les había prometido a mis padres que esta vez me quedaría todo el mes. Pero ellos me conocían bien, sabían que, con lo inquieta que era, sería fácil que cualquier plan interrumpiera aquellos días relajados que tanto necesitaba.

Después de la conversación con Lawrence, cambié de opinión. Pensé que quizás treinta días haciendo el mismo plan eran demasiados, que no pasaba nada por irme una semanita. Además, me apetecía mucho conocer Nueva York; y quizás aquel viaje era la excusa perfecta para reencontrarme con Simon.

Adiós a mi mes de tranquilidad.

Nos sentamos a comer. Mi madre había preparado un gazpacho delicioso con aguacate y fresa para que la textura fuera más suave. Luego trajeron tortilla de patata y una ensalada con queso de cabra. Cómo echaba de menos la dieta mediterránea. Ahora que estaba de vuelta en casa, saboreaba cada segundo que pasaba con mi familia, más sabiendo que pronto toda aquella paz sería interrumpida.

Pensé que aquella comida era el momento perfecto para comunicar la noticia:

—Creo que me tengo que ir a Nueva York el sábado

a hacer unas fotos —murmuré como quien no quiere la cosa.

—¿Cómo? Pero si acabas de llegar —dijo mi padre en alto delante de todos.

—Ya, pero ya sabéis cómo es mi trabajo.

—Pero, hija, es agosto. Nadie trabaja en agosto.

—Mi trabajo es diferente, mamá.

—¿Y no puedes retrasarlo? La tal Lawrence te tiene explotada.

—No, mami, desgraciadamente las colaboraciones salen cuando salen. No lo elijo yo y además es una marca muy buena. No puedo rechazar esta oportunidad.

—Qué rabia, cielo. Estos son los únicos días del año que tenemos para estar todos juntos —concluyó mi madre.

Paloma se levantó de la mesa y me puso una cara de asco que me hizo sentir culpable. Para ella la familia era lo primero y aquellos días de verano eran sagrados.

—Sabía que no aguantarías… —sentenció.

Carlota, en cambio, fue la única que me entendió y quiso saber todo sobre mi viaje.

—Llévame contigo, por favor, por favor —dijo mientras ayudábamos a recoger la mesa.

Me fui a la playa sola a reflexionar y me quedé frita al sol. Me encantaban esas siestas de verano en biquini. Cuando cayó la tarde, se incorporó mi madre al plan y nos fuimos las dos solas a dar un paseo por la playa.

Atardecía en la playa del Puntal y el sol tiñó de naranja aquella conversación entre madre e hija:

—¿Cómo estás, cielo? —me preguntó mi madre.

—Pues estoy bien, mami.

—¿Qué tal llevas lo de Pablo?

—Mejor. Ya mejor.

—La verdad es que ha sido un disgusto para todos. Has hecho bien en no pasar por alto esa infidelidad.

—Ya... Aunque —dije sintiendo algo de culpabilidad— quizás debería haberlo escuchado.

—¿Para qué? Fue más importante lo que vieron tus ojos. Si a un hombre le perdonas una infidelidad, estás perdida. Te será infiel toda tu vida. Recuerda que, cuando tú le conociste, él tenía novia. Es decir, que le hizo lo mismo contigo.

—Es cierto. Me había olvidado de ese detalle. Qué cretino.

—Pronto conocerás a otro hombre que sepa cuidarte como mereces —concluyó.

Pensé en Simon inmediatamente, pero no le conté nada por miedo a que le pareciera una historia demasiado complicada.

—Y tu trabajo ¿qué tal?

—Bien.

—¿Sabes? Cuando me preguntan mis amigas a qué te dedicas, no sé qué responder. Digo que trabajas en Instagram, pero no sé exactamente cómo ganas dinero.

—Te lo he explicado mil veces.

—Ya, hija, pero entiende que para mí es un tema nuevo.

—Pues cobro por promocionar ropa de marcas.

—¿Como las modelos de las revistas?

—Parecido. La diferencia es que yo no soy modelo.

—Bueno, pero eres muy guapa. Tienes las piernas largas, como mi madre. Y una clase heredada de tu bisabuela. Todas en la familia han sido mujeres con mucha personalidad. A mi madre le encantaba hablar de nuestros antepasados, siempre que podía los incluía en la conversación. ¿Y Coco? ¿Cómo está? ¿Os seguís viendo mucho?

—Sí, todo el rato. Coco me ha ayudado mucho, ¿sabes?

—Es muy buena chica. Siempre fuisteis muy buenas amigas. Todavía recuerdo cuando jugabais de pequeñas y organizabais desfiles de moda por toda la casa. Qué graciosas estabais vestidas con mi ropa de pies a cabeza. La que montabais en el vestidor.

Al volver a casa, subí una de las fotos de aquel mágico atardecer. La publicación tuvo diez mil me gusta en tres horas. No estaba mal para mi media, aunque el único que realmente me interesaba ahora era el de Simon, que siempre era el primero. Era como si la propia herramienta de Instagram supiera que ese era el único me gusta que me hacía feliz.

Refresqué la foto y me saltó un comentario. Era de Simon. «What a beautiful beach». Aprovechó la excusa para escribirme por privado y me adjuntó una foto suya y de su perro en una casa muy bonita que intuí que sería su casa de los Hamptons. El texto decía: «Esperando a que te decidas». Pensé que aquel comentario me daba pie para confesarle mis planes.

«Ja, ja... Pues justamente... me ha salido un viaje a Nueva York esta semana, así que vamos a estar cerquita», dije esperando a que él reaccionara.

Simon me llamó en el acto para convencerme de que fuera a verlo. Mi corazón fue a mil cuando vi su nombre en la pantalla de mi teléfono. Era la primera vez que hablábamos y escuchar su voz me hizo recordar lo mucho que me gustaba. Estuvimos hablando un buen rato y, al colgar, decidí que iría a verlo, no tenía ninguna razón para no hacerlo.

18

La noche antes de coger aquel vuelo con destino a Nueva York se celebraba en Pedreña una gran hoguera en la playa del Puntal. Las familias de siempre íbamos cada año, el mismo día, a reunirnos delante de aquel fuego para charlar sobre todo lo que nos había pasado durante el año. Cada familia llevaba su comida y su bebida.

Era un plan que juntaba a padres e hijos. A todos nos unía el amor por aquel pueblo que nos había visto crecer. Aquel pueblo del que un día nuestros abuelos también se enamoraron. Un pueblo que veía cómo, generación tras generación, se repetían las mismas historias.

Yo veía Pedreña con un poco de nostalgia, cada esquina me recordaba a alguna historia que había vivido. Fue allí, entre aquellas calles silenciosas, donde tuve mis primeras experiencias de adolescencia. Allí tuve mi primer novio, Pelayo, que también era de Madrid, pero veraneaba desde siempre en Santander con toda su familia. Fue el primer chico al que había besado y recordaba como si fuera ayer aquel cosquilleo en el estómago. Todos los veranos Pelayo se seguía mostrando interesado en mí. Le preguntaba a mis padres cómo estaba y mi madre volvía a casa diciéndome que cómo no me fijaba en un chico como él, que era encantador. Me acordé del verano anterior, cuando había ido allí con Pablo. A todos les había caído muy bien y ahora tendría que explicarles que ya no estábamos juntos. Sabía que el que más se iba a alegrar de la noticia sería el propio Pelayo. Seguro que le haría ilusión saber que yo estaba soltera, un verano más.

Aunque cada año yo sentía los mismos nervios y el mismo cosquilleo, aquella noche no era comparable a lo nerviosas que estaban Carlota y sus amigas. Ahora les tocaba a ellas. Estaban en la edad de vivir sus primeras historias, con una ilusión que nunca más vuelve. Para ellas, era la noche más esperada de todo el año. Llevaban semanas hablando de lo que se pondrían, de quién iría, vaticinando todo lo que podría suceder aquella noche intensa que dotaba de romanticismo a cualquier historia, ya que luego, durante el invierno, cada uno volvía a su ciudad de origen y muchos de esos amores se disolvían hasta el verano siguiente.

Llegamos Carlota y yo juntas a la playa sobre las ocho de la tarde y nos colocamos en un lateral de la hoguera. Todavía no había mucha gente, pero nosotras queríamos ir cogiendo sitio. Me encendí un cigarro durante la espera. Mis padres y Paloma estaban al caer. Mi pandilla de chicas y la de Carlota se llevaban especialmente bien porque coincidía que había muchas hermanas de mi edad y de la de Carlota. Fueron llegando poco a poco. Guardé el móvil y no lo volví a sacar en toda la noche.

Todas las amigas de Carlota me preguntaban por mi vida en Londres con gran interés, ya que me seguían por las redes. «¿Qué ha pasado con Pablo? Hace mucho que no sale en tus fotos». A nadie se le escapaba ese detalle. Me seguían tan de cerca que algo tan íntimo como mi vida sentimental parecía ser *vox populi.*

Aunque yo trataba de vivir todo el tema de mi Instagram con normalidad, noches como aquella me demostraban que mi vida había cambiado. Tener casi un millón de seguidores me convertía, dentro de mi universo, en un personaje público. Hablara con quien hablara, la conversación siempre se centraba en mí. Mi vida levantaba mucho interés por el simple hecho de ser una vida expuesta. Me hacían toda clase de preguntas: «¿Cómo haces para ver todos los comentarios?», «¿Te paran por la calle?», «¿No se te acaba la batería con tantos me gusta?». Cuando me movía por la playa, notaba que muchas chicas me miraban o señalaban. Yo intentaba actuar como si nada, pero muchas veces me interrumpían para pedirme si me hacía una foto con ellas. Como si yo fuera alguien importante, qué tontería. Lo cierto es que tratar de caerles bien a todas aquellas personas era una tarea agotadora.

Entonces miré a mi alrededor para buscar a Carlota. Esa noche era importante para ella, tenía la esperanza de volver a ver a su amor de Pedreña, Nico Sendagorta. Nico era el hijo pequeño de los Sendagorta, un surfero rubio de pelo rizado. Yo era amiga de su hermano mayor, que no era tan guapo. Nico era el bala perdida de la familia, suspendía todas. No tenía móvil ni pinta de querer tenerlo. Le gustaban las olas y los canutos y yo creo que era tan despistado que no sabía ni que mi hermana estaba interesada en él.

Carlota estaba atacada, pero sus nervios no le impedían brillar con luz propia. Carlota era muy guapa. En la familia decían que había heredado la elegancia de mi abuela materna, que había sido modelo en su época. Tenía un pelo rizado moreno largo que siempre llevaba recogido en una trenza, unos ojos verdes de gato, grandes y expresivos, que aquella noche reflejaban la emoción de quien va a reencontrarse con un amor de verano, y unas manos largas que movía con elegancia. Llevaba un vestido blanco cortito, una cazadora vaquera y unos pendientes de conchas. Estaba monísima.

Justo cuando Carlota empezaba a impacientarse, apareció el grupo de amigos de Nico... Y Nico. Llegaban tarde, porque a esa edad es más guay el que llega más tarde. Eran seis o siete, todos de la misma edad, con la melena larga y peinada hacia un lado. Hicieron su entrada como a cámara lenta, mientras la pandilla de mi hermana se derretía a su paso. Iban vestidos muy parecido, con sus jerséis de cachemir sobre los hombros, y con ese moreno del norte que curte la piel. Sin duda, el más guapo de todos era Nico. Alto, delgado y con la espalda ancha del surf. Tenía un aire sofisticado por la indiferencia con la que se movía, con ese aire desaliñado del que se presenta en una fiesta sin ninguna expectativa.

A mi hermana, la pobre, le empezaron a sudar las manos.

—Acaban de llegar —me informó.

—Los he visto. No te pongas nerviosa. Y no mires hacia donde están ellos.

—No sé si podré... —me dijo entre dientes.

—Claro que puedes. Es la única manera de que se fije en ti.

—¿Estoy guapa? —me preguntó tímidamente.

—Estás guapísima.

—¿Seguro?

—Sí, seguro.

Desde ese instante, no me separé de Carlota. Nico y su pandilla montaron su botellón cerca de donde estábamos nosotras. Él se encendió un cigarro y se puso a hablar con otro chico mientras sus amigos se acercaban a saludar a algunas amigas de Carlota, con las que seguro tenían algún lío. Carlota se quedó a mi lado porque yo era la que más seguridad le transmitía en ese momento.

Nico se percató de su presencia y le lanzó un saludo con una sonrisa, moviendo la cabeza hacia arriba.

—Me ha saludado —me dijo Carlota con la boca pequeña.

—Claro, es que lo has mirado. Mira que te he dicho que no lo miraras.

—Qué guapo está. Está más guapo que el verano pasado —me dijo ignorando mi comentario.

—Eso dices todos los veranos.

—Ya, pero este va en serio.

A Carlota se le caía la baba y a mí, como hermana mayor, me preocupaba que pudiera romperle el corazón. Lo bueno es que yo tenía mis fuentes y sabía que, pese a su apariencia de tío duro, era un buen chico. Por lo visto, era bastante listo y profundo, pero todo eso no se lo decía a mi hermana, para no acrecentar sus ilusiones.

Seguíamos hablando de nuestras cosas, disimulando, cuando vi que Nico dejaba de hablar con su amigo y venía directo hacia Carlota.

—No te gires, se está acercando a nosotras —le dije. No me dio tiempo a más.

—Hola, Carlota —dijo.

Nico se anudó el jersey a la cintura y se sentó en la arena con nosotras. Yo me quedé en shock por la naturalidad con la que había venido directo hacia su presa.

—¡Hola, Nico! ¿Cómo estás? ¿Te acuerdas de mi hermana Greta?

—Sí, mujer, claro, cómo no me voy a acordar. ¡Hola, Greta! Mis hermanas te siguen en Instagram todo el rato.

—Vaya, qué gracia. ¡Hola! —le contesté. Y pensé inmediatamente que, si yo tuviera la edad de mi hermana, también me hubiera fijado en él.

Les puse de excusa que me iba a por una cerveza para dejarlos solos. Me sacudí la arena del vaquero y me fui hacia las neveras que estaban incrustadas en la playa, a unos metros de allí.

De camino me encontré a Pelayo. Iba de la mano de una chica guapa más alta que él, que tenía toda la pinta de no haber roto un plato en su vida. Pensé que le pegaba mucho más que yo y que seguro que estarían felices juntos. Me la presentó, educado, y las dos tuvimos la incómoda sensación de que yo le había llegado más al corazón, pero hicimos como si nada y la noche continuó.

Mi vuelo a Nueva York salía al día siguiente y empezaba a estar cansada.

Busqué a mi hermana para despedirme. Sus amigas me dijeron que la habían perdido de vista hacía un rato. Como Nico tampoco estaba, entendí que se habían escapado juntos. «¡Espero que no cometa ninguna locura!», pensé.

Volví a casa caminando. Miré mi teléfono por primera vez en toda la noche. Tenía un mensaje de Simon y justo estaba en línea. Qué buen momento para hablar con él.

«Empieza la cuenta atrás».

«I can't wait!», contesté.

Desde que aquella semana le había dicho que iría a verlo, Simon y yo hablamos todos los días, a todas horas. Algunos días nos quedábamos hablando hasta las tantas de la mañana. Estábamos enganchados al teléfono como dos adolescentes. No pasaban quince minutos sin que tuviéramos señales el uno del otro. Simon me sacaba casi quince años, pero esa diferencia de edad era muy nutritiva y nos permitía aprender mucho el uno del otro.

Le mandé un último mensaje antes de despegar rumbo a la nueva ciudad que hacía vibrar las cuerdas de mi guitarra: Nueva York.

19

Fue un vuelo bastante largo, pero lo aproveché para reflexionar. Iba cargada de felicidad. No sabía qué era lo que iba a encontrarme en Nueva York, pero para mí ya era un lujo volar en primera clase. Estaba empezando a disfrutar de los placeres de ser *influencer*. A cambio, tenía que ir retransmitiendo todo mi viaje desde el aeropuerto con los *hashtags* que me habían indicado.

Llegué al aeropuerto JFK. Había una cola interminable, especialmente en mi fila, la de extranjeros, que además era mucho más lenta. Se tomaban su tiempo para ver quién tenía derecho a entrar en la ciudad y quién no. Esperaba que Lawrence hubiera rellenado bien todos los papeles para que no hubiera ningún problema. Tenían fama de ser muy estrictos. Después de un buen rato, crucé el control con éxito y cogí un taxi hacia el centro de Manhattan.

Mi primera impresión al cruzar el puente de Brooklyn fue escalofriante. Entendí que aquella ciudad no podía dejar indiferente a nadie. Los edificios altísimos, el ruido de las ambulancias, las alcantarillas echando humo, las escaleras exteriores de los edificios de ladrillo. Tuve la misma sensación que cuando pisé Londres por primera vez, pero en esta ocasión era diferente. Yo era diferente. Me había convertido en una mujer. El haberme enfrentado al desafío de vivir en una ciudad desconocida me permitía moverme con soltura en cualquier sitio. Pagué el taxi con el móvil y saqué mis maletas del maletero. Estaba ansiosa por investigar la ciudad.

Mi hotel estaba situado en Midtown, cerca del Flatiron; me encantaba ese edificio. Llegué agotada, pero aun así salí a dar un paseo por la ciudad, a imaginarme cómo sería mi vida si me trasladaba allí. Había algo de mi vida en Londres que ya no me hacía vibrar con la misma fuerza. Me había acostumbrado a sus calles y ya nada era novedad. Me di una vuelta por el barrio del Soho para ver tiendas, y paré en una cafetería de Nolita para recargar pilas. Subí una foto que me hice con un batido delante de uno de los edificios y en la ubicación puse Nueva York. Inmediatamente, se convirtió en la foto más visitada de todo mi Instagram. ¿Tendría mi vida más me gusta —y, en consecuencia, más sentido— en aquella ciudad que en Londres?

A la mañana siguiente me mandaron un taxi al hotel que me llevó al estudio donde tendría lugar la sesión de fotos. Nada más entrar, todos me miraron con expectación. La encargada de la producción, una tal Jaqueline, se abalanzó sobre mí para darme un abrazo.

—*Hi, darling!* Lawrence me ha hablado fenomenal de ti. Qué ilusión conocerte en persona. Eres más alta de lo que pareces en tu Instagram.

No supe cómo tomarme aquel cumplido, así que sonreí y seguí saludando al resto del equipo. Eran unas veinte personas más o menos entre fotógrafos, asistentes, maquilladores y estilistas. Gracias a Dios, el haber hecho tantas sesiones con Pierre me permitía estar familiarizada con aquella escena y no me puse nada nerviosa.

—¿Quieres un café? —me ofrecieron amables. Era una gozada ser la estrella.

—Sí, doble, por favor. Gracias —dije con una sonrisa.

Me sentaron delante de un espejo con muchas bombillas y se pusieron a peinarme.

—¿Alta o baja?

—¿El qué? —contesté todavía dormida.

—La coleta... —dijo el maquillador.

—Ah, perdona. Creo que alta.

—Pónsela como ella quiera —añadió Jacqueline, que estaba sentada con el ordenador cerca de mi silla.

Pasó aproximadamente una hora entre que me arreglaron el pelo y me maquillaron. Mientras tanto, los estilistas iban y venían enseñándome *looks* para que les dijera con cuál me sentiría más cómoda.

Eran seis fotos para el Instagram de la marca. En cada cambio, comprobaba el teléfono para ver si Simon me había escrito. Me extrañaba que no me hubiera mandado ningún mensaje en todo el día. Suponía que estaba igual de nervioso que yo; después de todo lo que habíamos hablado por teléfono, verse en persona iba a ser un impacto.

Al terminar la sesión, vimos todas las fotos. Eran buenísimas. Estaba segura de que iban a quedar genial en mi Instagram. Escribí a Lawrence para que me explicara los siguientes pasos.

—¿Cuándo debería publicarlas? —le pregunté.

—Nos las mandan esta misma noche. El lunes ponen ellos la primera. Tú puedes ir coordinándolas como quieras, siempre respetando que ellos hayan puesto la foto primero.

—Vale —contesté.

—¿Qué tal Nueva York? ¿Te está gustando?

—Buf... Demasiado.

—No le cojas demasiado cariño que te queremos de vuelta en Londres pronto.

Lawrence empezaba a conocerme bien.

Me despedí de Jacqueline y de los demás y cogí un taxi de vuelta al hotel. Estaba tan cansada que no tenía fuerzas para salir de mi habitación. Me di un baño de agua caliente, como cuando viajaba con Pierre. Ese era mi ritual favorito en los hoteles. Hablé brevemente con Simon sobre las indicaciones que tenía que seguir desde Nueva York hasta la estación de tren de los Hamptons, donde él me recogería. Me costó conciliar el sueño. El corazón me iba más rápido de la cuenta. Cogí aire profundamente para poder controlar el ritmo de mi respiración y finalmente caí rendida en la habitación de aquel lujoso hotel.

Al día siguiente, aparecí en la estación de los Hamptons sin problemas y esperé a que llegara Simon.

—Estoy donde los taxis. Sal.

Salí con la maleta y el corazón ligero. Y allí estaba Simon con una sonrisa de oreja a oreja.

—Dame, que te ayudo con las maletas.

Nos dimos un beso en la mejilla y me subí a su coche para no formar atasco.

—¿Qué tal el viaje?

—Muy bien. He venido leyendo. Se me ha hecho cortísimo.

—¡Qué bien! Está al lado, yo cojo ese tren muchas veces. Es lo más cómodo.

Nos dirigimos a su casa en su Aston Martin antiguo de color crema. Simon iba con un jersey de ochos a juego y el pelo repeinado hacia un lado. Estaba espectacular.

Ya había visto su casa en fotos, pero realmente era mucho más alucinante en directo. Era una casa blanca inmensa, con una piscina azul turquesa que tenía el agua al ras del suelo. Pensé inmediatamente en el perro, en que se podía caer. Después de ver el jardín, entramos por una puerta corrediza que conectaba directamente con la cocina, una cocina que era igual de grande que toda mi casa. Había cacerolas, sartenes y cubiertos pegados a la pared, todo a la vista. Saludé al servicio y continuamos hacia el vestíbulo, donde esperaban impacientes mis maletas. Sentí inmediatamente que estaba en una de esas mansiones que salían en *The O.C.*, una de mis series favoritas de la adolescencia.

Simon me acompañó hasta el dormitorio. Mi cuarto era más grande de lo que había imaginado. Tenía chimenea y un baño con jacuzzi. Me dejó un rato para cambiarme y me dijo que me esperaba abajo para comer. Me dieron ganas de ponerme a saltar en la cama. Me podría quedar en aquella casa el resto del verano.

Bajamos a comer fuera, al lado de la piscina, cerca de las hamacas de madera con colchonetas blancas alineadas con precisión arquitectónica. Comimos los dos solos en una mesa preciosa con mantel de lino y cubertería de plata. Los vasos eran de vidrio, adornados con una línea dorada. Todo muy elegante. El perro merodeaba por allí y el camarero esperaba paciente y bien uniformado mientras comíamos, pendiente de nosotros por si nos faltaba algo.

—¿Qué te ha parecido Nueva York? —preguntó.

—¡Me ha encantado! —contesté—. Aunque era más o menos como me lo imaginaba. Sale en tantas películas que ya es fácil hacerse a la idea…

—Es verdad. ¿Te recuerda en algo a España?

—En nada. Es totalmente opuesto. En España, las calles son más estrechas y no hay tanta gente caminando por las aceras. Los edificios son bajos y el cielo tan azul que tienes que llevar gafas de sol todo el día.

—¡Qué ganas tengo de conocerla! —exclamó Simon—. ¿Volveremos juntos algún día?

—Claro que sí —añadí con ganas.

—Me dijiste que te gustaban los caballos…

—¡Me apasionan! Monto desde pequeña.

—Esta tarde hay un partido de polo. ¿Te apetece que vayamos a verlo?

—Muchísimo —contesté.

Después de comer dormimos una siesta. Qué vida tan relajada. Me desperté con un mensaje de Simon: «Baja cuando quieras. Te espero limpiando los palos de golf en el jardín».

Fuimos en su coche hasta la cancha de polo, que estaba a unos quince minutos de su casa. Todo allí estaba más o menos a esa distancia. El club se llamaba Southampton y ese día había un torneo que patrocinaba una marca de champán.

El club tenía tres canchas de polo, con un césped perfectamente cuidado y unas gradas de madera blanca dispuestas en diferentes niveles. Había algunas carpas con tiendas donde podías comprar ropa y bolsos y otros accesorios a precios desorbitados. Las mujeres iban con vestidos de seda de colores. Los sombreros de paja completaban sus atuendos veraniegos. En algunos de sus sombreros se podía leer el nombre del club, se notaba el orgullo que sentían por la entidad.

Había muchos niños de todas las edades, mezclados, jugueteando con *tacos de polo*; así llamaban a los palos con los que golpeaban las pelotas, y a las pelotas las llamaban *bochas*. Eso es todo lo que alcancé a saber gracias a un apuesto jugador de polo argentino que se sentó conmigo a charlar.

—¿Y tú, juegas al polo? —me preguntó en mi idioma. Se había dado cuenta de que era española.

—Yo no, pero me gusta mucho montar a caballo.

Él se quedó pensativo. Se notaba que se las sabía todas.

—Santiago Figueras —dijo tendiéndome la mano.

—Greta Godoy —le contesté dándole un apretón.

—Si te apetece, puedes venir conmigo luego y te doy una vuelta en mi yegua —dijo mientras se retiraba el sudor de la frente. Me pareció un momento muy tenso estando Simon al lado, pero él no pareció percatarse.

Lo resolví incluyéndole en la conversación:

—Simon, ¿te apetecería que fuéramos luego a montar con Santi?

—Oh, no. Tengo fatal la rodilla. Pero puedes ir tú si quieres.

Nos ofrecieron una bebida que yo acepté por los nervios y también porque estaba sedienta.

—¿Te gusta el mate? Lo tomamos mucho en Buenos Aires. —Santi no cesaba en su empeño de conocer a la nueva española que venía acompañando a Simon Roberts.

—¡Mucho! —respondí mintiéndole. Realmente no me gustaba aquel mejunje, me parecía que estaba muy fuerte.

Simon se incorporó a la conversación y yo me sentí mejor. Mientras ellos hablaban de caballos y de negocios, yo hacía fotos para poder poner en Instagram. Llevaba todo el día sin publicar. Santi, a la mínima oportunidad, me traía de vuelta a la conversación:

—¿Cuánto tiempo te quedas en los Hamptons, Greta?

Qué pesado, pensé.

—Hasta el domingo.

—Qué bueno. Y… ¿de qué se conocen ustedes?

Su pregunta me pareció inoportuna, no sé por qué.

—La conocí en una fiesta en Londres —dijo Simon.

—¡Qué bien! —concluyó.

A Simon le empezó a incomodar la presencia del tal Santi, que se había mostrado más simpático de la cuenta con su invitada.

—¿Damos una vuelta, Greta? —me propuso.

—Claro.

—Si nos disculpas… —dijo Simon dándole la mano al polista.

—Un gusto conocerla, señorita Godoy —se despidió.

—Igualmente —respondí.

Fue cayendo el sol y nos dirigimos al aparcamiento para coger el coche y volver a casa. Aquella noche cenamos Simon y yo en la piscina. Al día siguiente venían unos amigos suyos a pasar el fin de semana, la casa se llenaría de invitados. Yo estaba encantada porque así seríamos más y sería más divertido.

Al despertarme, le pedí permiso a Simon para hacerme alguna foto en su jardín, sin que se viera demasiado la casa. No quería invadir su privacidad. De momento no lo había etiquetado en ninguna de mis fotos. Me daba reparo que la gente me viera con él y sobre todo que Pablo pudiera enterarse de algo. Sabía que, si eso pasaba, le daría la vuelta a la tortilla y yo me convertiría inmediatamente en la mala de la película.

Sin querer, seguía pensando en Pablo varias veces al día. Por alguna extraña razón, me sentía culpable. Sentía que yo no había sido sincera con el tema de Simon, y ese sentimiento me hacía querer saber qué tal estaba ahora que había pasado algo de tiempo y que ya no le guardaba rencor. Supongo que tener en la cabeza una nueva ilusión me hacía ver las cosas de otra manera.

Sonó el timbre de la casa y solté el móvil. Habían llegado los invitados. Eran dos matrimonios y un amigo gay. Inmediatamente me di cuenta de que yo era la más joven de la pandilla con diferencia. «Nice to meet you», nos dijimos todos. Cogimos los coches para ir a comer a un chiringuito que había en la playa, donde preparaban un pescado delicioso.

—Bueno, Greta, cuéntanos, ¿a qué te dedicas? —me dijo el amigo gay, un hombre de pelo blanco con pinta de tener muchos negocios importantes.

—Pues… —dije tratando de resumir lo complicada que era mi profesión— buena pregunta. Ahora mismo me dedico a varias cosas… —Empecé a irme por las ramas, se me daba muy mal explicarlo. Simon se dio cuenta e intervino por mí.

—Greta es una excelente fotógrafa. Muy popular en las redes sociales. Tiene un millón de seguidores. ¿No es así?

—Casi un millón. Todavía no.

—¡Vaya! —respondieron todos a la vez.

Yo me puse roja porque tampoco era muy consciente de lo que eso significaba. Mi vida seguía siendo la misma.

—Pero dentro de poco… —continuó— la voy a secuestrar para que forme parte de mi equipo digital en Gucci —soltó Simon—. Tiene unas ideas fantásticas. Trabajó también para mi amigo Pierre Delacroix. ¿Os acordáis de él? Pierre vino aquí un par de veranos.

Yo no salía de mi asombro. Simon y yo nunca habíamos hablado de la posibilidad de que yo trabajara para él y enterarme así me estaba dejando sin habla. Me quedé tan bloqueada que no supe qué decir. Era también una primicia para mí.

—Bueno, ¿qué respondes a eso? —dijo Simon salvándome de la emboscada que él mismo me había tendido.

—¿Perdón? —dije embobada.

—¿Te gustaría trabajar conmigo en Nueva York? —repitió.

De repente, se formó un silencio que se me hizo eterno.

—Ja, ja. Claro que me gustaría, Simon.

Todos pusieron cara de alivio y yo sonreí nerviosa, dando por hecho que ese comentario iba medio en broma, pero feliz solo de imaginarme la idea.

—¿Te gustaría vivir en Nueva York? —preguntó una de las mujeres.

—Hombre, a mí me encantaría, claro. Pero ahora mismo mi campamento base está en Londres. Vivo allí desde hace un par de años…

Todos mostraron interés por mi historia de un modo que solo los americanos saben hacer y me convertí sin querer en el centro de la conversación, supongo que por ser la novedad. Notaba que, mientras yo hablaba, Simon me miraba embobado. De vez en cuando me sonreía y me hacía gestos cómplices; en un momento dado, me dio la mano por debajo de la mesa. Yo me aparté porque no me parecía que fuera el momento. Él se tomó aquel gesto muy a pecho y no volvió a insinuarse hasta que…

Al volver a casa, mi cabeza no paraba de dar vueltas.

Empecé a pensar en todas las ventajas de mudarme a Nueva York, en lo cariñoso y amable que estaba siendo Simon conmigo, en lo bien que me sentía estando a su lado. No podía dejar de pensar en aquel gesto de complicidad que había tenido conmigo en la mesa, pero me sentía un poco cohibida por su edad y por las circunstancias. Esperaba que, de alguna manera, fuera él quien diera el paso de insinuarse de una manera más directa. En un par de ocasiones fantaseé con la idea de besarlo, pero por otra parte me daba miedo enamorarme de una persona tan mayor.

Llegó mi último día en los Hamptons y Simon me dijo que tenía una sorpresa para mí. Con lo espléndido que era, seguro que sería la bomba. Quedamos a las ocho en el vestíbulo de su casa. Los dos aparecimos puntuales con nuestras mejores galas. Yo llevaba un traje azul celeste y unos pendientes plateados que me había comprado el día anterior.

—Estás impresionante, querida —dijo él nada más verme.

Simon también estaba muy guapo. Llevaba unos pantalones vaqueros oscuros y una camisa blanca de lino, con unas deportivas que le hacían parecer más joven.

Vino a buscarnos un taxi privado y nos llevó a una especie de acantilado muy bonito al que se accedía después de varias curvas que bordeaban aquel mar calmado. Yo seguía en una nube. Tenía la sensación de que llevaba allí todo el verano.

Al llegar, nos recibieron dos chicos vestidos de blanco de pies a cabeza y nos guiaron hasta un bungaló que había a pie de playa. Había una mesa con velas preparada para cenar. Solo entonces me di cuenta de que había llegado el momento romántico con el que los dos habíamos coqueteado.

—¿Qué vino prefieres? ¿Blanco como siempre?

—Sí, por favor —dije, y él eligió la marca.

Al terminar la cena, pusimos los cojines delante de la mesa para acomodarnos en el suelo mirando al mar. Los hombres de blanco habían colocado unas antorchas que iluminaban suavemente la escena y habían desaparecido como por arte de magia, dejándonos solos en primera línea de playa. Nunca había presenciado un cielo tan bonito.

—Qué maravilla de noche —dijo él con una copa de champán en la mano.

—Desde luego —asentí. El vino estaba emblandeciendo mis sentidos.

—Me gustas mucho, cabrona —me dijo mirándome fijamente a los ojos.

Simon echó para atrás un mechón de pelo que me caía por delante de la cara y me cogió de la nuca para besarme. Frenó como esperando a que yo le diera una señal. Yo le miré los labios y cerré los ojos. Y aquel beso echó a perder todo atisbo de inocencia.

Simon me levantó el vestido y llegó con las manos hasta mi ombligo. Me besó de nuevo y siguió bajando. A mí me daba vergüenza que nos vieran los camareros, porque en algún lugar tenían que estar, pero a él no parecía preocuparle.

—¿Nos vamos a casa? —propuse.

—Inmediatamente —respondió.

En el coche íbamos viendo pasar la luz de las farolas; yo estaba al borde del ataque de nervios. Simon me dio la mano en el coche para darme seguridad. Agradecía mucho el respeto con el que me había tratado todos aquellos días, pero estaba claro que aquella noche, siendo la última, ninguno de los dos podríamos controlar las ganas que teníamos de hacer el amor.

Entramos en la casa y subimos directos a su cuarto, sin pasar por el salón. Simon cerró la puerta y me cogió de la mano.

—Ven —dijo, y me tumbó en la cama con sumo cuidado.

Yo me dejé llevar. Sabía que estaba en buenas manos.

Nos tapamos con unas mantas que había cerca y empezamos a desnudarnos. Su cuerpo era algo mayor que los cuerpos a los que yo estaba acostumbrada, pero eso no me impidió tratarlo de la misma manera. Le pedí que se pusiera un preservativo y eso hizo, e hicimos el amor hasta que, coordinados, hicimos estallar todos aquellos sentimientos que habían estado reprimidos durante aquellos días.

Simon se quedó a un lado de la cama recuperando el ritmo habitual de su respiración. Yo hice lo mismo al otro lado. Nos dimos la mano en señal de que estábamos ahí.

Se escuchó el sonido de algún coche que pasaba. El perro ladró. Yo me acerqué a su hombro para abrazarlo. Todavía continuábamos desnudos.

—No quiero que te vayas —me dijo.

—Yo tampoco quiero separarme de ti nunca —respondí.

20

A la mañana siguiente nos despedimos con un beso en la boca. Desde entonces, pasé a considerar a Simon oficialmente mi pareja. Con él, cambiaba inevitablemente mi destino.

«¿Has llegado ya?», me escribió impaciente.

Seguro que para otra mujer una relación con un hombre así de intenso sería un disparate, pero en mi vida tenía todo el sentido.

Tomé un taxi al aeropuerto de Nueva York y después un avión a Londres. Con seis horas de vuelo por delante, tenía tiempo de replantearme mi vida, ahora que me había vuelto a enamorar, aunque fuera de un hombre mucho mayor que yo… ¿Qué diría mi madre cuando se enterara? Todavía era pronto para pensar en eso. Primero tenía que ver de qué manera me organizaba para estar a su lado.

Me moría de ganas de etiquetarle en una de mis fotos, pero me contuve. Al fin y al cabo, Simon tenía una imagen y yo era consciente de que colgar fotos románticas con él podía traernos problemas a los dos.

Una vez en Gatwick, cogí el tren que me llevaba a Victoria Station sin saber que sería la última vez. Había tomado la decisión de irme a vivir a Nueva York con Simon, así que aquel viaje se convirtió inesperadamente en el final de una etapa que cerraba para siempre.

Quedé con Coco para contarle la noticia la primera.

—No me puedo creer que te vayas —me dijo triste mientras pedíamos un café en 202, una de nuestras cafeterías favoritas de Notting Hill.

—Jo, no me digas eso, que me pongo más triste… —contesté cogiéndola de la mano.

—Pero… ¿estás segura de la decisión que estás tomando?

—Sí, lo estoy. No sabes los días tan increíbles que hemos pasado juntos, Coco. Simon es tan… tan especial. Tiene todo lo que busco en un hombre. Es atento, se preocupa por mí, me llama todo el rato…

—Ya, bueno, pero no te puedes enamorar de un hombre solo porque te llame todo el rato y te pague los aviones. ¿Entiendes a lo que me refiero?

—No sé a qué viene ese comentario.

—Bueno, es que a veces es mejor hablarte así, Greta. Me da miedo que te estés equivocando. Te ha costado mucho conseguir todo lo que tienes aquí.

—Aquí no tengo nada.

—Que no tengas a Pablo no significa que no tengas nada. Has conseguido hacerte una rutina, tener estabilidad. Cuesta mucho lograr eso en una ciudad como Londres.

—Y en Nueva York lo voy a conseguir igual —dije con aire chulesco.

—En Nueva York es todo bastante más complicado. De entrada, dejas de estar a dos horas de tu casa. ¿Qué vas a hacer con el tema del visado? ¿Dónde pretendes vivir?

—Bueno, está allí Piluca, la amiga de Carlota, que me ha ofrecido su casa los primeros días. Y luego… me iré buscando la vida.

—No sé, Greta. No estoy muy convencida de que estés tomando una buena decisión. ¿Qué quieres que te diga? Tengo que serte sincera.

—Pues ahora mismo tu sinceridad no me ayuda nada. Me estás haciendo dudar y me está empezando a entrar un calor horrible —dije quitándome el jersey y apoyándolo en la silla.

—Bueno... ¿Por qué no te calmas y te lo piensas un poco más? No tienes que irte ya. Si Simon te quiere y quiere que trabajes para él, tendrá que entender que tú tenías una vida, que te va a costar un tiempo cerrar tus asuntos.

—En eso tienes razón —dije más calmada.

Nos quedamos calladas y no pude evitar preguntarle por Pablo. Necesitaba que alguien me diera noticias suyas.

—Por cierto, ¿sabes algo de Pablo?

—No sé nada. ¿Tú?

—Tampoco. Bueno, sé que me dejó de seguir, igual que yo a él. ¿Seguirá con la estúpida esa? —dije recordando la escena aquella tan horrible.

—No tengo ni idea. Él no es de colgar muchas fotos.

—Lo sé. ¿Sabes? No sé si es una locura, pero me gustaría quedar con él antes de irme.

—¿Para qué?

—Pues para hablar de todo lo que ha pasado entre nosotros. No dejo de pensar que fui muy injusta al no darle la oportunidad de explicarse.

—Greta, lo que hizo está mal. No tiene justificación alguna.

—Ya, pero no sé... ¿Me entiendes? —pregunté con cara de pena y con un nudo de sentimientos en el estómago difícil de desenredar.

—Sí, te entiendo. Bueno, pero ¿y qué pretendes hacer?

—Voy a probar a escribirle un mensaje.

Desbloqueé su número y le escribí. Le dije que estaba de vuelta en Londres y que me gustaría tomar algo con él. Pablo tardó un día entero en contestar, el mismo tiempo que dediqué yo a arrepentirme por haberle escrito. Recibí finalmente un mensaje muy escueto que ponía un simple «OK». Ese OK, en ese contexto, significaba un montón, pero no me planteé mucho más. Lo bueno es que teníamos una cita que iba a desvelar las cartas de los dos.

Quedamos cerca de la Saatchi Gallery, cerca también de su casa y de la zona donde solíamos quedar cuando estábamos juntos, tiempo que ahora era pasado. Qué sensación más extraña. Me puse guapa porque ante todo quería que me viera bien.

Yo llegué primero y me senté en una de las sillas de la terraza. Lo vi aparecer de lejos y tuve la sensación de estar viendo a un extraño. Toda esa complicidad que habíamos tenido había desaparecido.

—Hola, Pablo.

—Hola, Greta.

Nos besamos en la mejilla.

—¿Qué pasa? ¿Por qué has querido quedar conmigo ahora, de repente? —Pablo fue directo al grano.

—Bueno, lo primero, quería saber cómo estabas. He aprovechado el verano para recapacitar y creo que fui demasiado radical contigo. —Mi discurso se estaba desviando, parecía como si yo fuera a pedirle perdón a él...

—Vaya. Me sorprende que te interese saber cómo estoy después de estar un mes entero sin cogerme el teléfono. Estoy bien, gracias. No tengo ninguna novedad, todo sigue prácticamente igual que cuando nos separamos. ¿Y tú?

Pablo supo entonces que la que tenía que contar algo era yo.

—Pues, verás..., también quería decirte que... me voy de Londres.

—¿Cómo? ¿A dónde te vas?

—Me voy a vivir a Nueva York.

—¿Y eso?

—Me ha salido un trabajo allí y, sinceramente, ya no hay nada que me ate a Londres —dije para ver cómo reaccionaba. No quise especificar la marca para la que iba a trabajar por si asociaba mi relación con Simon. Gracias a Dios, tampoco me lo preguntó.

Él se quedó pensativo.

—Vaya, desde luego, es un gran cambio de vida —dijo. Yo le di un tiempo para que dijera algo más—. ¿Cuándo te vas?

—La semana que viene.

—¿La semana que viene? —preguntó desconcertado.

—Sí, sé que es un poco precipitado, pero...

—Así que, básicamente, querías quedar conmigo para decírmelo. ¿Con qué intención, Greta? ¿Qué se supone que tengo que decir? ¿Que te quedes? ¿O que te vaya bien en tu nueva vida? Sinceramente, no sé cuál será la razón para que abandones todo lo que tienes aquí, pero en fin... Te deseo lo mejor —dijo llamando al camarero para que le trajera la cuenta.

—¿Te vas a ir así, sin más?

—Greta, no estoy para estos juegos tuyos. Lo siento.

Se creó un silencio un poco incómodo.

De repente, la situación se había invertido y ahí estaba yo, con cara de boba, tratando de descubrir si Pablo seguía queriéndome. Como si eso fuera a ayudarme a resolver las dudas sobre si debía irme o quedarme.

—Me voy, Greta. No le veo sentido a esta conversación.

Pablo se levantó, me dio otro beso en la mejilla y se marchó.

Eso fue todo lo que pasó. Se levantó de la mesa y se fue. Yo me quedé con el corazón en pedazos, sin comprender por qué había provocado aquella situación tan absurda. ¿Qué necesidad tenía yo de saber sus sentimientos hacia mí o de darle explicaciones de mi vida? Si, total, ya no éramos nada.

Me quedé peor de lo que estaba. Efectivamente, no había sido una gran idea y esperaba que, con el tiempo, Pablo y yo pudiéramos entendernos. Lo había querido mucho como para terminar con aquel amargo recuerdo.

Me metí en la que pronto dejaría de ser mi cama envuelta en una neblina de dudas. Habían sido demasiadas emociones juntas en muy poco tiempo. La conversación con Pablo me había hecho darme cuenta de que entre nosotros se había roto nuestro jarrón y, aunque yo tratara de recomponer los pedazos, el jarrón nunca volvería a ser el mismo.

Mi última semana en Londres la pasé de recado en recado, organizándolo todo para irme a Nueva York. Se convirtió en una semana nostálgica en la que lo iba viendo todo con otros ojos.

«¿Estás bien?», me escribió Simon en uno de sus últimos mensajes.

«Sí, perdona. Estoy a tope cerrando los últimos detalles».

Lawrence también me escribió, pero por otro motivo:

«Llevas dos días sin subir ninguna foto. Espero que estés bien».

La llamé para explicarle mi cambio de vida. Primero a ella y luego a mis padres, a quienes pasé a contarles todas mis decisiones una vez tomadas.

Cerré la puerta de casa y dije adiós a toda aquella etapa que, sin duda, me había ayudado a madurar y a crecer como persona. Tenía la sensación de que había llegado a Londres siendo una niña y me iba convertida en una mujer. Tardé algunos meses en olvidar Londres, algunos más la cara de pena de Pablo, pero pronto todo empezó a florecer en Nueva York, mientras las hojas caían anunciando la llegada del otoño.

21

Nueva York, septiembre de 2016

Llegué a Nueva York a principios de septiembre, mi mes favorito del año. Qué ciudad tan espectacular. Cada vez que ponía un pie allí, sentía que era la mujer más afortunada del mundo. Estar lejos de lo mío, de lo de siempre, me permitía ver las cosas con perspectiva y estar permanentemente inspirada. Caminaba por la calle, con mi música, flipando con los edificios, flipando con todo lo que pasaba a mi alrededor.

Mi llegada coincidió con la semana de la moda, así que Lawrence me había programado muchos desfiles a los que ir. Los acepté todos con ilusión y con ganas. Me hacía fotos con amigas *influencers* de Londres a las que seguía viendo de evento en evento. Los seguidores, cada vez más numerosos, estuvieron especialmente pendientes esos días. Les gustaba saber que mi carrera evolucionaba y cómo sería mi vida ahora que empezaba una nueva etapa. ¿Cómo sería la nueva Greta en Nueva York?

Las primeras semanas me quedé a dormir en casa de Piluca, la mejor amiga de Carlota, con intención de encontrar piso cuanto antes. Simon me ofreció su casa, pero yo le dije que prefería quedarme con ella. Me parecía muy precipitado irme a vivir con él. Aun así, sabía que pasaríamos la mayor parte del tiempo juntos.

Piluca vivía en el Lower East Side, una de las zonas más antiguas de Nueva York. Se había convertido en el barrio de moda, un Manhattan más moderno. Sus calles estaban llenas de escaleras de incendio, callejones, *boutiques* independientes y restaurantes de diseño. Además, era un barrio muy divertido, con muchos bares, y por su situación, entre Brooklyn y Lower Manhattan, atraía a todos los hípsters a los que poco a poco iría conociendo. Así que empecé a buscar piso cerca de Piluca para estar juntas.

Piluca era como de la familia. Desde pequeña pasaba todas las Navidades con nosotros porque sus padres habían muerto en un accidente de tráfico y no tenía hermanos. Mi familia pasó a ser la suya desde aquel trágico momento. Mi madre tenía una debilidad especial por ella. Era una niña con estrella. El hecho de quedarse sola en el mundo la había convertido en una todoterreno, siempre positiva. Desprendía una energía que la hacía siempre protagonista. Yo la admiraba mucho por cómo era y por todo lo que había conseguido a su edad.

Se había mudado a Nueva York para trabajar en una revista de moda muy conocida y poco a poco había ido ascendiendo hasta ser la mano derecha de una de las mejores estilistas del momento.

Pese a tener una fuerte personalidad y una madurez sorprendente, físicamente era menudita. Tenía los ojos marrones y dulces y una melena larga que le cubría prácticamente toda la espalda. Siempre llevaba tacones y vestía muy arreglada, aunque fuera lunes.

Pronto se convirtió en mi nueva Coco, mi máxima confidente. La sacaba en mi Instagram y a la gente le gustaban mucho sus *looks*. Ella no tenía muchos seguidores, decía que no tenía tiempo para estar haciéndose fotos, pero si vivías conmigo, era inevitable. Yo la fotografiaba rápido, casi sin que se enterara, sabiendo que ella no tenía la misma paciencia que Coco. Aunque se quejaba, luego siempre comprobaba cómo había quedado su foto. Al fin y al cabo, somos humanos, y a todos nos gusta vernos guapos.

Lo que más me gustaba de mi nueva vida en Nueva York era pasear, perderme por cada zona. Era inevitable, sobre todo los primeros días, comparar Nueva York con Londres. Cuando entendí la estructura de la ciudad, enseguida saqué mis propias conclusiones: por ejemplo, el ambiente del este de Londres, la zona de Brick Lane, era muy parecido al del este de Nueva York, el East Village; y en Chelsea, al oeste de Londres, se respiraba una atmósfera similar a la del West Village de Nueva York. Allí era donde estaban los clubs privados y las casas a precios desorbitados.

Simon vivía en aquel barrio residencial y tranquilo en un piso con dos habitaciones, techos altos y buena luz. Parecía un piso de soltero a medio hacer. El armario estaba medio lleno. La nevera también. Tenía pocos muebles y algún que otro cuadro por el suelo que recordaban que no había mostrado mucho interés por colgarlos todavía. Pese a llevar dos años viviendo allí, parecía que aún se estaba mudando.

Nuestra relación fue consolidándose, pero seguimos manteniéndola en secreto. Simon siempre decía que era lo mejor para ahorrarnos problemas en la empresa y yo respetaba su opinión y la priorizaba por encima de la mía. Simon me hizo entender que no había necesidad de demostrarle nada a nadie, que nosotros sabíamos lo que sentíamos y que con eso bastaba. Pensé que él tenía más experiencia que yo y que quizás el querer que se supiera era algo inmaduro.

Creí que aquella decisión también protegería nuestra relación, ya que hacer pública mi historia con Pablo había acabado siendo un problema. Luego había que pensar qué se hacía con esas fotos que, por cierto, yo todavía no había borrado. Esta vez sería diferente: sería una historia solo para nosotros.

Así que, de mutuo acuerdo, empecé a trabajar en las oficinas de Gucci sin mostrar ninguna señal de afecto hacia Simon, comportándonos, simplemente, como buenos amigos, aunque era inevitable que se nos escapara alguna mirada de complicidad.

Las oficinas de Gucci estaban situadas en el Upper East Side, en un edificio lujosísimo todo de cristal. Solía ir en metro, ya que había línea directa desde casa de Piluca. Las primeras semanas me reuní con todo el equipo del departamento digital para ir conociéndolos. Éramos solamente cinco personas. Yo me había imaginado que en una empresa tan consolidada el Departamento de Nuevos Medios sería mucho más grande, pero fijos solamente éramos nosotros y organizábamos las campañas de fotos con creativos externos o autónomos.

Para empezar, tuve que ponerme al día sobre la trayectoria de la marca y entender cuál era la dirección que Simon quería tomar. Tardé poco en compartir ideas e inspiraciones, con él primero y con el resto del equipo después. A Simon solían gustarle todas las propuestas que le hacíamos. Era una persona abierta y eso le permitía innovar. Además, yo tenía información privilegiada, pues fuera del horario de oficina también compartíamos referencias y opiniones.

Mi nuevo trabajo como *community manager* me permitía continuar con mi vida como *influencer*. Seguía haciéndome fotos antes o después de ir a la oficina. Eso sí, en el trabajo no podía hacer ninguna, porque todo era de suma confidencialidad.

Al lado de mi mesa se sentaba Rose, una becaria con pinta de sabérselas todas.

—Eres Greta Godoy, ¿no? ¡Te sigo en Instagram! —me dijo con una sonrisa nerviosa y los ojos brillantes. Desde ese momento me cayó bien.

Rose tenía dieciocho años y aquel era su primer trabajo. Era bajita, con pecas en los mofletes y unos ojos minúsculos escondidos detrás de un peculiar flequillo que le llegaba hasta la nariz. Ella se ocupaba de todos. Traía los cafés, imprimía las presentaciones, planchaba la ropa y comprobaba que llegaban todos los *looks* que nos prestaban para las editoriales de las revistas, por lo que, pese a su aspecto de no haber roto un plato en su vida, se enteraba de todo y era mejor tenerla de tu lado.

Rose era inglesa, de Oxford, pero había vivido en Londres porque había ido allí al colegio. El amor y la nostalgia que las dos sentíamos por la ciudad nos unió de inmediato. Pero Rose era fría, tenía ese algo que hizo que nuestra amistad no llegara a cuajar. Se convirtió más bien en la chica del escritorio de al lado.

Todos los lunes teníamos una reunión a primera hora con todo el equipo para establecer los objetivos de la semana y, a partir de ahí, cada uno trabajaba por su cuenta. Muchas veces las reuniones eran con Simon en su oficina, que era la más grande. Allí también se reunía con los editores de las revistas y con las personalidades del mundo de la moda que entraban directas a la sala, sin saludar al resto del equipo.

Simon no venía a la oficina todos los días. Muchas veces tenía viajes de trabajo. Era una persona importante y realizaba reuniones por todo el mundo; a veces, hasta iba y volvía en el mismo día. Yo le admiraba mucho porque, pese al trote que llevaba, nunca parecía estar cansado. Siempre tenía energía para todos.

Yo conocía bien su agenda y me reservaba los días que él podía dedicarme. Disfrutaba tanto del tiempo que pasaba con él que me daba igual a la hora que me citara. A veces, me avisaba en el último momento y yo dejaba lo que estuviera haciendo para irme corriendo con él. Simon se convirtió en un ídolo para mí, su palabra era la ley y el amor que sentía por él fue cegando poco a poco mi razón.

Muchas veces dormía en su casa y al día siguiente íbamos a la oficina por separado. Otros días íbamos a cenar, al cine o al teatro. Simon siempre estaba al corriente de los mejores planes de la ciudad y para mí era un lujo conocer tantos sitios gracias a él. Además, era muy romántico. Tenía detalles que solo veía yo, claro: había que mantener el secreto para no armar un escándalo.

Un día abrí la cajonera de mi escritorio de la oficina y me encontré una rosa y una foto de los dos en los Hamptons. Me sonrojé, miré a mi alrededor por si alguien se había dado cuenta y la guardé enseguida con disimulo. No me di cuenta de que Rose, que estaba siempre al tanto de todo y de todos, se había fijado en mi reacción desde el escritorio de al lado.

Al día siguiente, cuando estábamos a punto de terminar la jornada, se me acercó sigilosa para hacerme una confesión que lo cambiaría todo.

—¿Te vas a quedar mucho más hoy? —me preguntó.

—No creo, estoy terminando una presentación y cierro —contesté—. ¿Qué tal? —le pregunté.

Noté por su actitud que ella ya no tenía nada que hacer.

—Bien…. Agotada y con ganas de irme ya… Vaya, ¿quién te ha regalado esa flor?

Mierda, pensé, y cerré de golpe el cajón de la mesilla. Me reí para hacerme la despistada.

—Un admirador secreto.

—¿En serio? ¿Quién?

—¿Cómo lo voy a saber? ¡Es secreto!

—¿Y no has hecho nada para averiguar de quién se trata? A mí no me regala una rosa cualquiera. —Rose era lista y además parecía que no se iba a dar por vencida. Se sentó en el borde de mi mesa como para que le contara.

—Bueno, supongo que tarde o temprano aparecerá —dije saliendo del paso.

—Pues en la oficina no somos muchos… Como no hayan sido los de la limpieza… —dijo en un tono que me costó descifrar.

—¿A qué viene este interrogatorio? —le pregunté desconfiada.

—Greta… Yo lo sé todo. A mí no me engañas —me soltó.

—¿Cómo?

—Que a mí no me engañas. Que sé que estás liada con este —hizo un gesto doble con la cabeza señalando hacia el despacho de Simon.

Me quedé a cuadros y me acerqué a ella para que bajara la voz.

—¡Shhh! Rose, ¡qué cosas dices! Baja el tono.

Recogí mi bolso y le di a entender que era mejor continuar esa conversación fuera de la oficina. Simon y yo habíamos tratado de ser discretos, pero quizás no habíamos conseguido disimular nuestro amor.

Salimos juntas a la calle.

—Oye, Rose, ¿por qué has dicho eso? —le pregunté preocupada.

—Pues porque no soy tonta. El otro día, cuando fui a recoger una carta a la impresora, vi que había unas entradas para el concierto de Pearl Jam con tu nombre y el de Simon.

Mierda. Pensé que aquella becaria era demasiado espabilada y que sería mejor contarle la verdad y convertirla así en cómplice.

—Bueno, Rose…

—¿Sí…? —dijo ella arqueando las cejas como si mereciera una explicación.

—Puede que tengas razón. Simon y yo estamos juntos, pero, por favor, júrame que…

—Verás, Greta… —me interrumpió.

—Sí —dije. No sabía con qué me podía salir.

—¿Tú no te has dado cuenta de que…? Ven, acércate. —Quería hablarme al oído—. ¿Acaso no sabes que… Simon está casado? —susurró.

—¿Cómo?

—Pues eso. Que tiene familia. Mujer e hijos.

Me quedé en estado de shock. Creí perder el sentido del oído.

—Rose, ¿qué estás diciendo? —dije atónita—. ¿Me estás tomando el pelo?

—Mira, Greta, para qué iba a mentirte yo… Lo sabe todo el mundo.

—¿Quién es todo el mundo?

Yo no salía de mi asombro.

—Pues en la oficina lo sabemos todos. Bueno, todos

no, porque él es muy discreto con su vida privada, pero los que nos hemos querido enterar lo sabemos.

La creí, para qué iba a mentirme. Me senté para tomar aire. Sentía que iba a desmayarme de un momento a otro.

—¿Cuánto tiempo hace que sabes esto? —le pregunté.

—¿El qué? —me interrogó Rose desconcertada.

—Lo nuestro.

—Bueno, yo no sé nada. Yo intuía que... —dijo ella con toda su buena voluntad.

—Ya, pues ¿hace cuánto que lo intuyes? —pregunté yo cada vez más alterada.

—Pues lo supe desde el día que entraste en la oficina.

—¿Y lo sabe alguien más? —pregunté incomodándola.

—No lo sé. Yo no lo he hablado con nadie —me contestó Rose sintiéndose interrogada.

—Vale, por favor, no lo comentes con nadie. Necesito que seas discreta, ¿me lo prometes? —dije sin ningún derecho, pero confiando en que se portaría bien.

—Vale.

Su «vale» no sonó demasiado creíble.

—Te agradezco mucho que me lo hayas contado —le dije para concluir aquella incómoda conversación.

—No te preocupes... Sentía que debía decírtelo. A mí no me gustaría que me estuviera engañando así un hombre. Y, al fin y al cabo, somos mujeres. Tenemos que apoyarnos, ¿no?

—Desde luego. —Me despedí de ella con un beso en la frente y le di un abrazo al que no supo responder.

Cogí el metro con la sensación de haber recibido una puñalada por la espalda. No me podía creer lo que me había confesado Rose. No me podía creer que Simon tuviera una doble vida.

Aquella misma noche habíamos quedado para vernos a la salida del trabajo, pero eso no iba a suceder. Tenía que pensar. Tenía que digerir la noticia. ¿Cómo que tenía mujer e hijos? ¿Cómo podía no haberme dado cuenta? Busqué en mi memoria señales sin éxito. ¿Qué se suponía que tenía que hacer ahora? ¿Dejar la empresa? ¿Seguir actuando como si nada? ¿Qué pasaría con mi visado? ¿Y con todos esos planes que teníamos? Tuve la sensación de que todos los hombres se estaban poniendo de acuerdo para joderme la vida.

Al llegar a casa de Piluca, recibí un mensaje de Simon: «¿Te va bien que te recoja sobre las once? Estoy terminando una presentación».

Bloqueé el móvil para no aparecer en línea. Esta vez no iba a mostrarme disponible a cualquier hora como siempre hacía, olvidándome de mi dignidad.

De repente, se me cayó la venda de los ojos y empecé a entender todo lo que él me había hecho creer para poder llevar a cabo esa doble vida. Ahora entendía su insistencia en la necesidad de ocultar nuestro amor, según él, para «proteger nuestra relación».

Caí en la cuenta de que el piso en el que algunas veces me quedaba a dormir estaba a medias porque seguramente era el piso al que llevaba a sus amantes. Imaginé que yo no era la única, claro; qué boba, seguro que había más víctimas que habían caído en sus redes. Al fin y al cabo, era raro que un señor tan mayor estuviera solo a esas alturas. ¿Cómo no me lo había planteado antes?

Seguí hilando acontecimientos. Pensé en todas las veces que me había dicho que estaba de viaje por trabajo; seguro que estaba con su mujer e hijos en su otra casa, no en aquella a medio hacer. Probablemente, hasta estaba en la ciudad, con mucho cuidado de no encontrarse conmigo. Evidentemente, en una ciudad tan grande, las posibilidades eran remotas.

Estuve unas horas pensando lo mismo en bucle. Simon tenía mujer e hijos..., una familia en toda regla. Qué horror. ¿Cómo puede ser? Me sentí traicionada por él y por todos sus amigos con los que habíamos coincidido, por ejemplo, durante el viaje a los Hamptons. ¿Qué pensarían que era yo? ¿Una tonta a la que estaba tomando el pelo? Me venían a la cabeza miles de preguntas sin respuesta.

Miré el móvil y tenía dos llamadas perdidas suyas. Debía de estar alucinando porque no le contestaba. Yo siempre me mostraba disponible al instante.

Llegó Piluca y corrí a recibirla a la puerta. Necesitaba contarle la situación.

—¿Qué crees que debo hacer? —pregunté al terminar de relatarle lo ocurrido.

Piluca dudó, miró hacia los lados y me dijo:

—¡Ya sé! Dile que has llegado a casa y que me has encontrado superenferma y con fiebre, que te tienes que quedar conmigo —Piluca era muy efectiva.

—Escríbele tú lo que quieras, por favor, no puedo ni ver su nombre en la pantalla.

Mensaje enviado.

—Oye, pero... ¿estás segura de que es verdad? —me preguntó Piluca—. ¿No se lo puede estar inventando esta tal Rose?

—Pues claro que no. ¿Por qué se lo iba a inventar esta pobre niña? Encima de que me lo dice... Menos mal... Si el resto de la oficina también se ha dado cuenta, deben de pensar que soy una auténtica arpía —dije subiendo el tono.

Piluca intentó consolarme, pero entendió que la situación era bastante grave.

—¿Y qué pretendes hacer? ¿Dejar Gucci?

—Pues sí. Eso desde luego. No voy a seguir viéndole el careto todos los días. Ay, Dios mío, Pilu, pero ¿cómo no me he dado cuenta antes? ¿Cómo he podido estar tan ciega?

—No te preocupes. No te preocupes. No es tu culpa. Le podría haber pasado a cualquiera. Al fin y al cabo, tú no tenías ninguna información ni referencia sobre cómo era él.

—Ahora que lo dices... —dije recordando—, Pierre me lo advirtió. Me dijo en su mensaje que no era trigo limpio.

—¿En serio?

—Sí, me lo dijo en un mensaje, pero no quise hacerle caso. No quise descifrarlo. Estaba demasiado ilusionada como para aceptar eso. Tengo que hablar con Pierre. Necesito información de primera mano.

Piluca se levantó para prepararme una tila. La seguí hasta la cocina, no podía despegarme de ella. Hablaba por los codos, completamente desquiciada.

—No sé qué hacer... No sé qué hacer...

—Yo creo que lo mejor es que lo hables con él cuanto antes.

—Mañana mismo se lo voy a decir. Después del trabajo. Le voy a escribir un mensaje para quedar y se lo voy a decir.

Piluca me preparó la cama. Aquella noche dormimos juntas y le pedí que me diera la mano, tenía miedo. De vez en cuando abría los ojos para ver que estaba ahí, a mi lado. Ella terminó durmiéndose, pero yo no pude. No pegué ojo en toda la noche. Cada vez que me quedaba adormilada, un escalofrío recorría todo mi cuerpo y me desvelaba. Volvía a intentar dormirme y, de repente, una llorera. Las lágrimas caían a borbotones, húmedas y calientes, empapando la almohada de la cama de Piluca. Intentaba no hacer ruido con mi respiración para dejarla dormir. Me acordé de Coco y deseé profundamente que ella estuviera a mi lado en aquel momento.

Me levanté en medio de la noche y me fui al salón. Encendí el teléfono. Malísima decisión, pero no me quedaba otra. Y allí estaba Instagram, siempre activo. Fuera la hora que fuera, siempre estaba pasando algo. Pero en ese momento, lo último que necesitaba era más información. Apagué el móvil y lo dejé en el suelo. Simon. Simon. Simon. Simon. Simon... Cada vez que pensaba en su nombre se me revolvía el estómago. ¿Cómo podía haberme engañado así? ¿Cómo podía haber sido tan cretino?

A las cinco de la mañana conseguí dormirme. Fueron solo tres horas, pero me sirvieron para coger algunas fuerzas. Cuando me desperté, todo me seguía pareciendo una tremenda pesadilla.

22

Como cada mañana, tomé la línea amarilla que me dejaba en el Upper East Side. Llegué a las oficinas de Gucci, cogí el ascensor y atravesé las puertas acristaladas. Pasé delante de la puerta de Simon y me instalé en mi escritorio. Simon no había llegado. Desde el otro extremo de la oficina, Rose me miraba con cara de pena.

En un momento dado se acercó con la silla hasta mi mesa.

—¿Estás bien? —me preguntó.

—Sí. No quiero hablar de esto aquí —contesté seca—. Estoy un poco sensible con todo este tema.

—Me imagino —respondió inexpresiva, y se fue. En ese momento me venía bien que ella fuera así de fría para no dramatizar más las cosas.

A las doce del mediodía apareció Simon. No sospechaba que yo ya sabía quién era en realidad. Se suponía que venía de una reunión importante, pero a esas alturas yo ya no me creía nada.

Simon saludó a todos con prisa y al pasar me guiñó un ojo. Fue directo a la sala de reuniones. Eso significaba que teníamos visita de alguien importante. Rose preparó los cafés. Yo intentaba concentrarme en la pantalla de mi ordenador y los demás trabajaban en lo suyo, como un día cualquiera.

Yo no levantaba cabeza. Contenía las lágrimas como podía, intentando pensar en cosas alegres. Me levanté para ir al baño y atravesé toda la sala, que era abierta. Me encerré en un lavabo minúsculo para llorar. Volví a mi sitio con los ojos rojos, pero algo me impedía actuar con disimulo, así que bajé a fumar un cigarro, para ver si así conseguía desconectar. Como aquello tampoco funcionó, decidí irme a casa. Le escribí un mensaje a Anne Marie, de recepción, para decirle que me encontraba mal y que me iba. Ella me dio el OK como si fuera la enfermera del colegio. Subí a coger mi bolso y salí de la oficina. Simon no se enteró de nada porque seguía encerrado en aquella reunión con clientes importantísimos que en aquel momento me daban exactamente lo mismo.

Volví a casa de Piluca, pero aquel piso también me parecía incómodo si no estaba ella. Necesitaba tener ya mi propio espacio, pero estaba siendo una pesadilla lo de encontrar piso. Todo lo que encontraba era carísimo y me pedían muchos documentos que no tenía. Desde luego la vida en Nueva York era mucho más complicada que en Londres.

Miré mi móvil a ver si tenía algún mensaje de la agencia inmobiliaria y nada. Salí a la calle a dar un paseo. Necesitaba airearme. No podía estar sola en sitios cerrados, me entraba claustrofobia. Cada vez que me quedaba sola en cualquier lugar aparecían aquellos fantasmas horribles hablándome de Simon. Yo me había imaginado, ilusa de mí, que él sería conmigo como había sido Pierre: protector, paternal, atento y honesto. Al pensar en Pierre, recordé que debería hablar con él para tener más información antes de verme con Simon.

Lo llamé y le conté lo que me había sucedido. Pierre sabía la verdad, pero esperó a ver qué le contaba. Yo hablaba avergonzada, como si hubiera hecho algo mal, aunque no fuera así. Yo simplemente me había entregado a un hombre al que todavía amaba, un hombre que se había mostrado como un caballero conmigo en todo momento y que me había hablado de un futuro común.

Pierre fue sincero conmigo. Confirmó la información que Rose me había dado y aportó algún dato más que me ayudó a resarcirme y a ver a Simon como a un auténtico ogro. La mujer de Simon era americana también. Llevaban diez años juntos, tenían dos hijas pequeñas, una casa en el Upper East Side y otra en Miami. Claro, a esa casa no me había llevado. Interrumpí a Pierre. Con aquello tenía suficiente. No podía digerir tantas cosas malas de golpe.

Todo cuadraba. Todo indicaba que Simon llevaba una doble vida, y yo era su plan b, su capricho. Simon se había inventado una realidad paralela conmigo. Me había invitado a los sitios a los que no iba con su familia, me había hablado de un futuro donde no existían tres personas más y me había hecho creer que esa discreción era necesaria para proteger lo nuestro. ¿Cómo podía no haberme dado cuenta de semejante farsa?

Sentí lástima por las hijas, pensé que vaya padre tan tremendo y que menudo problemón me quitaba de encima. Después pensé en la pobre mujer. Me dieron ganas de contactarla para advertirla de la clase de hombre con el que compartía su vida, pero pensé que eso iba a ser más doloroso para las dos.

Esperé a que Simon me propusiera quedar de nuevo. Y así lo hizo sobre las ocho de la tarde, bastante tarde, como siempre. Me envió un mensaje para decirme que se retrasaba un poco y que por favor lo esperara despierta. Le dije que sí y pensé que había sido un error haberme mostrado siempre tan dispuesta a complacer los caprichos de aquel hombre controlador y poderoso.

Lo esperé, esta vez cargada de ira. Tenía ganas de partirle la cara, pero eso no iba a pasar porque, ante todo, yo era una mujer con principios. Bueno, más bien una niña convertida en mujer por las circunstancias. Tenía que ordenar muy bien mis pensamientos para no perder el control y solucionar la situación con cabeza.

Quedamos a las doce.

—Hola —me subí en su taxi sin darle el beso de costumbre.

—¡Hola, Greta! ¿Qué te pasa? Tienes mala cara —me dijo.

Creo que no supe disimularlo nada bien. No contesté. Miré por la ventana para contenerme.

—¿Qué te pasa? ¿Estás bien? —dijo Simon cogiéndome la cara para verme.

—Quita —lo aparté de un manotazo.

—Greta, ¿qué haces? ¿Qué te pasa? —me dijo sorprendido.

—No me puedo creer que seas tan asqueroso —le dije.

—¿Perdona? —contestó incrédulo.

—Sí, lo que oyes.

—¿De qué me estás hablando? —dijo en alto sin encajar el insulto.

—Deja de mentir, coño.

Le pedí al taxista que parara. Me quería bajar. Me estaba generando mucha ansiedad ese momento. Bajé y me senté en un bordillo. Él pagó el taxi y se sentó a mi lado.

—Greta, ¿qué es lo que sabes?

—¿Que qué es lo que sé? ¿Me estás preguntando de verdad que qué es lo que sé? ¿Qué cojones quieres que te responda? ¿Que sé que tienes dos hijas? ¿Que tienes una mujer y que seguramente estabas con ella todas las veces que me decías que tenías reuniones importantísimas?

—Greta, perdóname…

—¿Cómo puedo perdonarte algo así, Simon? Dime —subí el tono. El escándalo estaba garantizado—. ¿Qué es lo que se supone que tengo que hacer? ¿Perdonarte y seguir trabajando en Gucci como si nada? Nunca en mi vida nada ni nadie me ha hecho sentir tan miserable. *I fucking hate you, Simon* —concluí.

—No tengo excusa. Entiendo que me odies. Lo siento —dijo Simon.

Esas fueron las últimas palabras que escuché, porque no pude aguantar más su presencia y me puse a andar calle abajo sin mirar atrás. Cuando llevaba un par de manzanas, me di cuenta de que iba en dirección contraria y que estaba perdida. Consulté el mapa en el teléfono. No podía pensar. Estaba débil. Sentía que me fallaban las piernas y que el corazón se me salía del pecho. Se me empezaron a caer las lágrimas que había ido conteniendo por la desesperación. Esta vez lloraba el peso de las dos traiciones, la de Pablo y la de Simon.

A las dos de la madrugada seguía perdida en medio de una ciudad que no conocía, cruzándome con gente muy distinta a mí, gente que iba completamente a su bola, que, si me desmayaba ahí en medio, seguro que no se detendrían. Me entró pánico.

Llamé a Piluca para ver si seguía despierta, pero no me cogió el teléfono. Cogí el primer taxi que pasó y le di la dirección de su casa. Al llegar, gracias a Dios, me la encontré despierta en el salón. Tiré el bolso volando y fui directa a darle un abrazo.

Le conté la escena y esa noche volvimos a dormir juntas. Qué increíble es la amistad en esos momentos. La abracé con las pocas fuerzas que me quedaban como si fuera mi hermana Carlota. Piluca tuvo un papelón increíble aquellos días. Sin ella no sé qué hubiera hecho. Tenía ganas de llamar a mi madre, pero no le podía explicar todo lo que había ocurrido. Ella no habría entendido nada, ni quién era Simon ni cómo su hija se había metido en semejante lío. Sabía que se iba a preocupar y eso era lo último que quería. Tampoco me apetecía contarle la historia a Mario, ni a Coco, ni a nadie ajeno a mi vida de Nueva York. La única que podía ayudarme en ese momento era Piluca y yo consulté con ella toda la estrategia que llevaría a cabo durante los siguientes días.

A la mañana siguiente no fui a trabajar. Le escribí un correo a Anne Marie para decirle que tenía fiebre y que seguramente no podría ir el resto de la semana. Decidí que dejaría aquel trabajo. No estaba dispuesta a verle la cara a aquel embustero por el que solamente sentía asco. No volví a aparecer por la oficina. Supuse que él se encargaría de explicar mi ausencia. Como no tuve más noticias de nadie, ni de Anne Marie, ni de Rose, ni de nadie del equipo, comprendí que él habría utilizado su poder de persuasión para justificar mi falta. Pero a Rose no se la iba a colar.

Pasados unos días, recibí un correo suyo que decía:

Hola, Greta:

Supongo que este mensaje no sirve de mucho, pero quiero que sepas que he hablado con Anne Marie para que te deje como baja permanente en la empresa el resto de los meses, lo cual significa que tu visado no caduca, que puedes quedarte en Nueva York.

Me siento fatal por lo que ha pasado. Sé que no tengo excusa y que no merezco tu perdón. Estoy dolido porque te he querido de verdad y entiendo que, por cómo han sido las cosas, no tiene sentido que volvamos a vernos. Pero quiero que sepas que nada de lo que he hecho lo he hecho sin sentirlo.

Espero poder explicarte algún día las razones que me han llevado a actuar así, porque para mí también estaba siendo doloroso.

Te deseo lo mejor en la vida. Eres una persona alucinante y espero que algún día podamos retomar nuestra amistad.

Nunca te olvidaré.

Simon

«¿Nuestra amistad? Menudo morro», pensé.

Interpreté su mensaje como una forma ridícula de intentar acabar bien, de justificar lo injustificable. Me dieron ganas de escribirle a Rose para contarle la verdad, pero me contuve. Prefería olvidarme de todos y no meter el dedo en la llaga. Me apiadé de Simon y de su mujer y recé porque en un futuro mi marido no me hiciera lo mismo. Me dio mucha pena que hubiera hombres así en el mundo. Yo, con la mala suerte que estaba teniendo, empezaba a odiarlos a todos.

23

Durante el mes de octubre decidí sacar las últimas fuerzas que me quedaban para empezar de cero una vez más. La historia de Simon no iba a poder conmigo.

Recordé una frase que siempre me decía mi madre: «El deportista de élite, el que alcanza la verdadera excelencia, se diferencia del resto porque es en la recta final cuando saca su mayor fuerza». Pensé en que necesitaba aquel impulso para llegar a la meta. Y la meta era estar bien conmigo misma, recuperarme emocionalmente de todas las abatidas sentimentales que había tenido en los últimos meses. Pensé: «¡Venga, Greta, tú puedes!».

Esta vez no quería huir como había hecho en Londres. Quería demostrarme a mí misma que no necesitaba a nadie para conseguir mis objetivos, que yo era más fuerte que las circunstancias y que podía con todo. Y eso hice.

Mi prioridad desde aquel momento fue encontrar piso. Cobré el trabajo de Calvin Klein y decidí que lo invertiría en un apartamento tan lujoso como me pudiera permitir. Y lo encontré. Era un piso que alquilaba por un tiempo un fotógrafo español. Estaba situado en Nolita, un barrio que ya dominaba y que estaba cerca de la casa de Piluca. El edificio era de ladrillo rojo a la vista, por fuera y por dentro.

Tenía dos enormes ventanales en el salón que dejaban entrar una luz preciosa a media tarde, lo cual me permitía hacer buenas fotos, algo imprescindible para mí. El mobiliario era muy moderno; se notaba que aquel fotógrafo tenía buen gusto y entendía de arte. Había una chimenea grande con leña a los lados, revistas apiladas por toda la casa, un piano de cola y otra chimenea de estuco dentro del dormitorio. A un lado del salón, la cocina americana, con todos los electrodomésticos nuevos. Era un piso acogedor en el que pronto me sentí como en casa.

Pese a todos mis desastres amorosos, mi vida como *influencer* se mantenía intacta. Mis seguidores rozaban ya el millón y medio y eso me permitía vivir de manera holgada. Además, gracias a Simon podía seguir con el visado que me permitía quedarme por un año en aquella ciudad de la que yo me había encaprichado. Eso era lo único bueno que había sacado de la relación con él.

Desde que decidí empezar de cero, intenté verle a todo el lado positivo.

Lawrence me conectó con el departamento de la agencia MOMENT en Nueva York. Allí me asignaron a una agente que llevaría mis cuentas y mis clientes. Era una chica holandesa que nada tenía que ver con Lawrence, a quien, al final, había terminado cogiéndole cariño.

Una tarde, después de que me hicieran unas fotos para una marca de joyas, me puse a caminar sin rumbo por el Soho mirando tiendas. El escaparate de una zapatería enfrente del Elizabeth Park, mi lugar favorito de Nueva York, llamó mi atención. Era un local sencillo y encantador, forrado de carpintería azul turquesa desgastada.

—¡Pasa! No te quedes ahí —me dijo una mujer de unos cuarenta y cinco años con un aspecto despampanante. Parecía operada de labios y pecho. Su acento venezolano me hizo sentir como en casa—. Mi nombre es Mónica.

—Encantada, Mónica. Mi nombre es Greta Godoy.

—¿Eres española? —adivinó.

—Sí —contesté con orgullo.

—Vaya. Un hijo mío está viviendo en Madrid. Adoro España y todo lo que tiene que ver con ese país.

—Muchas gracias. Yo no conozco Venezuela, me encantaría ir pronto.

Continuamos hablando de otras cosas sin saber que, desde ese momento, íbamos a convertirnos en íntimas amigas.

Mónica estaba desembalando unas cajas de zapatos y como a mí me venía bien distraerme y estaba disfrutando de nuestra conversación, le pregunté si podía ayudarla.

—No te molestes. Ahora viene Randy, mi marido.

Del almacén salió un hombre con bigote y barriga, con cara de simpático. Llevaba una camisa de cuadros azules y unos mocasines cómodos sin calcetines que le daban un aspecto moderno.

—Mira, este es Randy. Randy, Greta; Greta, Randy.

—Encantado —dijo él, quien *a priori* parecía más tímido que ella. Randy también era venezolano.

—¿Acabáis de abrir la tienda? —les pregunté.

—Sí. Es una tienda efímera, durará un par de meses.

—Qué guay. ¿Es vuestra la marca?

—Sí, estamos empezando. Hacemos lo que podemos, ya que estamos solos los dos. ¿Te apetece un café? —me ofreció él.

—Oh, no, gracias. Estoy bien. ¿Y tenéis Instagram para poder seguiros?

—¡Uy, no! No sabemos ni cómo se utiliza. Les hemos pedido a nuestros hijos que nos echen un cable, pero siempre andan tan ocupados… —dijo Mónica con tono de desesperación.

—Nunca tienen tiempo ni paciencia para explicárnoslo. Nosotros solo nos ocupamos de que los zapatos sean de la mejor calidad —añadió Randy.

Sentí compasión por ellos inmediatamente y pensé que, si les ayudaba, haría una buena causa. Me gustaba utilizar mi influencia, no siempre a cambio de dinero.

—¡Pues quizás yo podría echaros un cable! —les propuse.

Sus ojos se iluminaron.

—¿Lo harías? —dijo Mónica con emoción.

Yo sabía que necesitaban a alguien como yo para promocionar aquella tienda esas semanas.

—¡Podemos probar! Yo tengo un Instagram con muchos seguidores y quizás eso ayude.

Me metí en Instagram para ver si el nombre de la tienda estaba cogido.

—¿Cómo la llamamos?

—¿@ElliotShoes?

—Está cogido. ¿@ElliotFootwear? Mierda. También.

—Qué rabia.

—Es normal. Están casi todos los nombres cogidos.

—Mmmm…

—¿Y si lo llamamos @ElliotNolita para hacer referencia a la zona? —propuse.

—Nos parece una idea brillante —contestaron a la vez.

Resueltas las dudas, creamos la cuenta. Subí una foto a mi Instagram y empezaron a seguirlos doscientas personas. Era como tener una varita mágica. *Voilà.*

—¡No te puedo creer! —exclamó Mónica—. Por favor, coge unos zapatos. Llévate lo que quieras. ¿Cómo podemos pagarte por esto? Qué generosa.

Me enternecieron tanto sus halagos que rechacé cualquier regalo.

—No quiero nada, tengo miles de zapatos que ni siquiera me pongo.

Me quedé un rato más. Por algún extraño motivo, me sentía bien allí. Mónica me preguntó si tenía novio y aproveché para contarle mi historia con Simon con la confianza con la que cuentas la verdad a un desconocido, sabiendo que no va a juzgarte.

—¡Menudo cretino! —concluyó—. Lo que necesitas es un hombre hecho y derecho. Un tío de verdad. ¿A que sí, Randy?

Randy dejó lo que estaba haciendo para asentir sin saber de lo que hablábamos.

—Buf, ahora mismo lo que necesito es estar sola un tiempo. No quiero ver un hombre ni en pintura.

—Haces bien —asintió Mónica—. Lo importante es que tú estés bien, para cuando aparezca el de verdad.

Cayó la tarde y me despedí de Mónica y de Randy.

Desde el momento en que salí por la puerta, supe que en aquel lugar tenía dos amigos con los que podía ser yo, dos personas con las que contar como si fueran de mi familia. Cosas mágicas que sientes cuando estás sola en una ciudad, a tantos kilómetros de distancia de los tuyos y abierta a conocer a gente nueva con la que compartir impresiones. Me alegré enormemente de tener sangre latina.

Aquella semana volví a visitar a Mónica un par de veces. Como Piluca trabajaba de sol a sol y yo no conocía a mucha gente allí en Nueva York, aparte de en los eventos a los que tenía que ir por trabajo, Mónica se convirtió en mi nueva mejor amiga.

Un día que pasaba por allí vi que había un camión enorme descargando un sofá y un hombre vestido con gorro de transportista al que Mónica tenía totalmente seducido.

—*Graaasias,* Orson —dijo con su acento cautivador, soltándole una propina generosa que haría que Orson le diera prioridad siempre ante cualquier otro cliente.

Me metí en la tienda e hice algunos vídeos que subí a mis recién estrenadas historias de Instagram, una opción que acababa de lanzar la aplicación para subir vídeos cortos. Eso hizo que la marca llegara a los dos mil seguidores.

—Tenemos un mensaje. Una chica pregunta si hacemos colaboraciones —dijo Mónica—. ¿Qué le contesto?

—¿Cuántos seguidores tiene?

—Cinco mil.

—A ver, déjame que vea —analicé su perfil como si se tratara de un producto.

—No está mal —concluí.

—¿Le regalamos unos zapatos? —Mónica no tenía ni idea de qué hacer.

—Yo la invitaría a la tienda, así la conocemos.

Le contestamos a su mensaje invitándola a venir y ella aceptó sin problemas.

—¿Así que esto es lo que haces tú con las marcas? —me preguntó ella tratando de entender mi profesión.

—Sí, bueno, hace tiempo que dejé de hacer intercambios.

—¿Qué significa eso?

—Pues intercambiar fotos por productos.

—Vaya. Hablas de una manera que me hace sentir muy mayor —dijo irónicamente.

—Lo comprendo. Es un universo nuevo, mis padres nunca han sabido explicar a qué se dedica su hija —concluí bromeando.

Pusimos fuera de la tienda una pizarra donde se podía

leer: *Come inside and meet the british style.* Dentro, colocamos los sofás en ele, pusimos unos jarrones con girasoles y unas alfombras persas preciosas. Aquella tienda tenía un toque femenino y acogedor que invitaba a quedarse un rato.

Fueron pasando las semanas y los vecinos y los dueños de las tiendas de los alrededores se asomaban para ver qué estaba pasando en aquel espacio que levantaba tanto interés en el barrio. Mónica lograba ganárselos a todos con su peculiar encanto y sus magníficas dotes comerciales. Era una máquina de hacer dinero.

Una de las tardes en las que la tienda se hallaba relativamente tranquila, yo estaba pasando mis fotos al ordenador mientras Mónica ordenaba el almacén. Tenía una obsesión con que los zapatos estuvieran bien ordenados por número. Un chico alto, delgado y con pinta de artista entró en la tienda. Llevaba una barba larga que le daba un aspecto desaliñado, un abrigo azul marino hasta la rodilla y una cámara Leica colgada del cuello. Ese detalle hizo que me fijara en él con especial interés.

—Hola. ¿Te puedo ayudar en algo? —le pregunté, aunque aquel no fuera mi papel.

—No, gracias —contestó un poco borde. Se notaba que tenía prisa.

Yo continué mirando mi ordenador y me quité el coletero para estar algo más mona.

—¿Tenéis las botas Chelsea? Como estas, pero sin la goma —me preguntó mientras se probaba un modelo de botines sentado en uno de los sillones chéster que habíamos colocado cerca del escaparate.

En ese momento, muy oportuna, salió Mónica del almacén haciendo una de las suyas.

—No las tenemos, encanto —respondió—. Pero las vamos a recibir muy pronto. ¿Nos dejas tu correo y así te avisamos cuando lleguen? —A Mónica no se le escapaba ni un solo cliente.

—Claro —contestó él sin demasiado entusiasmo. Desde luego, me pareció que lo que tenía de guapo lo tenía de antipático.

El chico dejó un garabato ilegible con su dirección de correo apuntado en el cuaderno que teníamos sobre el mostrador y se fue. Mónica me miró como diciendo «Qué guapo». A mí me hizo gracia que ella también se hubiera dado cuenta.

—Un poco borde, ¿no? —opiné, como si estuviéramos ligando en un bar—. Ya no me dice nada el típico guapo que va de sobradito.

Me di cuenta de que en medio del desorden que había armado el chico había un teléfono móvil. Sería suyo. Cuando quise comentárselo a Mónica, ella se había vuelto a meter en el almacén. Guardé el teléfono en el mueble del mostrador, suponiendo que pronto se daría cuenta de que le faltaba y volvería a por él. A los pocos minutos, mi presentimiento se hizo realidad y sonó de nuevo el timbre. Era él.

Me acerqué a la puerta para abrirle y fui hasta el mostrador para devolverle su teléfono.

—¡Gracias a Dios! —exclamó aliviado. Su sonrisa me atravesó el alma.

Sonreí sin más, intuyendo que la conversación no daba para más.

—Gracias —dijo, y se fue.

Entonces salió Mónica del almacén cargando una pila enorme de cajas de zapatos.

—¿Quién ha entrado?

—El chico de las botas Chelsea, se había dejado el móvil.

24

Mi vida en Nueva York siguió evolucionando, sin hombres a la vista. No había vuelto a tener noticias de Simon y, aunque debía admitir que a veces tenía miedo de encontrármelo, conseguí olvidarme relativamente rápido de él, a diferencia de lo que había tardado en olvidar a Pablo, en quien todavía pensaba de vez en cuando.

Mi vida como *influencer* seguía ocupándome la mayor parte del tiempo. Tenía proyectos todos los días de la semana. Mi bandeja de entrada estaba desbordada y era difícil decir que no a todas aquellas colaboraciones que, además de dinero, me ayudaban a sumar seguidores. Pronto alcanzaría los dos millones. Calculaba que, si todo iba bien, en Navidad llegaría a esa cifra redonda que me parecía una especie de trofeo. Eso me convertiría en una de las *influencers* más reconocidas de mi país.

Sin querer, me había convertido en una de esas chicas a las que muchas otras envidian por lo que ven en las redes sociales, un modelo para muchas adolescentes que soñaban con tener una vida parecida a la mía. Me escribían comentarios como «Me encantan tus fotos, me inspiras un montón, ojalá un día pueda ser como tú». Yo, mientras, hacía tiempo en alguno de los eventos a los que tenía que ir por obligación mirando sus perfiles y envidiando la normalidad de sus vidas, aburrida y sola, sin conseguir que nadie me quisiera como yo merecía. Me las imaginaba viendo mi Instagram sentadas en el sofá de su casa, relajadas y abrazadas a su novio. Yo, en cambio, allí estaba, disfrazada de pies a cabeza, intentando aparentar ser alguien que en realidad no era.

Algo en mi vida se había torcido.

Tener una amistad normal conmigo se fue convirtiendo en misión imposible. No tenía tiempo para nadie. Mi trabajo me tenía absorbida. Me ocupaba las mañanas y las tardes, y por las noches siempre había algún evento al que debía ir para conocer a gente. Además, vivía con la idea de que al residir en Nueva York no podía quedarme en casa. Así que mi vida se resumía en fotos, entrevistas, desfiles, desayunos, cafés, cenas, copas y fiestas... Mis jornadas eran tan intensas que de un día para otro se me olvidaba completamente lo que había sucedido.

Hubo un punto en el que empecé a confundir mi vida de Instagram con mi vida real. Las interacciones con mis seguidores pasaron a ser el centro de mi vida. Sentía que aquellos amigos virtuales me acompañaban, que se preocupaban por mí. Su aprobación era como un caramelito que caía del cielo para recordarme que estaba haciendo las cosas bien, una recompensa a todo aquel esfuerzo. Consultaba una y otra vez quién le había dado a me gusta en las fotos e inmediatamente aquellas personas que demostraban su amor pulsando el botón del corazón me caían mejor. Gente a la que quizás no conocía personalmente, pero de la que debido a toda aquella sobreexposición creía conocerlo todo.

Sus me gusta eran mi droga, la vitamina que necesitaba para sentirme viva. Aquellos corazones eran como abrazos envenenados que me hacían sentir acompañada, un pequeño chute de dopamina que me saciaba durante unos instantes. Poco a poco me enganché a todos aquellos impactos que recibía a diario. El algoritmo de Instagram decidía: mostraba las fotos que quería, nunca de manera constante. Aquella probabilidad inexacta tenía el atractivo de las cosas impredecibles y me hacía mantenerme alerta preguntándome qué tendría que hacer para conservar aquel ritmo elevado de me gusta y comparándome constantemente con gente que tenía un perfil parecido al mío para conseguirlo.

Cuanto más crecía mi personaje en Instagram, más alejada me sentía de mi persona. Empecé a dudar de todo, a perder seguridad en mí misma, en lo que hacía, en lo que contaba, en cómo lo contaba. Cuanto más triunfaba, más alejada me sentía de mi audiencia y más sola me sentía en mi casa, en mi vida. Era paradójico pero cierto. Vivir a toda velocidad me generaba un estrés emocional crónico. Llegaba tan cansada a casa que la única salida, el único entretenimiento, era volver a conectarme a aquella máquina de la que me hice dependiente.

Mi personalidad cambió por completo. Me costaba mucho concentrarme en tareas largas. Mi mente era rápida, nerviosa, pensaba y actuaba impulsivamente, buscando sensaciones fuertes. Iba a un restaurante, pedía la comida, la fotografiaba y me iba. Esa era mi diversión, así era como yo disfrutaba de los planes. Y como todo era tan fugaz, necesitaba muchos planes. Tenía que ir a muchos sitios, ver a mucha gente, tomarme muchos cafés, hacer muchas fotos y compartirlo todo para conseguir cariño y atención, como si se tratara de un videojuego en el que la victoria era el botón del corazoncito.

Inconscientemente, buscaba en todas mis fotos el me gusta de Pablo, pero ese nunca llegaba. Pablo había dejado de seguirme hacía tiempo y eso me hacía sentir mal. Pero en aquel momento, Pablo tampoco me importaba. Solamente pensaba en mí.

La adicción a saciar mi ego era tal que permitía que aquella herramienta manipulara mis sentimientos a su antojo. De alguna manera todos quedábamos atrapados en ella. Sus imágenes eran lo único que nos unía, aunque fuera de mentira. La verdad se había hecho cenizas y todos caminábamos sin rumbo con la única esperanza de no encontrarnos solos.

25

Llegó noviembre. Era una de esas mañanas de resaca insoportable y frío, de las que no recuerdas cuántos chupitos aceptaste y en las que solo quieres estar rodeada de amigas a las que dar abrazos y con las que comentar la noche anterior.

Recibí un mensaje totalmente inesperado. Era Pablo.

«¿Estás en Nueva York?».

Durante unos instantes, no sentí los latidos de mi corazón. Su mensaje daba a entender que estaba en la ciudad, si no ¿por qué me preguntaba eso? Dejé pasar unas horas, conteniendo la emoción que recorría mis venas. Tener noticias suyas, en aquel momento tan débil emocionalmente, era peligroso. Pero mi necesidad de saber qué tal estaba se igualaba al miedo que sentía de volver a enamorarme de él.

«Sí, estoy».

«He venido a pasar unos días por trabajo. ¿Te apetece que tomemos un café?».

Me desconecté para meditar qué respuesta darle y entré en Instagram para disimular, como si eso sirviera de algo. Al rato volví a conectarme para decirle que sí.

«Claro, ¿dónde quedamos?».

«Podemos quedar en Union Square a las seis».

«OK».

Apagué el móvil con la sensación de haber recibido la mejor noticia del mundo. Pablo seguía acordándose de mí. Quería verme. No sabía cuál sería su situación sentimental, pero me daba igual, al menos tenía clara la mía.

Pablo seguía siendo mi verdadera debilidad, mi primer amor. Aunque hubieran pasado meses, yo seguía pensando en él, por una cosa o por otra, todos los días. Supongo que la resaca me estaba haciendo ver las cosas algo distorsionadas. En aquel momento, Pablo era un antojo imposible de rechazar, como un dulce que aceptas aun sabiendo que vas a engordar. Quería comprobar si todavía había algo entre nosotros, si todavía seguía queriéndome.

Después de aceptar aquel café y recuperar la ilusión de estar viva, todavía con una resaca terrible, pedí una hamburguesa a domicilio. Me había acostumbrado a tener todo al instante, entre otras cosas, la comida. No sabía cocinar y, por lo general, mi nevera estaba siempre vacía. Devoré la hamburguesa, encendí la tele del salón de mi piso alquilado y dormí la siesta con la deliciosa sensación de que todo mi universo estaba bajo control.

No avisé a Piluca ni a nadie de que iba a encontrarme con Pablo. No quería que nada ni nadie me frenara, así que fui al encuentro aun sabiendo que después podía quedarme destrozada. Me dirigí a Union Square contenta como si fuera mi primer día de colegio después de un verano largo y amargo.

La última vez que había visto a Pablo había sido durante aquella cita de despedida en Londres, y no había sido precisamente una cita agradable. Pero no quería pensar en eso. Prefería pensar en las cosas bonitas que podrían pasar, como, por ejemplo, que nada más vernos nos volviéramos a enamorar y las cosas funcionaran igual de bien que al principio. Pensar que entonces éramos dos niños que todavía no sabían lo que querían, que ahora sería diferente.

Crucé la calle y ahí estaba él, con su pelo alborotado, apoyado en una barandilla y mirando su móvil, con esa pinta de chico interesante del que te enamorarías sí o sí al verlo entrar en una cafetería. Nada más vernos fue como si no hubiera pasado el tiempo. Nos dimos un beso en la mejilla y mi reloj interno se detuvo. Pude oler de nuevo su perfume, sentir su piel, notar nuestra química, la de antes, la de siempre. Me entró un escalofrío de placer.

Reviví sensaciones y sentimientos del pasado. Se le veía sano y en forma. Llevaba un abrigo marrón de borreguillo calentito, siempre con ese estilazo que le caracterizaba. Tenía buena cara, ese brillo en la mirada que demostraba que las cosas le habían ido bien durante todo el tiempo que nos habíamos perdido de vista. Su sonrisa me hizo evocar toda la felicidad de una etapa de mi vida que ahora veía pasada.

Nos metimos en una cafetería muy moderna que había en un chaflán de Union Square. Tenía una barra circular en el medio, y a los lados había mesas pequeñas muy pegadas entre sí. En el techo, lámparas también redondas. Todo estaba en su sitio. Elegimos una de las mesas situadas cerca de la entrada. Pablo fue a pedir los cafés y yo me quedé mirándolo nerviosa, como un flan al que están a punto de zamparse. Me sudaban las manos. Me temblaban las piernas. Cogí mi iPhone, puse la cámara en modo selfi para verme y sonreí al comprobar que estaba tan guapa como me había propuesto.

Mientras lo esperaba, me entraron unas ganas tremendas de hacerle una foto al bar, que era muy del estilo de mi Instagram, pero me contuve. No quería asustarlo con aquella obsesión que en su día él había terminado aborreciendo. Puse mi mejor sonrisa. Prefería hacer el papel de la exnovia a la que todo le va de maravilla.

—Déjame que te vea. Estás muy guapa —dijo cariñoso. Él sabía bien cómo ganarme.

—Gracias, yo también te veo bien.

Nos quedamos en silencio. Con aquella frase ya nos lo habíamos dicho todo, pero teníamos que hablar de más cosas. Pablo me contó por encima su situación. Me explicó que había venido a Nueva York porque tenía que hacer la decoración de un evento para Hermès.

—¿O sea que te quedas toda la semana? —resumí. Quería saber si podía volver a verlo.

—Me voy el viernes por la mañana después del evento.

Yo no contesté. Me aislé por unos segundos intentando recordar qué cosas tenía en agenda para poder verlo lo máximo posible.

—¿Y qué? ¿Te está gustando Nueva York? —me preguntó.

—Sigo acostumbrándome. Es una ciudad frenética.

—¿Más frenética que Londres?

—No hay comparación. Mucho más. O soy yo que no paro de meterme en líos… —dije entre risas, pretendiendo mostrar que me iba bien. Tenía muchas inseguridades acumuladas que no quería que él notara.

Pablo entendió perfectamente a lo que me refería. Hubo otro silencio. Le di un trago a mi café y volví a preguntarle:

—Y a ti, ¿cómo te va?

Quería que viera que ahora era una persona comprensiva, que sabía escuchar.

—Todo bien, como te decía —Pablo seguía hermético—. Sin muchas novedades.

Se notaba que él tampoco quería entrar en ningún tema que pudiera darnos problemas. Para discutir ya habíamos tenido tiempo; ahora estábamos en son de paz.

—Se me hace raro no tenerte cerca, ¿sabes? —soltó de repente.

Ese comentario desnudó sus sentimientos. Yo tampoco pude contener más tiempo los míos.

—Ay, Pablo... —le dije con un suspiro—. No sabes cuánto te he echado de menos...

—¿Ah, sí? Pues por tus fotos no parece que estés echando de menos a nadie, la verdad. Siempre estás rodeada de chicos, en un montón de eventos, con un montón de me gusta... Por cierto, dentro de poco vas a llegar a los dos millones de seguidores. ¡Enhorabuena! Debes de estar muy orgullosa.

No sabía si con ese «enhorabuena» estaba siendo irónico, pero lo cierto es que me sentó bastante mal.

—Pablo, sabes perfectamente que las fotos de mi Instagram no son verdad.

—¿Cómo que no son verdad?

—Pues que no representan la realidad de mi vida. Tú lo sabes mejor que nadie.

—¿Ah, no?

—No.

—Y entonces, ¿de quién es esa realidad?

—Bueno, es mi trabajo —traté de explicarme.

—¿Tu trabajo? ¿Ir a todas esas fiestas es tu trabajo? —preguntó molesto.

—Bueno, sí. Se ha convertido en gran parte de mi trabajo.

—¿Y te divierte? ¿Te gusta ir de fiesta en fiesta?

Su tono sarcástico consiguió herirme. Me dieron ganas

de irme, pero tenía que controlarme porque seguía deseando recuperar su amor.

—Ya sabes que nunca me ha divertido hacer ese papel. De hecho, es la parte que menos me gusta de mi trabajo, pero tengo que hacerlo.

—¿Cómo que tienes que hacerlo? —No estaba satisfecho con ninguna de mis respuestas.

—Pues que tengo que ir. Tengo que dejarme ver. Conocer a gente, hablar con las marcas.

—Entiendo —dijo—. Pero te pregunto a ti, Greta: ¿eso te hace feliz?

Lo miré con los ojos llorosos y no supe qué contestar.

—Dime, ¿te hace feliz? ¿Eres feliz? —volvió a preguntarme, ahora con algo de rabia.

—Sí, Pablo. Lo soy. —No lo iba a aburrir con las conclusiones a las que estaba llegando últimamente.

—Vale. Entonces me alegro por ti —dijo, aunque sonó poco creíble.

—¿Y tú? ¿Eres feliz? —Ahora le tocaba a él pasar por esa pregunta tan incómoda.

—Yo sí, no me quejo, la verdad.

—¿Sigues viéndote con ella?

—No voy a contestarte.

—¿Por qué no? Entonces es un sí.

—Piensa lo que quieras. No tengo por qué darte ninguna explicación.

Realmente tenía razón, pero llegados a ese punto yo necesitaba saberlo.

—¿La amas? Dime, ¿la amas más de lo que me amaste a mí?

—No pienso contestarte a esa pregunta. Me está pareciendo un poco violenta esta conversación —dijo molesto.

Una lágrima cayó por mi mejilla hasta llegar a mi taza de café. Al verme llorar, Pablo se ablandó.

—Greta… —me dijo cogiéndome la mano.

Me tapé la cara con las dos manos. Me daba vergüenza que me viera llorar.

—Me acabas de hundir, Pablo… —confesé.

—Pero ¿qué dices, mi amor? —Él era consciente de que se había pasado, y como no sabía pedirme perdón, utilizó la palabra mágica que hizo que toda aquella escena fuera un disparate.

—No sabes lo mal que me siento.

—Pero ¿por qué dices eso?

—Porque sí. Porque mi vida es una mierda. Estoy cansada de aparentar una vida perfecta, ¿sabes? Yo también tengo días de mierda, días en los que no saldría de mi cuarto y me quedaría feliz trabajando desde casa, pero no puedo. Mi trabajo me lo impide.

Pablo vio que la cosa iba en serio y me consoló. Nunca me había visto así. Yo siempre me había mostrado como una chica fuerte delante de él, delante de mi familia y de mis seguidores, pero ya estaba cansada. Yo también necesitaba que alguien me cuidara, alguien real, de carne y hueso. Mi trabajo me había absorbido de tal manera que me había hecho perder, entre otras cosas, al amor de mi vida. Reconocerlo en alto me liberaba, me hacía sentir bien. Me daba igual lo que él pensara de mí, mostrarme vulnerable me ayudaba a cicatrizar las heridas del pasado.

Hacía tiempo que teníamos esa conversación pendiente, los dos nos la merecíamos, sobre todo para entender qué había pasado, ¿por qué nos habíamos dado por vencidos así, tan de repente? Él cargaba el remordimiento de haber cometido un grave error y yo el peso de no haber sabido quererlo como merecía. Desconocía cuántas veces más tendría la oportunidad de sentarme con él para hablarlo cara a cara, pero sabía que aquella cafetería tampoco era el lugar adecuado. Él resolvió la escena rápido.

—Greta, ¿te parece si quedamos mañana para cenar y hablamos de todo esto más tranquilos?

Dude qué responder porque no sabía si él todavía tenía novia, pero me había insinuado que lo que nosotros habíamos tenido nunca lo había tenido con nadie.

—Vale —contesté secándome las lágrimas con la manga del jersey y avergonzada por el numerito que estábamos montando.

Volví a casa descompuesta. Tenía ganas de llorar. No podía soportar la idea de saber que Pablo se encontraba en Nueva York y no estábamos juntos. Me sentí mal por no haber sabido gestionar aquel amor que tan feliz me había hecho, por haber apostado todo al trabajo, al éxito, a los seguidores y a aquella cuenta de Instagram que me había creado un vacío existencial enorme. Me di cuenta de que, en el fondo, lo que realmente me faltaba era el amor y el cariño de alguien. Simplemente eso.

26

Cenamos en el West Village, cerca de su hotel, en una de esas tabernas pequeñitas a las que nos gustaba ir, con decoración italiana, manteles de cuadros azules y blancos y luz suave. Llegamos los dos a las nueve puntuales, y nos sentaron en una de las mesas que había cerca de la cocina. En Nueva York, los restaurantes siempre estaban llenos y fue un milagro conseguir mesa.

Esta vez hablaría menos. Solo quería disfrutar. Verlo y reírme como cuando estábamos juntos.

—Bueno, ¿y qué tal lo pasaste en los Hamptons? Vi algunas fotos.

Me puse roja por si descubría que había sido invitada por Simon.

—Muy bien. Fui a pasar unos días.

—Unos días, dice —repitió mi frase con ironía—. Parecía que habías estado todo el verano.

—Bueno, ya sabes, yo siempre subo muchas fotos de todo.

Nos trajeron la pasta y empezamos a comer.

—¿Y quién te invitó? —preguntó Pablo con naturalidad y la boca llena de tallarines.

Pablo sabía perfectamente que yo no tenía amigos en los Hamptons.

—Me invitó… Me invitó… —Estaba en un callejón sin salida. No quería decirle la verdad—. Me invitó una amiga de Pierre —resolví finalmente.

—Ah, vale. ¿Tiene casa allí?

—Sí.

—¿Y te gustó? ¿Es bonito?

—Muy bonito. Fuimos a un torneo de polo precioso. Echo de menos poder tener un caballo —dije saliéndome por la tangente.

—Cómo vas a tener un caballo si no sabes estarte quieta en ninguna ciudad. —Sin querer, Pablo soltaba bromas que yo no sabía cómo tomarme.

Le mentí. Sabía que no era la mejor manera de recuperar la confianza perdida, pero lo consideré una mentira piadosa sin importancia. No quería bajo ningún concepto que supiera que había tenido una historia con Simon. Sabía que, si se enteraba, me lo iba a echar en cara, aunque no hubiéramos estado juntos en todo ese tiempo. Él había tenido sospechas el día que Simon me agregó a Instagram y, a diferencia de mí, Pablo tenía una memoria de lince.

«Solo buen rollo, solo buen rollo», me repetía todo el rato a mí misma.

Mientras nos traían el segundo, pedimos los abrigos y salimos a fumar un cigarro a la calle, como siempre hacíamos. Al salir, nos dimos un abrazo de amigos. Solo de amigos. No hubo ni medio amago de beso.

—Me gusta cómo te queda el flequillo.

—Gracias —sonreí tímidamente—. ¿Me das fuego? —Solté el humo y seguí hablando—. Me lo corté el otro día en el baño de casa, necesitaba un cambio de *look*. Tú también estás guapo, maldito. Estás… Bueno, como siempre. Es como si no hubiera pasado el tiempo. No sé, es raro…

Me quedé pensativa.

—A mí me pasa lo mismo. Nos hemos querido mucho, Greta. Bueno, qué tontería, ¡nos queremos mucho!

—¡Ah! ¡Eso te iba a decir! —Sonreímos los dos.

Pablo volvió a intervenir.

—Ahora que te miro bien. Con este flequillo, te pareces un poco a Coco.

—¿Sí? Se lo diré a ella.

—¿Seguís hablando a todas horas? —preguntó burlándose de nosotras.

—Ya menos, pero nos seguimos por Instagram, y como las dos tenemos una vida virtual tan activa, estamos telecomunicadas.

—Bueno, pero eso no es una relación. Seguro que hay mil cosas que os estáis perdiendo la una de la otra. A ti te gusta mucho eso de mandar fotitos, pero no hay que perder el contacto… —sentenció—. ¿Vamos para dentro? Empieza a hacer frío.

—Sí.

Al volver, pedimos una copa. La noche se nos complicaba cada vez más.

Pablo se ofreció a acompañarme a casa en taxi. Pedimos un Uber que nos dejó en mi puerta. Nos dimos un beso en la boca y se creó un silencio incómodo. El taxista miraba por el retrovisor. Pablo volvió a besarme y yo le hice la pregunta que correspondía en ese momento:

—¿Te apetece subir?

Pablo aceptó.

—Parece mentira que todavía te sigas haciendo de rogar —dije bromeando mientras subíamos las escaleras hasta mi apartamento.

Me hacía ilusión que viniera a mi casa. Sabía que a Pablo le iba a encantar la decoración. La casa era un poco de chico y en ese momento estaba bastante desordenada, pero era muy bonita y, de alguna manera, me apetecía que se sintiera cómodo y que quisiera volver pronto.

Entramos y encendí las luces una a una. Tenía una cristalera que daba a una pequeña terraza donde había una mesa con dos sillas. Tener terraza en Nueva York era todo un lujo, aunque yo no había tenido la suerte de poder utilizarla desde que me había mudado, porque me habían tocado los meses de frío.

—Y aquí está… ¡la cocina! —concluí.

—¡Guau! Vamos a ver cómo tienes la nevera… —me dijo riéndose.

—Pues vacía, como siempre. Hay cosas que no cambian con la edad —dije.

En la nevera había un mísero frasco de alcaparras, un par de tomates blandos y una botella de vino. No había tenido tiempo de ir a la compra.

—Bueno, pero por lo menos tengo… este vino blanco. ¿Te apetece tomar una copita?

—Venga —aceptó.

Encendí las velas del salón y puse música de fondo: The Velvet Underground.

Nos sentamos en el sofá. Nos miramos, nos sonreímos y miramos al frente, intimidados por el misterio de aquella noche improvisada. En ese momento, no sabía en qué año vivía, ni qué día era, ni si lo que estaba viviendo era real o era un espejismo.

Dimos un trago a la copa de vino y nos pusimos más cómodos. Me apoyé con mi cabeza en su brazo derecho.

—¿Estás cómodo? Quítate los zapatos o lo que quieras —le sugerí.

—Estoy perfecto, gracias.

Volvimos a un agradable silencio.

—¿Cuánto tiempo piensas quedarte en Nueva York? —preguntó él.

—No sé, la verdad.

—¿Pero te ves viviendo aquí unos años?

—Por ahora no. Me parece una ciudad demasiado hostil. Y ¿sabes? Echo un poco de menos España. Y tú ¿qué? ¿Volverás a España pronto? —le pregunté sabiendo que, para los dos, nuestra ciudad era, en definitiva, un punto de unión.

—No lo sé. Estoy contento en Londres. Ya sabes que a mí me cuesta mucho planificar a largo plazo.

—¡Qué Virgo eres!

—¿Qué significa eso? —preguntó.

—Pues que los virgo sois así. De vivir el presente, con los pies en la tierra.

—Por favor, no me digas que ahora te has vuelto bruja.

—No, tonto, pero he leído mucho sobre el horóscopo.

—Yo no creo en nada de eso.

—Pues yo sí. Yo soy una sagitario de los pies a la cabeza. Y como buena sagitario, soy una trotamundos, siempre planificando, siempre con un pie en el futuro... —Se notaba que aquel tiempo sola por el mundo me había ayudado a comprender cómo era yo en esencia.

Apuramos el vino y nos servimos otra copa. No quería que la noche acabara nunca. No quería que Pablo volviera a Londres. Poco a poco fuimos desviando la conversación y terminamos hablando de nosotros y recordando lo bien que lo pasábamos cuando hacíamos el amor. Nos quedamos en silencio mirándonos a los ojos, y el ambiente empezó a cargarse de deseo. Pablo se acercó a mí para besarme y me soltó un botón de la camisa. Luego otro y otro y otro hasta dejarme sin parte de arriba. Sus dedos empezaron a recorrer mi espalda y se me puso la piel de gallina. Pablo se quitó su ropa, comenzando por los zapatos y los calcetines, y pude ver la curva de sus pies, sus dedos, tan perfectos.

Aquellos ojos azules y aquella boca que un día había sido mía. Su nariz respingona, su pelo suave como la seda. Qué guapo era. Me cogió por la nuca con delicadeza y acercó sus labios a los míos hasta estremecernos con otro de nuestros besos. Seguía besando igual que siempre. Recordé cómo echaba de menos esos besos. Nuestras lenguas empezaron a jugar y yo me senté encima de él con ganas de satisfacerle.

Me desabrochó el vaquero, cogimos un preservativo y lo hicimos lentamente, como la primera vez. Qué ilusión me hacía volver a sentirle. Cambiamos de postura, nuestra respiración se desató y los cuerpos empezaron a palpitar acelerados hasta corrernos al mismo tiempo. Luego nos quedamos relajados mirando al techo. Pablo acercó su mano a mi pecho para sentir el ritmo de mi corazón y yo le agarré fuerte la mano. Cómo lo amé…

Fue un encuentro maravilloso.

Nos quedamos un buen rato relajados, acariciándonos con los cuerpos enlazados, todavía desnudos. El sexo con Pablo era magnífico, pero aquel momento, el de después, pasó a ser mi favorito, el que más valoraba. Quería retenerlo para siempre, que volviera a ser mío.

Pero eso no fue exactamente lo que pasó. De repente, Pablo se incorporó y consultó su teléfono.

—Greta, me voy a tener que ir ya…

—¿Cómo? ¿Por qué? —pregunté desconcertada.

—Porque mañana tengo que despertarme muy temprano.

—Bueno, ¿y qué? Coges un taxi desde aquí.

—No puedo, mi amor... No me da tiempo. Ya sabes lo que me cuesta madrugar.

—Por favor... Quiero dormir contigo, abrazados.

—No puedo, de verdad. Me tengo que ir.

En aquel momento, toda la magia de la velada romántica desapareció y me sentí incómoda desnuda. Casi con la misma culpabilidad que Adán y Eva el día que cometieron el pecado original. Me vestí a toda prisa. Él también recuperó sus calzoncillos y el resto de su ropa.

—O sea, ¿te vas de verdad? —pregunté de nuevo, indignada.

—Sí. Me voy. Te juro que si la reunión no fuera tan pronto me quedaría, pero prefiero dormir en el hotel para ganar tiempo mañana. Ya te digo que cada vez me cuesta más madrugar.

Acepté decepcionada.

—Bueno, vale. Te acompaño hasta la puerta.

Su decisión me entristeció. Pensé que, como en otros tiempos, Pablo se habría quedado a dormir conmigo. Habría preferido madrugar y dormir esa noche abrazados. Pero ahora no era eso lo que le apetecía y yo no tenía derecho a pedirle nada.

Intentó besarme en la boca; yo me aparté, pero acepté un abrazo áspero. Al cerrar la puerta, me sentí sola. Me sentí más sola que la noche anterior, que estaba sola de verdad. Verlo había sido contraproducente, porque ahora, encima, lo deseaba con más fuerza. Con más fuerza que nunca.

Mientras apagaba una a una las luces para irme a dormir, volví a recordar una vez más lo vacío que estaba mi corazón.

27

El día siguiente no fue un día normal. Yo sabía que Pablo estaba en la ciudad y eso lo cambiaba todo. Me arreglé con la esperanza de quedar con él en algún momento del día.

Salí a la calle a tomarme un café para despejarme. En la cafetería, recordé que la noche anterior nos habíamos hecho una foto. Amplié su cara. Hice *zoom* en sus ojos. Analicé su mirada. Analicé también su sonrisa para encontrar alguna respuesta en sus gestos. Tenía dudas. ¿Seguía enamorado de mí? ¿Qué sería de su ex? ¿Seguiría con ella? Naturalmente, no seguían juntos. Si así fuera, no se habría acostado conmigo, pensé. En ese momento me llamó Piluca y le conté la noche anterior.

—¿Os liasteis? —Piluca fue al grano.

—Sí. Y estoy un poco rallada, porque después de acostarnos él se fue… Me puso una excusa malísima y se fue.

—Buf… Me suena a que aquí hay gato encerrado, Greta.

—¿Tú crees? Ay, no me digas eso. Bueno, a ver, que a mí Pablo me da igual, ¿eh? Que ahora mismo no me planteo nada. Fue una tontería. Un reencuentro de exnovios. No significó nada.

—No te engañes. Pablo es el amor de tu vida, no es un ligue de un bar.

—No, de verdad que estoy fenomenal, hoy me he levantado perfecta. Me estoy tomando un café tan tranquila, te lo prometo.

—Yo que tú tendría cuidado, Greta, porque estas cosas afectan —me advirtió.

—Espera, ¿me estoy perdiendo algo? ¿Sabes algo que yo no sepa?

—No, yo no sé nada.

—Ah, vale, porque tengo la sensación de ser la tonta que siempre se entera la última de las cosas. No soporto que me tomen el pelo más —dije refiriéndome a lo de Simon.

—Lo único que te sugiero, porque te quiero y porque no te quiero ver sufrir, es que te protejas. Asegúrate de que no sigue con aquella chica por la que un día rompisteis.

—No creo que sigan, porque ayer me llamaba «mi amor» y cosas así.

—Ya, Greta, pero eso no significa nada. No te hagas ilusiones.

—Vale, bueno, cambiemos de tema.

Quería evitar aquella conversación porque sabía que Piluca tenía razón. Me sorprendía lo fuerte que era para unas cosas y lo débil que era para otras. Se me daba bien negociar contratos y desenvolverme con soltura en cualquier situación de trabajo y, en cambio, era un desastre en asuntos relacionados con el amor. En este campo, me costaba mantenerme firme. Actuaba de forma impulsiva, sin pensar en las consecuencias que tenían mis actos, sin pensar que lo que hacía por pura diversión terminaría pasándome factura.

No supe nada de Pablo en toda la mañana, ni en toda la tarde, ni en toda la noche, y estaba claro que si alguien tenía que escribirle a alguien era él a mí, ya que se había ido de mi casa con una excusa muy poco convincente. No podía hacer otra cosa que pensar en él, pero tenía que controlarme utilizando la poca dignidad que me quedaba.

Pasaban las horas y seguía sin noticias suyas. Me creaba una angustia terrible no saber si volvería a verlo.

Su mensaje nunca llegó y me dormí, una vez más, sola, triste y decepcionada, mirando el teléfono despechada. Entré en Instagram para no sentirme sola. Subí una foto para ver si con ella llamaba su atención, pero nada.

Al día siguiente me desperté confundida, como si la velada con Pablo no hubiera sido real. Se me olvidó por unos momentos que Pablo había vuelto a aparecer en mi vida, con todo lo que eso significaba para mí. Encontré en el suelo un par de sobres que el cartero había pasado por debajo de la puerta. Facturas, publicidad y dos invitaciones, una de ellas para el evento de Hermès para el que Pablo había hecho la decoración. No me apetecía nada ir, él no me lo había propuesto. Llamé a la asistente de MOMENT.

—¿Tengo que ir obligatoriamente? —le pregunté.

—Sí, hemos acordado dos publicaciones y el *photocall.*

—Buf —dije, y colgué.

Me daba pereza ir, pero luego pensé que era la excusa perfecta para verlo una última vez y, por lo menos, mostrarle mi indignación.

Pasó la tarde y el tema cada vez se me hacía más cuesta arriba. Y no pude aguantar más: la invitación me sirvió de excusa para escribirle. De modo que me comí mi orgullo y le mandé un mensaje.

Hablamos un rato por WhatsApp. Él, simpático, como si fuera normal que no hubiéramos sabido nada el uno del otro el día anterior, como si fuera normal que nos hubiéramos acostado y luego no hubiera tenido noticias. Me dijo que al día siguiente estaría muy liado con los preparativos, pero que podíamos vernos directamente allí. «Qué fastidio», pensé. Quería verlo antes como fuera. Sabía que se iba el viernes, así que no quedaría tiempo para nosotros. Tiempo de calidad, me refiero. Odiaba verlo en esos ambientes, ese no era el lugar: además, eso no haría más que confirmar que yo seguía interpretando a ese personaje que él había terminado odiando tanto. Pero no me quedaba otra: si quería verlo, tenía que ser allí.

Pasé dos días devastadores. Piluca se ofreció a acompañarme a la fiesta y vino a cambiarse a casa, como hacía yo con Coco, solo que ahora era yo quien tenía miles de prendas para prestar.

—¿Estoy guapa así? —le pregunté nerviosa. Me había recogido el pelo, sabía que a Pablo le gustaba, y también me había pintado los labios. Tenía una noche para conquistar a mi ex.

—Estás ideal. Sobre todo, ve tranquila, que no note que estás enfadada.

—¿Sabes? Últimamente pienso que eso de aparentar que estás bien todo el rato es peor. Estoy cansada de ocultar mis sentimientos, de aparentar siempre que todo va bien.

—Ya, Greta, pero es mejor que te controles. No sois novios. Recuérdalo. Es mejor que te protejas. Y si él está interesado, que se lo trabaje. Déjate conquistar.

—Pero ¡no hay tiempo! Tenemos solamente un día. Una noche, para ser exactos.

—Eso no es verdad. Si él está interesado en ti, buscará la manera de volver a verte.

—Ya. Tienes razón. ¿Por qué crees que soy así, tan impulsiva y tan caprichosa?

—Bueno... Todas lo somos.

Menos mal que tenía a Piluca. Ella era una persona mucho más racional y estable que yo. Pese a ser más pequeña, demostraba ser muy madura emocionalmente. Tenía un novio con el que llevaba saliendo dos años a distancia. Él vivía en Berlín, pero eso no les impedía continuar juntos.

—Yo sería incapaz de tener una relación a distancia —seguimos la conversación en el taxi.

—Qué va. Si es el hombre de tu vida, no te enteras.

—¿Y cómo sabré yo quién es esa persona? —En esos temas ella parecía mayor que yo.

—Aparecerá alguien que te quiera como eres, cuando estés preparada.

—¿Y no crees que yo ya estoy preparada? —Mi tono sonó desesperado—. Tengo ganas de estar con alguien que me quiera. Esa es mi prioridad.

—Yo creo, Greta, que ahora tienes muchos frentes abiertos. Tu vida en Nueva York, tu trabajo, Instagram... No creo que sea tu prioridad. Estás en otro momento. Además, si me permites que te sea del todo sincera, no creo que Pablo sea la persona adecuada para ti. Me refiero a que... Es verdad que él fue un gran amor, que os quisisteis de verdad y que significó mucho para ti en una época, pero creo que en el fondo no estabais enamorados y por eso os pasó lo que os pasó. Por eso pienso que sería un error volver a tener algo con él, más cuando no sabes ni siquiera si él sigue con aquella tía con la que un día te puso los cuernos.

Escuchar la versión en boca de Piluca me hizo entrar en razón.

—Ay, Pilu... Qué horror. Me tocan todos los cabrones de la tierra.

—Yo solo quiero recordarte la historia. Porque sé que

vas a mil y tú misma te haces trampas en el solitario para conseguir tus caprichos.

—¿Y por qué haré eso? —le pregunté a Pilu como si fuera mi psicóloga.

—Supongo que para satisfacer alguna necesidad interna, pero no te engañes. Es importante que recuerdes que Pablo te puso los cuernos. Y que no luchó por ti.

—Mentira, sí luchó por mí. Me llamó mil veces y yo pasé de él.

—Greta, si hubiera querido recuperarte, habría encontrado otra manera. Llamarte desesperadamente la semana después no cuenta.

Pilu estaba siendo muy dura conmigo, pero tenía razón y sabía que esa era la única manera de hacerme reaccionar. Aquel reencuentro con Pablo me estaba confundiendo, estaba haciendo que pasara por alto detalles importantes.

—Gracias, Pilu —le dije al salir del taxi. Y nos dimos un abrazo que me supo a gloria.

—De nada. Sé fuerte. Es por tu bien —concluyó.

Entramos en el evento que tenía lugar en la terraza del Standard Hotel, un hotel muy lujoso del West Village. Llegamos a la puerta y le dimos el nombre al guaperas de turno. Greta Godoy más una. En la entrada se acumulaba la gente para hacerse fotos en uno de los primeros visuales que Pablo habría preparado. El motivo de la fiesta era *sauvage,* salvaje, así que todo estaba decorado con plantas. Pasamos por el *photocall* y nos fotografiaron a las dos juntas y luego por separado. Para Piluca era divertido, porque para ella era una novedad, pero para mí ya era un rollo. Afortunadamente, ya tenía cogida la pose y rápidamente les daba la foto que buscaban. No dejaba de ser una noche de trabajo, aunque en aquella ocasión la línea entre lo personal y lo profesional era más fina de lo habitual.

Subimos hasta la zona donde estaba la pantalla principal en la que se presentaba la nueva colección de accesorios de Hermès. Yo sabía que el artífice de aquella decoración era Pablo. Se notaba que estaba su mano detrás. Qué buen gusto tenía el cabrito. Había colocado sillas de montar a caballo por todo el salón, de las que colgaban unos pañuelos de seda con estampados espectaculares. Lo demás era un poco lo de siempre: música, comida de canapé, gente guapa y conversación fácil.

Nos colocamos en la entrada, yo mirando hacia la puerta para ver aparecer a Pablo.

—Relájate —me dijo Piluca.

—Ya debería estar aquí —contesté. No podía contener mis nervios.

—Bueno, estará a punto de llegar. Tú, sobre todo, estate tranquila. Que no te vea nerviosa.

—Bueno, es que lo estoy, qué quieres que haga.

—Pues relajarte. Respira. Además, estás ideal.

Piluca intentaba calmarme, aunque ese día estaba siendo más difícil de lo normal. Yo daba gracias a Dios por poder estar compartiendo aquel momento con ella. Si hubiera estado sola, el plan habría sido completamente distinto.

Pasaron un par de horas y Pablo no aparecía. Yo estaba empezando a cansarme de la fiesta. Miré el reloj una vez más.

—¿Tú por qué crees que no ha venido todavía? —le pregunté.

—Seguro que está al caer. Deja de pensarlo. Además, nos vamos a ir dentro de poco.

—De ninguna manera, yo no me muevo de aquí hasta que aparezca —dije desesperada.

Nos pusimos a hablar con no sé quién. A mí solo me importaba verlo a él. Miraba el reloj y nada. La puerta, y nada. El móvil, y nada. Entré en Instagram. Buf, qué pereza, era peor aún. Cerré Instagram. WhatsApp, nada. Abrí nuestra conversación para ver si estaba en línea. Y sí, estaba en línea.

—Está en línea —le dije a Piluca interrumpiendo la conversación que tenía con otra chica.

—Perdona un segundo —Piluca se excusó—. Greta, no puede ser, no te puedes poner así. Me estás asustando. Si te quedas más tranquila, escríbele tú con naturalidad.

—¿Tú crees? ¿Y qué le pongo? —le pregunté indecisa. La necesitaba. Yo sola no podía pensar. Me agobiaba saber que podría no volver a verlo. Pablo se iba al día siguiente.

—Ponle: «¿Dónde andas?», como si nada.

—Vale.

Le escribí y él se puso a escribir. Tardaba mucho. Demasiado para un mensaje que requería una respuesta fácil como «De camino». Con esas dos palabras me valía para sobrevivir los próximos minutos.

Su mensaje no tuvo nada que ver:

«Gretita, estoy en el hotel. Llevo todo el día currando y no podía con mi alma. Perdona que no te haya avisado, pero acabo de coger el teléfono ahora mismo. Espero que lo pases bien. Un beso».

—*What the fuck!* —grité—. Será coña, ¿no?

Piluca me miró con cara de susto, anticipando que aquella noticia me iba a hundir.

—Bueno, no significa nada, Greta.

—¿Cómo que no significa nada? Ya no vivimos en la misma ciudad. No es como si pudiéramos vernos cualquier otro día.

—Greta, si tiene que ser, será. No te obsesiones con

quererlo todo ya, ahora y como tú quieres. Él está siendo simpático contigo, no te ha escrito nada borde; de hecho, te ha pedido perdón por no haberte avisado. Eres tú quien se ha creado expectativas y quien se lo está tomando mal.

—¡Me da igual! No me puedo creer que no haya venido. Te lo juro, no me lo puedo creer. Piluca, por favor, vámonos.

—Vale. Deja que me despida.

Al llegar a casa dudé mucho sobre qué debía contestarle. Dudé tanto que no le contesté nada. Preferí esperar a que se me hubiera pasado el cabreo. Era un cabreo absolutamente incontrolable y ridículo, pero no tenía pinta de que fuera a pasárseme, por lo menos aquella noche. Sabía que no tenía derecho a ponerme así. Él no era nada mío y no me había hecho nada malo. Bueno, sí. Yo consideraba que dormir conmigo y luego no escribirme y encima darme plantón era motivo suficiente como para estar enfadada. Pero, bueno, tenía que parecer que no me había afectado, que estaba bien. Ese rol tan absurdo que tenemos que aparentar a veces.

Pablo se marchó de Nueva York sin despedirse. Supuse que su vuelo habría salido porque él me había dicho que salía la mañana del viernes. Con él se fueron mis ganas de volver a verlo, de recuperar nuestro amor, de retomar nuestra historia, una historia que había terminado por un motivo evidente.

Llegados a ese punto, pensé que Pablo ya no pintaba nada en mi nueva realidad, que tenía que pasar página de una vez por todas, tenía que aprender a estar sola y dejar de solapar historias tóxicas. Aquella tarde, sabiendo que Pablo ya había abandonado la ciudad, decidí que lo olvidaría. Que lo olvidaría para siempre.

28

Llegó el fin de semana. Mi hermana Carlota venía a visitarnos a Nueva York en el puente de Halloween. Se quedaba a dormir en mi piso, así que le preparé el cuarto con todo mi amor para que se sintiera como en casa. Fui a comprar unas flores, puse mis mejores sábanas y le dejé el hueco correspondiente en el armario.

Carlota aterrizó, cogió un taxi que la dejó en mi portal, llamó al telefonillo y le abrí inmediatamente. En cuanto entró, tiró su bolso al suelo y nos dimos el abrazo merecido. «¡Ya estás aquí!», grité emocionada. Me moría de la ilusión cada vez que alguien me hacía una visita, en especial mi familia.

Carlota venía cansada. Parecía no haber dormido durante días. En cuanto nos separamos, me dijo que quería sentarse, que tenía que darme una noticia importante. Tenía la cara pálida y las manos frías. Me asusté.

—¿Qué pasa, Carlota? —pregunté angustiada.

—Ven, siéntate aquí conmigo —contestó. Y se echó a llorar.

Yo me arrodillé delante de ella y le cogí las manos para darle calor, pero eso no pareció consolarla.

—¿Por qué lloras? ¿Qué ha pasado?

Carlota se secó las lágrimas con la manga del jersey y esperó a recuperar la respiración para explicarse.

—Te tengo que contar una cosa…

—¿Qué ha pasado? Me estás asustando.

—Estoy embarazada, Greta —soltó entre sollozos.

—¿Qué? —Me llevé las manos a la cabeza.

—¡Por favor, no te pongas así. Por favor, no te enfades conmigo. Por favor, no se lo digas a papá y mamá! —dijo de carrerilla.

—No te preocupes. No te preocupes —dije intentando digerir la noticia—. Pero ¿de quién?

—De Nico.

—¿Nico? ¿El de Santander?

—Sí.

—¿El surfero?

—Sí.

—¿El hijo de los Sendagorta?

—¡Sí, joder, Greta! Ese Nico.

—Ay, Dios mío… ¿Y desde cuándo lo sabes?

—Me hice el test hace diez días y desde entonces no he podido pegar ojo.

—¿Te hiciste otro para confirmarlo? A veces fallan.

—Sí, me hice dos, por si acaso. Uno en el baño de la universidad y otro en casa. Estoy embarazada, Greta, no hay duda.

—¿De cuánto tiempo?

—De tres meses.

De repente me vino a la cabeza la noche de la fiesta en la playa de Santander, cuando les pregunté a las amigas de Carlota si la habían visto y me dijeron que se había ido con Nico. Me culpé por haberla dejado sola. Ella me confirmó que había sido esa noche. Qué mala suerte.

—¿Y qué pasó? ¿No utilizasteis preservativo?

—No, hicimos la marcha atrás.

—¿Cómo?

—Todas mis amigas lo hacen, es supernormal.

—No, Carlota, no es normal. —Me puse seria—. Luego pasan cosas como esta. Y además, ya no es solamente por quedarte embarazada, es por la de enfermedades que os podéis transmitir. ¡Ay, Dios mío! —volví a repetir.

No quería parecer demasiado afectada para no acrecentar su angustia, pero realmente me parecía un drama que mi hermana pequeña fuera a tener un hijo a los veinte años de un chico al que apenas conocía.

—Tranquila —la abracé—. Tranquila, que todo va a salir bien. ¿Vale?

—Tengo miedo, Greta.

—Cuéntame, ¿se lo has dicho ya a él?

—No. Desde que volvimos de Santander no he vuelto a saber nada de él. No sé qué hacer. No sé cómo decírselo.

—Creo que lo primero que tendrías que hacer es hablarlo con mamá y con papá. Y luego decírselo a él.

—¿Tú crees? No me atrevo a decírselo a él. ¡Me va a odiar!

—¿Cómo que te va a odiar?

—Le he arruinado la vida. A él y a mí misma. Es lo peor que me podía haber pasado.

Continuó llorando y diciendo cosas sin sentido. Le daba miedo afrontar su nueva realidad. A mí a veces me chocaba que ella y Piluca fueran las mejores amigas, pues esta, en comparación con mi hermana, era muy madura.

—Tú no le has arruinado la vida a nadie —le contesté, y volví a abrazarla.

—¿Tú sabes la vergüenza que me da aparecer en la universidad con un bombo? Todo el mundo me va a señalar. Van a pensar que soy una fresca. Y encima, me pierdo el viaje a Cancún con mis amigas…

—Carlota, eso son tonterías, centrémonos en lo importante.

—Pues a lo mejor son tonterías para ti, pero para mí no lo son. Llevo todo el año hablando con mis amigas de ese viaje al que ahora no voy a poder ir.

Carlota se levantó la camiseta para enseñarme su tripa.

—Mira.

Tenía muy poca, pero algo se le notaba. Sobre todo porque ella tenía la barriga muy plana, como las niñas de su edad; ahora esa pequeña curva hacía evidente su embarazo.

Sonó el timbre. Era Piluca.

—¿Se lo vas a contar a Piluca? —pregunté.

—Pilu ya lo sabe. Se lo conté por teléfono. Fue ella la que me aconsejó que viniera para hablarlo contigo en persona. Sabía que tú me ayudarías a buscar una solución.

—Bueno… Tú no te preocupes, que estos días vamos a trazar perfectamente el plan y todo va a salir bien.

Esa noche cenamos las tres en casa y el tema giró en torno a la nueva noticia que a todas nos había cogido por sorpresa. Analizamos la situación desde todos los ángulos posibles. Yo sabía que a mis padres les iba a dar un infarto cuando se enteraran.

Carlota no estaba preparada para ser madre. No lo decía porque fuera mi hermana pequeña, es que en mi opinión Carlota era bastante inmadura para su edad. Dependía de mis padres para casi todo y le costaba mucho tomar sus propias decisiones. Todavía no había tenido ninguna responsabilidad importante más allá de algún examen, así que esto, sin duda, se le quedaba grande. Pero quería seguir adelante y teníamos que apoyarla.

En los días siguientes traté de tranquilizarla y de hacer vida normal: fuimos a visitar Central Park, la llevé de compras por Brooklyn, recorrimos las calles llenas de luces de Times Square. Subimos al mirador del Rockefeller Center, fuimos a ver el Radio City Music Hall y la tienda de Apple y nos comimos una hamburguesa en el Shake Shack.

El sábado teníamos una fiesta de Halloween en casa de unos amigos mexicanos que vivían en el Upper East Side. Le pregunté si quería ir y me dijo que no quería que cambiáramos los planes por ella, así que fuimos las tres.

Llegó el día y anduvimos de tienda en tienda por la Quinta Avenida buscando disfraz. Como siempre, lo habíamos dejado para última hora. Terminamos comprando pinturas y decidiendo que iríamos las tres con una bléiser negra y una camisa blanca debajo, como la novia de la muerte. Pusimos un vídeo tutorial en YouTube y Piluca, que le encantaba maquillar, nos pintó a las dos.

La fiesta era en un lujosísimo ático con vistas a Central Park decorado con cuadros de artistas sudamericanos emergentes. El dueño de la casa, un tal Jorge Keller, era hijo de una de las familias más adineradas de México. Aquel era su piso de soltero, el piso que le habían dejado sus padres para que organizara fiestas con sus amigos.

Aparecimos en la fiesta con una botella de vodka, otra de soda y unos cigarrillos Marlboro Light. Dejamos los abrigos en el sofá de la entrada donde nos recibió Jorge, muy educado.

—Qué casa tan bonita —dijimos nosotras casi a la vez.

—Las acompaño a la cocina. No hacía falta que trajeran nada —dijo él amablemente, y nos puso unas copas.

Carlota no podía beber, así que se sirvió una tónica con limón.

Pasamos al salón de la casa. Nos movíamos sin separarnos, como si tuviéramos un imán. Localizamos un hueco libre en uno de los sofás.

—¿Estás bien, Carlota?

—Sí, estoy bien. No hace falta que me lo preguntéis todo el rato.

Se produjo un silencio y le dimos un trago a la copa.

—¡Hola! —apareció un chico alto vestido de momia—. ¿Puedo sentarme aquí? —dijo señalando el asiento al lado de Carlota.

Carlota se movió para hacerle sitio.

—¿Cómo te llamas? —le preguntó él.

—Carlota, y estas son mi hermana Greta y mi mejor amiga, Piluca.

—Encantado —dijo, aunque estaba claro que no tenía ningún interés en nosotras. Se dirigió de nuevo a Carlota—. ¿Te apetece bailar?

—No, gracias —respondió, y le dio la espalda. Carlota tenía mucha gracia a la hora de quitarse a los moscones de encima.

Al poco, me dio un codazo y me susurró:

—No me lo puedo creer. Está Martín.

Pilu y yo nos giramos descaradamente hacia la puerta y vimos a un chico disfrazado de Indiana Jones. Aluciné. Ciertamente, era uno de los mejores amigos de Nico, uno de aquellos chicos que había visto aquella noche en la playa.

—Estoy flipando. ¿Qué hace aquí Martín? No sabía que vivía en Nueva York —dijo Carlota.

—A lo mejor está de visita como tú —dijo Pilu.

—Sí, puede ser.

Martín y sus amigos fueron hacia la cocina y luego a la terraza a fumar. En un momento dado, decidimos salir también nosotras y coincidimos inevitablemente con él.

—Hola, eh —le dijo Martín a Carlota—. Dos besos.

—Hola, Martín —contestó ella nerviosa.

—¿Qué haces aquí? ¿Vives en Nueva York? —preguntó él.

—No, he venido a visitar a mi hermana. ¿Os conocéis? Es Greta.

Nos saludamos con dos besos, pero él desvió de nuevo la conversación hacia Carlota, que esa noche parecía ser, a su pesar, el centro de atención.

—¿Fumas?

—No, gracias.

—Tampoco bebes nada, por lo que veo.

—No, tampoco.

—¿Y eso por qué?

—Simplemente no me apetece —zanjó Carlota molesta.

Nos separamos de él y nos metimos en la cocina.

—Qué pesada es la gente —dijo Carlota, que estaba ultrasensible—. Martín me ha preguntado por qué no bebo.

—Bueno, es una pregunta normal —quiso tranquilizarla Piluca—. ¿Y qué le has contestado?

—Pues que no me apetecía. No le iba a decir que estoy embarazada de su mejor amigo.

—¡Ay, madre! No me extraña que haya sido corta la conversación —añadió Pilu con ironía—. ¿Habéis comentado algo de Nico?

—No, menos mal que no me ha preguntado nada. No podía dejar de pensar en él mientras me hablaba. Qué horror. Tengo que decírselo ya, antes de que se me empiece a notar la tripa.

En el salón la gente bailaba. Los mexicanos habían sacado sus botellas de tequila. En cuanto vi los chupitos rodar, supe que era mi perdición.

—¿Chupito? —nos propuso un amigo de Jorge.

—Venga —contesté. Y me lo bebí de un trago.

Al rato empecé a verlo todo borroso. La salsa y el reguetón cada vez sonaban más alto. Los españoles se hicieron con la música y estuvimos bailando a ritmo de Juan Luis Guerra hasta casi entrada la madrugada. Lo último que recuerdo de aquella noche es la frase de mi hermana Carlota que me pedía mi teléfono: «Déjame tu móvil, que voy a pedir un taxi para las tres».

A la mañana siguiente, domingo, Carlota y yo quedamos de nuevo con Pilu para tomar un *brunch* y comentar la noche. Nada más sentarnos pedimos una jarra de agua.

—Qué dolor de cabeza —dijo Pilu.

—Buf… Ni te cuento —dije yo. Le ofrecí un ibuprofeno—. ¿Quieres?

—Ay, gracias.

Estábamos hechas una mierda. Carlota nos miraba con una cara extraña, entre la pena y la nostalgia. Sabía que pronto las cosas iban a cambiar para ella.

Esa tarde Carlota regresaba a Madrid. Su visita se nos había hecho corta. Nos despedimos de ella con pena. Habían sido unos días muy bonitos juntas y la iba a echar de menos.

—Ojalá vivieras aquí —le dijimos.

—Me lo he pasado fenomenal. Me ha venido bien estar con vosotras para desconectar.

Nos dimos un abrazo y la ayudé con la maleta.

—Dentro de poco estaré en Madrid contigo, ¿vale?
—¿Cuándo volverás?
—No lo sé. Seguramente en Navidad.
—¿Para quedarte? —preguntó ilusionada.
—No lo sé. Por ahora estoy bien aquí.
Nos dimos otro abrazo.
—Te quiero mucho.
—Y yo a ti. Que tengas un buen viaje.

29

Al día siguiente era lunes. Me duché, me vestí y bajé a la calle para coger mi bici e ir a ver a Mónica a la tienda. Faltaba poco para que cerraran.

La echaba de menos, a ella y a Randy. Con la visita de mi hermana, hacía tiempo que no pasaba por allí. De camino, paré a comprar un café y algunas revistas.

Todo lo que hacía, hasta el más pequeño detalle, lo iba retransmitiendo en mis historias de Instagram. Ahora estas eran más divertidas que las fotos normales. Me recordaban a Snapchat, otra aplicación que usaba a menudo. Como eran efímeras, la gente las utilizaba más, subía mucho más contenido. Además, habían incluido nuevos filtros y emoticonos que conseguían hacer que tu vida pareciera más divertida. Instagram se posicionaba así como la red social más popular, rozando los quinientos millones de usuarios a finales del 2016.

Cuando llegué a la tienda, Mónica me comentó que habían llegado los zapatos que había encargado aquel fotógrafo alto con pinta de artista.

—Lo he avisado por correo de que han llegado y me ha dicho que pasará a recogerlos a lo largo del día.

Interesante novedad. Pensé que me gustaría estar en la tienda para volver a verlo.

—Salgo a por un café. ¿Me guardas la tienda un segundito? —dijo Mónica.

—Vale —respondí yo voluntariosa.

Me coloqué detrás del mostrador con mi ordenador. Me puse a revisar mensajes y a colocar las fotos de Instagram. De pronto, sonó el timbre de la tienda. ¡Era él!

—*Hi* —saludó con una sonrisa reluciente.

—*Hello!* —le devolví la sonrisa y fui a buscar sus zapatos al almacén.

Él los cogió cuidadoso con sus manos largas.

Se sentó en el sofá para probárselos, esta vez con mucha más calma que aquel día que había salido escopeteado.

—¿Qué te parecen?

—¡Me encantan! Te quedan muy bien. —Me gustó que me pidiera mi opinión.

—OK, me los llevo —resolvió él.

Se acercó al mostrador para pagar y yo cerré mi ordenador para atenderlo. Era la primera vez que tenía que utilizar el datáfono, pero supuse que sería sencillo. Lo encendí… y nada. No funcionaba.

—Perdona, tengo que esperar a que llegue mi compañera. O… si tienes prisa, te los podemos enviar a casa. Puedes apuntar aquí la direc…

—No te preocupes. No tengo prisa —me interrumpió—. ¿Te han dejado sola al mando de la tienda?

—Sí, y el datáfono parece que la ha tomado conmigo.

—¿Por qué no pruebas a darle a este botón?

Tocó uno de los botones y el aparato funcionó.

—Vaya… ¡Qué tonta! ¡Pues ahora sí! —Aquel cacharro me había hecho quedar fatal.

—Tienes que darle primero a este botón dos veces —me explicó él.

—¡Gracias! Son… ciento setenta y nueve dólares.

—Toma —sacó la tarjeta de su billetero de cuero negro.

Terminó de marcar los números y se quedó en silencio observándome, como con ganas de decirme algo. Yo le sonreí porque no sabía muy bien a qué venía esa cara.

—Me preguntaba si…, después de hacer las paces con el datáfono…, te apetecería comer conmigo por aquí cerca.

—¿Hoy? —le pregunté nerviosa mientras tiraba del papelito.

—Sí, si no tienes planes, claro.

—Vale —contesté.

—Voy a estar aquí al lado, en The Butcher's Daughter. Tengo que hacer fotos del local, así que puedes venir cuando quieras.

—Vale. Te veo allí entonces —añadí.

—Perfecto.

Salió de la zapatería y yo fui corriendo al baño para retocarme. The Butcher's Daughter era, precisamente, la cafetería donde yo compraba mi café muchas mañanas. Me extrañaba no habérmelo encontrado nunca.

En cuanto volvió Mónica le conté que aquel chico alto y atractivo me había propuesto quedar. Mónica se alegró por mí y me animó a ir con él.

—Date una alegría —concluyó.

Me dirigí hacia Butcher's. Él estaba sentado en uno de los bancos de madera que había en la terraza con su abrigo azul marino. Era el mismo que llevaba el día que lo había conocido, lo cual me ayudó a identificarlo. Debajo, un jersey de cuello vuelto gris oscuro, tan alto que casi le cubría la nariz, y unos guantes negros. Solo se le veían los ojos, unos ojos color miel muy bonitos.

—Qué frío hace —dije para saludarlo—. ¿Has hecho muchas fotos? —le pregunté.

—Todavía no. Sigo esperando a que pase algo emocionante —me contestó con una sonrisa—. Estaba pensando que no te he preguntado cómo te llamas.

—Mi nombre es Greta Godoy.

—Godoy era un famoso escritor ucraniano —explicó él.

—¿Ah, sí? Quizás era un antepasado mío, y yo sin saberlo —bromeé—. Y tú te llamas Alexander, ¿no?

—Sí, ¿cómo lo sabes?

—Lo ponía en tu tarjeta de crédito.

—Ah, claro, qué tonto. Bueno, Alexander es mi nombre en ucraniano, pero hace siglos que nadie me llama así. Todos me llaman Sasha.

—Vale, ¿prefieres que te llame así entonces?

—Sí, como quieras.

Nos quedamos callados.

—¿Te apetece un café mientras miramos algo de comer? —me propuso.

—Sí, fenomenal. —Era el tercero del día, pero no sé por qué en esa ciudad necesitaba triple de cafeína.

—¿Y qué es lo que te trajo hasta aquí, Sasha? —dije mientras esperábamos que nos atendieran.

—Quería ser fotógrafo. Desde muy pequeño soñaba con la idea de que algún día vendría a Nueva York a vivir y de que trabajaría para una gran revista. Lo segundo todavía no ha pasado…, pero lo primero, sí.

—¿Qué tipo de fotos haces?

—Sobre todo me gusta hacer fotografías de gente en la calle.

—¡Vaya! Yo trabajaba hasta hace poco en un blog que se llama *The Society*. No sé si lo conoces.

—¡Claro que lo conozco! ¡Cómo no lo voy a conocer! Pierre Delacroix es una de mis grandes referencias.

—Ay..., Pierre... Cómo lo echo de menos. Yo fui su asistente durante un tiempo.

—¿En serio? —preguntó Sasha admirado—. Así que ¿tú también eres fotógrafa?

—Sí, me gusta mucho la fotografía.

—¿Y dónde puedo ver tus fotos?

—En Instagram. Aunque la historia de mi Instagram es un poco compleja...

Sasha tomó su móvil y me buscó.

—¿Eres esta @GretaGodoy?

—Sí, esa misma.

—¡Pero qué barbaridad! ¡Tienes dos millones de seguidores! —exclamó.

—Ya..., bueno..., es que... —No sabía muy bien cómo resumirle la historia.

—Me parece increíble que hayas conseguido tener tantos seguidores. Yo nunca he tenido Instagram. No sé ni cómo se utiliza. Además, soy muy poco constante. Si me abriera una cuenta, pondría una foto cada mil años.

Sasha no pareció asustarse al enterarse de que tenía tantos seguidores, no como otros chicos, que enseguida se sentían intimidados, como si fueran a hacerse famosos por estar tomando un café conmigo.

Me preguntó con interés sobre mi profesión. Escuchaba con atención, sin juzgarme, sin hacerme sentir mal, sino todo lo contrario. Admiraba que lo hubiera conseguido todo yo solita. Su confianza me hizo recuperar fuerzas y pensar que algo de mérito tenía.

Nos sonreímos.

Me propuso dar una vuelta. Yo cogí mi bici, y él, su monopatín.

Lo seguí calle abajo hasta un pequeño parque precioso situado cerca de mi casa: Elizabeth Park. Nos sentamos en el césped y seguimos charlando. Se me hacía raro pensar que unas horas antes apenas conocía a esa persona. Terminé compartiendo algunas de mis preocupaciones con él e incluso le hablé de mi infancia. Nos quedamos solos en aquel parque, tumbados hablando de la vida.

Sasha apoyó su cabeza en una pequeña mochila que llevaba de la que asomó un cuaderno.

—¿Qué escribes en ese cuaderno?

—Tonterías —dijo pretendiendo guardarlo.

Yo vi que era un cuaderno demasiado bonito como para no escribir algo especial en él.

—¿Me dejas verlo? —pregunté indiscreta.

—Claro.

—Me encanta. ¿Dónde lo has comprado?

—En una papelería del Soho.

—Qué intriga. Quiero saber qué hay dentro.

—Es mi cuaderno de clase.

—Ah, ¿estás estudiando una carrera? —Desde luego, Sasha era una caja de sorpresas.

—No, voy a un curso de escritura. De poesía moderna.

—¿Ah, sí? ¿O sea que eres un poeta?

—Por ahora no. Soy un simple aprendiz, pero me divierte.

Me pareció original que un chico se interesara por la poesía. Eso me decía que era alguien con una sensibilidad especial.

—¿Puedo leer alguna poesía que hayas escrito recientemente?

—Me da vergüenza.

—¿Por qué? ¡Por favor! No sabes cómo admiro a la gente que escribe. Yo siempre he querido ser escritora, pero lo único que escribo es un diario, todos los días, eso sí.

—Pues ya es algo.

—Bueno, no nos desviemos del tema. ¿Me lees, por favor? —Puse cara de pena.

—Prefiero que lo leas tú. Toma.

Sasha me pasó el cuaderno y yo escogí una página al azar.

He soñado y aún sueño
atrapar en mis manos el viento,
retener en su cuenco
las arenas del mar y el desierto.
Retenerte en mi voz con un beso.
He soñado y aún sueño
con un mundo perfecto.
Utopías que tejo,
al voltear la mirada contemplo
como cada mañana anochece,
otro día sin ti.
Imperfecto.

—Impresionante. ¿Es tuya?

—No, nos la han enseñado en clase.

—Es preciosa igualmente.

Nos quedamos pensativos. Su creatividad activó la mía.

—Qué suerte. Cuéntame, entonces… ¿De qué tratan tus clases?

—Pues nos proponen ejercicios y también nos obligan a llevar lecturas preparadas. Eso es lo que más me enriquece.

—¿Y qué tipo de libros leéis?

—De todo un poco. Por ejemplo, esta semana nos han recomendado a Foster Wallace.

—Me encanta ese autor. Me gusta porque narra historias muy duras, desgarradas.

—Oye, pues si te gusta escribir, ¿por qué no te animas y te vienes conmigo un día?

—Me encantaría —dije con ilusión de comenzar cuanto antes.

Caía la tarde y los árboles empezaban a moverse advirtiendo que dentro de poco empezaría a refrescar.

—¿Tienes frío?

—Un poco.

—Toma, ponte mi chaqueta. Creo que están cerrando el parque. Vamos.

Salimos del parque y me acompañó hasta la puerta de mi casa. Nos despedimos con un beso en la mejilla. No sabía cuándo volveríamos a vernos, pero estaba claro que había sido una cita especial para ambos.

Yo aún seguía con el corazón destrozado y no estaba preparada para tener una historia con nadie, pero debía reconocer que aquella tarde con el fotógrafo ucraniano que escribía poesía había sido una ráfaga de aire puro.

Me di un baño de agua caliente, había cogido un poco de frío. Relajada en la bañera me vinieron a la cabeza algunas referencias de cosas que habíamos compartido Sasha y yo. También recordé sus labios, sus manos de pianista, su pelo rizado y la delicadeza y ternura con la que se ofreció a acompañarme hasta la puerta de mi casa.

Me costaba dormirme, así que llamé a Carlota. Para ella eran las cinco de la tarde; para mí, las once de la noche.

—¿Cómo ha ido?

—Bien. Bueno… Se lo he contado a mamá. Me ha dicho que se lo diremos las dos juntas a papá.

—¿Y cómo ha reaccionado ella?

—Mejor de lo que me esperaba. Me ha dicho que no me iba a faltar de nada. Todavía no me puedo creer lo que me está pasando... Encima, como no tengo vómitos ni nada por el estilo, es como si no fuera real.

—Tranquila, todo va a salir bien —insistí—. ¿Y Nico? ¿Cuándo se lo vas a decir? Es mejor que se entere por ti que por terceras personas. Ya sabes cómo es mamá de bocazas...

—Ya lo sé. No me lo quito de la cabeza, pero no sé cómo contárselo... ¿Cómo se lo dirías tú?

Carlota estaba aterrorizada de pensar que Nico pudiera rechazarla.

—Yo le mandaría un mensaje y le diría de quedar, de forma natural. Y cuando estéis juntos, se lo dices. Pero tiene que ser en persona, no se lo cuentes por teléfono.

—Uf... Vale. Un día de estos le escribo, a ver qué me contesta. Espero que no me dé largas.

—Tranquila, ve contándome. Él tiene derecho a saberlo cuanto antes. Luego, según cómo reaccione, ya veremos qué hacemos.

—Vale, gracias, gordi. ¿Qué tal tú?

—Bien, hoy he conocido a alguien especial. Alguien que me ha devuelto la ilusión.

30

Al día siguiente, volví a la tienda superinspirada y con ganas de contarle a Mónica lo del chico ucraniano. Justo cuando estaba explicándole la parte más emocionante, la de que era un chico sensible que escribía poesía, sonó el timbre de la tienda. Era él, vestido con aquel abrigo gigante y unas converse que le hacían un pie inmenso. Pero daba igual. Sasha era tan estiloso que cualquier cosa le quedaba bien.

—¡Hola! —dijo amable—. Os he traído un par de cafés.

—¡Qué detalle! —contestó Mónica, que salió enseguida a recibirlo—. ¡Pasa! No te quedes ahí. Tenemos palmeras de chocolate que nos trajo Randy, estamos de celebración. ¿Te apetecen? —Supe que con aquel detalle se había ganado a Mónica para siempre.

—Venga, voy a probarlas, gracias —dijo Sasha, y cogió una—. ¿Qué celebráis?

—Que hemos llegado a los diez mil seguidores en Instagram gracias a la ayuda de Greta.

—¡Enhorabuena! —exclamó él, y me sonrió.

Sasha se sentó en el sofá dispuesto a quedarse un rato. Me gustaba esa naturalidad con la que actuaba. Parecía estar cómodo en cualquier circunstancia. Mónica decidió amadrinarlo desde ese mismo momento.

—¿Hiciste buenas fotos ayer, Sasha? —le preguntó como si fuera su madre. Yo la miré con cara de alerta, con miedo a que soltara algo de lo que yo le había contado.

—No muchas desde que apareció Greta. Me distraje y ya no volví a sacar la cámara —dijo mitad en broma, mitad en serio—. Volveré hoy al restaurante. —Se notaba que tenía una vida relajada, se tomaba todo con muchísima calma.

—Me han dicho que eres muy buen fotógrafo.

—No es que sea un buen fotógrafo —intervine—, ¡es un superfotógrafo! —apunté orgullosa de su trabajo—. Ya verás, entra en su web... ¡Sus fotos son una pasada! Sasha, ¡tendrías que publicar un libro con ellas!

—¡Qué exagerada! No es para tanto.

Mónica se situó ante el ordenador para ver las fotos y Sasha no tardó en dirigirse a mí para hacerme la pregunta que lo había traído hasta la tienda.

—¿Tienes planes luego, Greta? —me dijo mirándome fijamente a los ojos.

Mónica disimuló diciendo que tenía que guardar unos zapatos en el almacén para dejarnos a solas.

—En principio, no —contesté.

—Me gustaría llevarte a un sitio esta tarde. ¿Te viene bien que pase a recogerte por tu casa sobre las cinco? —Hacía mucho que no me proponían un plan de una forma tan romántica.

—Perfecto —dije contenta.

—Te va a encantar el sitio. Tráete la cámara. Vas a disfrutar haciendo fotos.

—Ay, qué nervios —añadí. Echaba de menos tener un compañero creativo al que le gustara hacer los mismos planes que a mí.

Sasha vino a buscarme a casa puntual.

—¿Crees que debería coger mi bufanda? —le pregunté.

—Sí, mejor. Donde vamos hace bastante viento.

Subí los escalones de tres en tres y, al bajar, cogimos de nuevo yo la bici y él el monopatín, y nos dirigimos al sur de la ciudad.

Yo iba detrás de Sasha, maravillada, tratando de adivinar a dónde me llevaría. Él se movía sin mapas, parecía conocer cada calle de Nueva York. Doblaba con agilidad cada esquina y yo le seguía al ritmo que podía. No intercambiamos más que unas pocas palabras en todo el camino para comprobar que todo iba bien.

Aparcamos la bici en una barandilla y fuimos caminando por el muelle del río Hudson. Había barcos de todos los tamaños.

—Espera aquí —me pidió mientras entraba en una oficina del puerto.

Yo lo esperé con una sonrisa tonta, empezando a entender el plan. El sol desaparecía a la vez que mi corazón se abría de nuevo, como una flor de esas que se abren cuidadosamente en primavera.

—¿Señorita? —Sasha, con su humor refinado e inteligente, me ofreció su mano para ayudarme a subir a uno de los barcos que había en el muelle. Era un barco de paseo, descubierto. Tenía dos pisos y casi todos los asientos estaban vacíos. Había alguna pareja que, como nosotros, disfrutaba de aquel atardecer lleno de magia por el río Hudson.

Empezó a sonar una fuerte sirena que indicaba que el barco partía hacia Staten Island. Según avanzábamos, empecé a sentir la brisa del océano en la cara. Mi pelo flotaba con el viento. El cielo se teñía de un color púrpura dando paso a la noche. Pasamos al lado de la Estatua de la Libertad, qué bonita era de cerca. La estatua recibía a todos los inmigrantes y era símbolo de libertad y emancipación. La quise por la manera en la que la estaba conociendo.

Sasha sacó la cámara y me hizo una foto con ella de fondo. Yo sonreí con timidez. No estaba acostumbrada a que él me hiciera fotos. Yo también saqué mi móvil para grabar aquel momento para mis historias de Instagram, pero entonces él me cogió por detrás y me quitó el teléfono de la mano con naturalidad para abrazarme. Como era mucho más alto que yo, me sentí protegida y querida envuelta en sus brazos. En ese momento, no me hizo falta nada más para ser extremadamente feliz y sentirme afortunada.

Al volver, contentos, fuimos a por la bici para regresar a casa juntos.

—No sé dónde he dejado la llave del candado —dije confundida.

—Mira bien en tus bolsillos.

Rebusqué en mi bolso y en los bolsillos de mi pantalón. Sasha dejó su mochila para ayudarme y se agachó para ver si podía estar alrededor de la bici. En ese momento yo me agaché también y él, sin querer, me dio un codazo en los dientes.

—¡Perdona! ¡Perdona! ¿Estás bien? —dijo tímido.

— ¡Ay! Sí —contesté todavía dolorida.

—*Sorry, sorry, sorry* —añadió, y empezó a darme besos en la boca con tal ternura que se me olvidó que nos estábamos besando, con todo lo que eso significaba.

Desde aquella cita con Sasha en el barco, nos vimos prácticamente todos los días. Sasha venía a buscarme cada tarde a la tienda o a mi casa. Todo lo que hacíamos lo hacíamos juntos. Nos acompañábamos a los recados. Un día cargábamos sus marcos de fotos en la bici, al día siguiente íbamos a una librería a pasar la tarde. Disfrutábamos de la ciudad sin ataduras de tiempo; elegíamos rutas improvisadas y eso nos hacía más libres. Los dos éramos flexibles y teníamos paciencia el uno con el otro.

Sasha vivía una vida de artista, con lo justo, pero se apañaba bien. Al llevar tantos años en Nueva York, se la conocía muy bien. Nueva York era una ciudad dura que te obligaba a poner en juego tus mejores capacidades para poder sobrevivir, y Sasha, en materia de supervivencia, era un experto.

Nuestros planes eran muy variados. Íbamos a revelar fotografías, a tiendas de segunda mano, a ver películas en cines clandestinos, a pizzerías baratas. A los dos nos encantaba coleccionar cuadernos, así que empezamos uno con nuestras fotografías. Nos tomábamos cafés en todas las esquinas. Él me llevaba a sitios que no constan en las guías turísticas, lugares que él mismo había descubierto después de haberse pateado la ciudad. Yo, a veces, también le pedía que me acompañara a algunos eventos de trabajo. Sasha venía sin rechistar; a diferencia de Pablo y de Simon, Sasha siempre estaba disponible. Con tal de estar juntos, estábamos bien donde fuera.

Siempre había pensado que cada historia de amor era una oportunidad nueva para convertirse en la mejor versión de uno mismo. Con él, yo era todo lo que siempre había querido ser. Sasha sacaba mi faceta más creativa, más generosa, más atenta...

Gracias a Sasha, comencé a cambiar ciertos hábitos, a plantearme las cosas de otra manera. Empecé a comer sano, a hacer ejercicio, a dejar el teléfono fuera de la habitación al irme a dormir, a interesarme por los libros, por el cine y por muchas otras cosas que me inspiraban fuera de Instagram, que me empezó a resultar aburrido y repetitivo.

Gradualmente, dejé de ir a eventos por las tardes. En su lugar, me apunté a la academia de escritura de Sasha, una academia pequeña y acogedora. Allí aprendí las primeras nociones sobre cómo escribir una novela. Éramos ocho personas en clase y el profesor era un antiguo alumno de Stanford que había publicado una docena de libros. Fue él quien me recomendó que escribiera mi primera historia basada en una experiencia personal. Yo pensé que tenía muchas para poder elegir. Cada semana teníamos que llevar escritos para leer en alto delante de toda la clase. A mí me gustaba escribir historias de amor, así que pronto me postulé como la novelista romántica del grupo. Gracias a aquel curso, descubrí que sentía una gran pasión por la escritura y fui planteándome la idea de convertirme en escritora.

Cerca de la academia de escritura había un centro de meditación que Sasha frecuentaba. Le gustaba hacer vida de barrio e ir a todos lados andando. En aquel pequeño centro aprendí a meditar, a estar concentrada y a desconectar de las preocupaciones del día a día. Aquel no era, precisamente, un espacio lujoso ni fotogénico, pero eso era justo todo lo que necesitaba para no distraerme, para aprender a dominar el arte de la atención plena. En aquellas aulas fui feliz. Sentada en la esterilla, con la espalda recta y la mente en blanco, trataba de concentrarme únicamente en mi respiración. Inhalaba y exhalaba. Inhalaba y exhalaba. Y todo mi cuerpo y mi mente se relajaban.

Mi vida fue cambiando poco a poco. Ya no quería seguir siendo la Greta de los miles de seguidores, preocupada por mantener el éxito constantemente. Quería vivir una vida más tranquila y recuperar mi tiempo conmigo misma, dejar de vivir para contar lo que vivía y empezar a vivirlo para mí.

Además, ahora tenía nuevas motivaciones, nuevas ilusiones, nuevas aficiones que requerían tiempo y dedicación. Tiempo que fui quitándole a estar en Instagram tratando de hacer que mi vida les gustara a todos. Me di cuenta de que, cada vez que cerraba la aplicación, me encontraba peor cuerpo que cuando había entrado. Instagram se había convertido para mí en un nido de comparaciones y frustraciones, de gente aparentando lo mismo. Vidas cliché.

La distancia que había entre mis dos realidades, entre la persona real y el personaje que había creado en mi Instagram, era cada vez mayor. Mi trabajo se había convertido en mi prisión, una prisión disfrazada de lujos, regalos y apariencias que terminaron por convertirme en una persona insegura que ya no sabía quién era.

No recordaba cómo era mi vida «a. I.», antes de Instagram, y eso me preocupaba, así que empecé a plantearme las cosas de un modo diferente. Una duda me acompañó durante mis últimas semanas en Nueva York: ¿sería capaz de vivir sin Instagram?

31

Durante el mes de diciembre un temporal de nieve dejó la ciudad cubierta de blanco. El metro y otros transportes estaban cortados por seguridad. El frío me quitó las ganas de salir de casa y también de hacerme fotos. Aquella tormenta me hizo recordar lo bien que se estaba en España, especialmente en Navidad, uno de mis momentos favoritos del año. Echaba de menos mi casa, Madrid, la Castellana, las comidas caseras, a mis amigos de siempre... Llevaba varias semanas queriendo volver para decidir qué quería hacer, si quería o no seguir con aquella vida tan ajetreada.

La única razón que me impedía regresar a España era Sasha. Me moría de pena por separarme de él. En alguna ocasión habíamos hablado de la posibilidad de que él viniera a vivir a Madrid, pero Sasha no quería abandonar Nueva York, allí tenía su trabajo, su vida y su realidad. Yo tampoco estaba segura de que nuestra historia fuera a tener sentido en Madrid. Por detalles como ese, me daba cuenta de que la historia con Sasha era para mí un amor fugaz y pasajero, aunque no por ello menos importante. Una vez pasada la etapa apasionante de enamoramiento, caí en la realidad. Y la realidad era que Sasha no era el amor de mi vida, no era la persona que yo buscaba para centrarme, para tener hijos y una familia. El tiempo no pasaba en balde y en mi cabeza empezaban a rondar otros anhelos.

Aquella semana había quedado con él para ir a la exposición de un amigo suyo en Brooklyn. Como terminé de arreglarme pronto, lo esperé en el portal de mi casa. Me hice una foto en el espejo con uno de mis nuevos abrigos, uno marrón que me llegaba hasta los tobillos, el único que me protegía de aquel frío que calaba hasta los huesos. También llevaba un gorrito francés de color rojo. Puse morritos y la publiqué.

A los diez minutos, la foto tenía siete mil me gusta. Según mis cálculos, llegaría a tener unos dieciséis mil, como el resto de mis fotos. Me divertía mucho calcular cuántos me gusta alcanzarían mis publicaciones.

Esperé a Sasha sentada, extrañada porque él nunca llegaba tarde. Seguí navegando hasta que, de repente, me llamó la atención una foto y frené en seco. Era una foto que había subido una prima de Pablo a la que yo seguía solamente para saber cosas de él. Hice *zoom* y amplié hasta poder ver a todos los que salían en la foto. Era una foto de familia y por este orden aparecían: el padre de Pablo, la madre de Pablo, la prima de Pablo, el novio de la prima de Pablo, el mismo Pablo y... Marta. La novia de Pablo. ¿Nunca lo llegaron a dejar, entonces? ¿Habían vuelto recientemente? ¿Estarían juntos cuando nos liamos aquella noche fugaz en Nueva York? Miles de preguntas se desataron en mi cabeza.

Seguí analizando la foto, aun sabiendo que aquello podía acabar fatal. En aquel momento, mi curiosidad podía con todo. La foto se titulaba *Family time* y estaba ubicada en Roma. La etiqueta, *#SundaysLikeThis.* Caí en la cuenta de que yo nunca había llegado a hacer un viaje con su familia y, por tanto, seguro que Pablo estaba más enamorado de ella de lo que lo había estado de mí. Aquella conclusión derivó en otras horribles que me arruinaron la tarde. Llegué a dudar de si en algún momento me había querido o si había sido solo un entretenimiento. Sentí unos celos horribles. Estaba claro que todavía no había superado lo de Pablo. Cualquier noticia que tenía de él seguía doliéndome como si estuviéramos juntos.

A los pocos minutos, apareció Sasha y tuve que cambiar la cara para que no notara que aquella foto me había torcido el día.

—¿Cómo estás? —me preguntó él con una sonrisa.

—Bien.

—¿Bien, sin más?

—Sí, sin más. Tampoco superbién. Bien. No estoy ahora para sermoncitos —solté susceptible. Pensé sin motivo que me iba a recriminar algo y me arrepentí inmediatamente del comentario tan absurdo que había hecho. Nunca le había hablado así.

—¿Perdona? —Sasha no entendió aquella respuesta.

—Perdón. No quería decir eso… —añadí.

Pero ya era tarde para intentar solucionarlo. Aquello le había ofendido y lo peor de todo era que no podía justificarme, no podía explicarle que ver una foto de un exnovio me había puesto de ese humor. Así que tuve que aparentar que había tenido un pronto, sin más. Le pedí perdón un par de veces más hasta conseguir calmar el ambiente.

Cogimos las bicis y salimos hacia Brooklyn, él delante y yo detrás, como siempre hacíamos. Yo iba callada. Generalmente, íbamos charlando por el camino, pero aquel día salimos en silencio, sin contarnos cómo nos había ido la jornada. Nos disponíamos a ver la exposición de una fotógrafa amiga de Sasha a la que yo no conocía, pero sinceramente ya estaba cansada de conocer a tanta gente de la que luego no volvía a saber nada.

—¿Por qué vas tan despacio? —me preguntó Sasha. Se notaba que andaba desganada y que tenía la cabeza en las nubes—. Si no quieres ir, no vamos —añadió él en un tono que no me gustó nada.

—Pues mira, si te digo la verdad, preferiría volver a casa. He dormido fatal y no me apetece nada ponerme a saludar a gente a la que ni siquiera conozco.

—¿Qué tontería es esa? No hace falta que saludes a nadie. El plan es estar conmigo, igual que yo voy mil veces contigo. Pero, bueno... Haz lo que quieras —dijo con tono cansado. Desde hacía unas semanas yo ya no era la Greta entusiasmada que él había conocido.

—Sasha, perdóname. No sé qué me pasa. Tengo un día un poco especial... —dije reculando—. ¿Te importa si vuelvo a casa? —dije cuando paramos en pleno puente de Brooklyn.

—¿Debo preocuparme? —preguntó él con cara de disgusto.

—No, en absoluto.

—¿Seguro?

—Seguro.

Sasha se fue solo a la exposición y yo di la vuelta con la bici. No pude evitar sentir un dolor inmenso en mi corazón al separarme de él. Me daba mucha rabia no poder amarlo como él se merecía. Tuve que parar la bici un par de veces porque me sentía débil. Estaba confundida. No me veía preparada para afrontar aquella nueva relación sin haber superado mi historia con Pablo.

Pasé lo que quedaba del día dándole vueltas a aquella

foto. Al llegar a casa, decidí que me prepararía algo sano para cenar, alguna receta de las que me había enseñado Sasha. Me serví una copa de vino tinto y me quedé mirando pasar a la gente desde la ventana de mi salón. Encendí el ordenador para ver una serie, pero no podía concentrarme y, además, estaba cansada de tantas pantallas.

Llamé a Sasha porque me sentía mal por haberle dejado solo, pero Sasha no cogió la llamada. Deduje que seguiría en la exposición. Me metí de nuevo en Instagram, con miedo a encontrarme con alguna otra sorpresa. Navegué durante unos minutos a la deriva, pero de repente me detuve; salí de la aplicación porque caí en la cuenta de que era la causa de mi malestar. Todo lo que veía en Instagram me hacía mucho daño.

Me planteé cada vez más en serio qué pasaría si cerrara mi cuenta.

Sonó el teléfono. Era Sasha.

—¡Hola! ¿Me has llamado? —me preguntó.

—¡Sí! Quería saber qué tal había ido la exposición —le respondí.

—Bien. Qué pena que no hayas venido, te hubiera encantado. —Sasha no parecía molesto y eso me relajó.

—Lo sé. Perdóname por haber estado así contigo hoy. Me siento fatal. No sé qué me está pasando.

—No te preocupes. ¿Estás mejor? —dijo comprensivo.

—Sí, estoy mejor.

—¿Qué has cenado?

—Me he preparado unos filetes con espinacas, piñones y el aceite de coco que tú me diste.

Continuamos hablando y llegué a la conclusión de que tenía que ser sincera con él.

—Sasha, sé que no te gusta que hablemos de esto, pero

tengo que decirte que he tomado una decisión. Creo que voy a volver a España.

—¿A qué te refieres?

—A que no creo que vuelva a Nueva York después de Navidad. He hablado con el fotógrafo del piso, me ha dicho que vuelve en enero y, sinceramente...

Sasha me interrumpió.

—Vaya. Es una decisión que nos afecta a los dos. Me duele que la hayas tomado sola.

—No la he tomado sola, te la estoy consultando.

—A mí me suena a que ya está decidido. No veo que me des muchas alternativas.

—No sé a qué te refieres. —Parecía que Sasha se había propuesto hacerme sentir culpable aquel día.

—Pues que quizás a mí me gustaría que nos fuéramos a vivir juntos, que te mudaras conmigo.

Como no me esperaba aquello, contesté saliéndome por la tangente.

—Ay, Sasha, no sé qué decirte. Ahora mismo no sé lo que quiero. No sé lo que siento, ni lo que voy a hacer con mi vida, te lo juro, estoy cansada de tener que tomar tantas decisiones.

—Eso es lo que más me duele. Me duele no sentirte. ¿Sabes, Greta? Desde hace unas semanas noto que, cuando me miras, tu cabeza está en otra parte, que cuando nos abrazamos, tu mente no está presente. Y yo... Yo... En fin... Yo estoy muy enamorado de ti. Lo he estado desde el día que te conocí. Por eso regresé a la tienda, por eso te hice parte de mi universo...

—Oírte hablar en pasado me duele —añadí.

—¿Qué quieres que hagamos, Greta?

—No lo sé. No lo sé, te lo juro. No sé darte una respuesta.

Pasaron unos segundos y dije lo primero que se me pasó por la cabeza:

—¿Por qué no lo intentamos en la distancia?

—¿En la distancia? Pero, Greta, si no conseguimos que nuestra relación funcione viviendo en la misma ciudad, ¿cómo vamos a continuar juntos a miles de kilómetros? No creo que sea una buena idea.

—Yo creo que debemos intentarlo.

—¿Intentar el qué?

—Intentar no perdernos. Me aterroriza la idea de perderte.

Nos quedamos los dos callados. Pese a ser un discurso del todo contradictorio, en aquel momento yo creía que tenía sentido lo que le proponía. Desde aquella conversación, entramos en un periodo de crisis del que ya no supimos salir.

—¿Sigues ahí? —dije creyendo que se había cortado la conexión.

—Sí, estoy aquí.

—¿Sabes qué creo, Sasha? Que primero tengo que aclararme yo. Tengo que poner un poco de orden en mi vida, saber cuáles son mis prioridades. Hace tiempo que me noto infeliz. Tengo dudas de si quiero continuar con mi profesión. Me gustaría poder vivir sin internet, sin redes sociales, sin tener que estar constantemente haciéndome fotos y reportando mi vida.

—Ya lo hemos hablado varias veces. Creo que es algo que te debes plantear seriamente. Quizás tengas que tomar esa decisión de una vez por todas.

—¿Qué decisión?

—La decisión de dejar tu Instagram, de volver a tener una vida normal.

—¿A qué te refieres con *normal*? Mi vida es normal —dije tratando de justificarme.

—Me refiero a una vida en la que no tengas que estar preocupándote de tu imagen constantemente.

Me dolió mucho escucharlo hablar así, pero a la vez me vino bien aquel baño de realidad.

—Perdona que te lo diga así, pero es lo que pienso —añadió.

—Me duele escucharlo, pero sé que tienes razón.

—Bueno... Piénsalo. Piensa todo con calma. No hay ninguna prisa cuando se trata de un tema importante.

—Lo voy a hacer.

—Ah, y Greta... —dijo antes de colgar.

—Dime.

—Te quiero pedir un favor.

—Claro, dime.

—Decidas lo que decidas, siempre te voy a querer, ya lo sabes, pero... Pero creo que es mejor que, mientras te aclaras, no sigamos en contacto —sentenció.

—Vale, tranquilo. No te llamaré estos días, pero que sepas que no significa que te haya olvidado... No sabes lo que me va a costar cumplirlo, pero lo haré, porque yo también creo que es lo mejor para los dos ahora mismo —concluí, y colgamos los dos enviándonos un beso de cariño.

Durante las siguientes semanas no volví a verlo, ni a llamarlo, ni a escribirle ni una sola vez. Eso sí, pensaba en él cada día, cada instante. Comprendí el dicho de «no te das cuenta de lo que tienes hasta que lo pierdes». Me mordí las uñas hasta los muñones para no molestarlo, para no confundirlo. Algunas veces pasaba por su casa o por The Butcher's Daughter, nuestra cafetería, y me entraban unas ganas locas de saltarme las reglas, pero sabía que eso solamente complicaría la situación. Tenía que pensar en los dos. Sasha había sido como una estrella fugaz que había embellecido mi vida. Le debía ese respeto.

Sus palabras en aquella conversación telefónica habían removido algo dentro de mí y empecé a gestar seriamente la idea de dejar Instagram. Pero como todo en mi vida, si lo hacía, tenía que planificar muy bien dónde, cuándo y cómo sería. Así que elegí el día de mi desaparición como el suicida que planifica su muerte. Lo haría de golpe, sin dejar rastro. Prefería eso a despedirme de mis seguidores con un mensaje cursi. Lo haría desde el avión, cuando estuviera sentada a punto de despegar. De esa forma, en aquel vuelo, cerraría una etapa y daría comienzo a otra nueva, con otros sueños y otras ilusiones.

A medida que la fecha de partida se fue acercando, se me hizo cada vez más cuesta arriba no ver a Sasha. No pude evitar proponerle vernos, aunque fuera una última vez. Quería comunicarle mi decisión y darnos un abrazo que llevarme para siempre. Quedé con él un día antes de irme. Lo cité en Elizabeth Park, el parque donde tuvimos nuestra primera cita, para, curiosamente, tener la última. Fue en aquel parque, bajo aquellos árboles, donde le comuniqué a Sasha que había decidido cerrar mi cuenta de Instagram para darle un giro importante a mi vida.

32

Aterricé en Madrid un 20 de diciembre. Lo primero que hice fue activar los datos del móvil y comprobar si tenía mensajes. Para mí, estar seis horas desconectada era bastante. Abrí WhatsApp y luego busqué el icono de Instagram por inercia, como siempre hacía, pero aquel botón ya no estaba. Así comenzó una nueva etapa de mi vida. Al principio se me hizo raro y miraba las páginas de noticias, con algo me tenía que entretener.

Esperé al lado de la cinta a que salieran mis maletas, todavía algo desorientada por el vuelo. Tenía tendencia a coger el móvil todo el rato. Sin darme cuenta, en cuanto me quedaba sola, buscaba el teléfono. Miré a mi alrededor y vi que todo el mundo estaba igual de enganchado al móvil que yo. Qué desgracia. «¿En qué nos hemos convertido?», pensé ahora que estaba volcada en la causa.

Me recogió mi padre. «Te espero en la estatua de Botero, donde siempre», me dijo. Eso me recordó que volvía a mi casa. A mi familia, a mis hermanas y a mis amigos, a los de siempre... Tenía muchas ganas de verlos. En especial, me moría de ganas de ver a Carlota. Debía de estar ya de cuatro meses.

Cogimos la M-30 y entramos en un Madrid iluminado por las luces de Navidad.

Al llegar a mi casa, en la calle Goya, mi padre encendió la luz del salón y se escuchó un…

—¡Sorpresa! —Y ahí estaban todos: mis amigos de la universidad y del colegio.

—¡No me lo creo! —dije mirando a mi padre.

—*Welcome back!* —me saludó Carlota.

—¡Carlota! —Solté mi bolso y fui directa a darle un abrazo. Después abracé a mi madre, a mi hermana Paloma y al resto de los amigos a los que hacía mucho tiempo que no veía.

En ese momento se me borraron todas mis inseguridades, todas las dudas que venía cargando durante mis últimas semanas en Nueva York. Solamente pude sentirme afortunada por contar con una familia y unos amigos tan increíbles.

Cenamos todos una carne buenísima que había preparado mi madre con un puré de patatas que me supo a gloria. De postre había preparado mi tarta favorita, de fresas y vainilla.

—Qué raro que no saques el móvil para hacer fotos —se extrañó Carlota.

Pensé que era la oportunidad perfecta para contarles a todos que había decidido cambiar de vida.

—Veréis, aprovecho que estáis todos aquí hoy… ¿Se me escucha al fondo? —me cercioré—. Quiero daros una noticia importante. Quiero comunicaros que he tomado una decisión.

Se hizo el silencio en el salón y todos me prestaron atención impacientes.

—He decidido borrar mi cuenta de Instagram.

—¿Cómo? —exclamó Carlota.

—¿Y eso por qué, hija mía? —preguntó mi madre desconcertada.

—Pues porque quiero darle un giro a mi vida y, al fin y al cabo, me quitaba demasiado tiempo…

Se escuchó un murmullo y pasamos a conversar en pequeños grupos. En el corrito en el que yo estaba, mi madre preguntó:

—¿Qué ha pasado, cielo?

—Mami… No podía más. Ya te lo explicaré bien estos días —le dije en bajito.

—Pero ¿estás bien?

—Estoy mejor que bien. Es una decisión que llevo tiempo meditando.

—¿Y de qué vas a vivir? —me preguntó intranquila.

—No te preocupes, mamá, todo va a salir bien —dije transmitiéndole confianza.

—Bravo —declaró Paloma—. Qué gran decisión —me regaló una sonrisa, solamente equiparable a la que me regaló el día de mi graduación.

—Nos parece fenomenal —dijeron mis amigas de la universidad, y expusieron su opinión al respecto—. Instagram se está convirtiendo en un aburrimiento. A mí me quita muchísimo tiempo —se quedaron comentando.

La reacción tan positiva de todos me sirvió para darme cuenta de que estaba haciendo lo correcto para mi salud mental. Aunque no sería todo tan fácil. Antes de irme a dormir aquella noche, cuando me quedé sola con mi conciencia, cogí mi diario. Nunca lo había cogido con tantas ganas. Necesitaba contarle cómo me sentía ahora que había conseguido combatir mi gran adicción.

21 de diciembre

Querido diario:

Es mi primer día sin Instagram. Hoy les he contado a todos mi decisión de cerrar mi cuenta. Qué de dudas tengo ahora mismo. No sé si estoy volviéndome loca. He decidido cerrarla sin más. Sin despedirme. No se me ha ocurrido nada que decirles a mis dos millones de seguidores. No sé por qué siento que debería explicar esta decisión. ¿Qué van a pensar de mí? Siento que le debo una explicación a toda esa gente que me ha acompañado estos últimos años, pero ya es hora de dejar de pensar en ellos y pensar un poco en mí. Me viene a la cabeza lo que me dijo Sasha de que tener seguidores no significa nada. Ellos no me quieren de verdad. Me siguen igual que siguen a otras tantas chicas, pero… si yo desapareciera, su vida continuaría igual.

Quiero aprovechar la Navidad para estar en paz, rodeada de mi familia y amigos, desconectada del mundo. Sin importarme lo que haga el resto durante estos días festivos.

Hoy, no sé por qué, he pensado en Pablo. Supongo que porque siempre nos escribimos en Navidad. Y supongo que también porque me gustaba contarle los cambios importantes en mi vida. Me gustaría decirle que he cerrado mi cuenta. Sé que se sentiría superorgulloso de mí. Me pregunto si se habrá dado cuenta. Él sabía el daño que me hacía… y Pablo siempre me ha querido mucho. Aunque ya no sé qué pensar…, porque desde lo de Nueva York no supe nada más de él. Fue otra decepción más.

En fin, tengo que dejar de pensar en todos los hombres que han pasado por mi vida y concentrarme en mí. Qué difícil. No sé por qué sigo buscando su reconocimiento…

Y este es un poco el resumen de mi día. Te iré contando más cosas de cómo evoluciona la semana.

22 de diciembre

Querido diario:

Hoy hace un frío tremendo en Madrid, pero nada comparado con Nueva York, claro. Llevo todo el día de recados con mi madre. Hoy ha venido Mario a comer a casa y luego hemos dormido una siesta en el sofá. Qué gusto. Qué bien se está en casita. Estoy feliz de estar de vuelta. Ha habido un par de momentos en los que se me ha hecho raro no tener Instagram. El primero, esta mañana al despertarme. He mirado el móvil, como de costumbre, y ha sido extraño no pasar un rato viendo fotos. Luego, a mediodía, cuando ha llegado un perfume de una marca a casa. He caído en la cuenta de que tendría que informar a la agencia y a las marcas de que ya no tenía Instagram, para que no me siguieran enviando cosas. Qué rabia. Bueno, tendré que acostumbrarme a pagar como el resto de la gente. Además, espero encontrar pronto un trabajo que me permita vivir bien. Por ahora, tengo algo de dinero ahorrado y no me quiero preocupar. Tengo que ir poco a poco.

Me pregunto si Pablo se habrá dado cuenta de que ya no tengo Instagram, aunque ha pasado muy poco tiempo. Yo creo que él seguía viendo mis fotos. Me encantaría que supiera que he vuelto a España, pero ahora no tengo manera de mandarle señales. De cuántas cosas me estoy dando cuenta ahora que no tengo esa herramienta de comunicación... Me siento un poco aislada. Sé que es un poco ridículo, pero siento como si, de repente, hubiera desaparecido del mapa, como si lo que hago ahora no le interesara a nadie. Me consuela pensar que, si estoy muy mal, puedo volver a reactivar mi cuenta y ya está. Solo tendría que introducir mi contraseña y todo volvería a ser como antes. Pero mi reto personal es precisamente acostumbrarme a una vida sin redes sociales. Una vida, en definitiva, más sana y más real.

23 de diciembre
Querido diario:

Mañana es Nochebuena y he estado ayudando a mi madre a preparar la cena. Vamos a hacer pularda, como todos los años. Viene Nico a cenar a casa. Me apetece mucho el plan. Hoy me he dado cuenta de que desde que no tengo Instagram duermo mejor, descanso más. Me he levantado a las diez de la mañana, todo un logro. Debe de significar que estoy más relajada. Además, también he notado que me ha dado tiempo a hacer muchas más cosas y que miro el móvil la mitad de veces que antes. Hoy me he sentido mucho mejor que otros días. Me encuentro fortalecida, segura de mí misma.

Siento que la decisión de cerrar Instagram ha sido radical pero necesaria. Como quitarse una tirita, que duele al principio, pero luego ni te acuerdas. He leído en Google un artículo superinteresante sobre la ansiedad que generan las redes sociales y me he sentido muy identificada. «Las redes sociales afectan seriamente a nuestra salud mental —decía—. Los problemas derivados de la comunicación por redes sociales van a ser el gran desafío de la psicología moderna». Cuando leo cosas así, me alegro de haber parado a tiempo, porque podía haber acabado muy mal, dándoles valor a cosas que, en realidad, no lo tienen. Es un universo peligroso. No me gusta en lo que se han convertido las redes sociales hoy en día y me preocupa, sobre todo, la generación de mi hermana Carlota. Y la siguiente: esos niños que veo por la calle, a los que sus padres les dejan el teléfono para que se entretengan. ¿Qué será de ellos con el uso de tanta tecnología? Todavía me sigue impresionando cuando voy a cenar con Carlota y sus amigas y veo que casi ni se miran a la cara. Hablan todo el rato de cosas que están pasando en sus teléfonos. Es tan triste... Incluso con mi grupo de amigos... Me doy cuenta de que todo pasa en el grupo de WhatsApp. Cada vez es más difícil verse y quedar para tomar algo, nos pasamos el día compartiéndolo todo por el móvil hasta el punto de que, cuando quedamos, ya no tenemos nada que contarnos. Dios mío, ¿en qué nos estamos convirtiendo?

En fin, te dejo, que me muero de sueño. Mañana te cuento más cosas.

33

Llegó el 24 de diciembre y sobre las seis de la tarde mi madre y yo empezamos a preparar los aperitivos para la cena. Desde que había regresado de Nueva York, cualquier plan que hiciera con ella, por sencillo que fuera, me parecía la bomba. Me encantaba la noche de Nochebuena. Siempre teníamos una cena buenísima y nos quedábamos toda la familia viendo la tele y charlando hasta las mil en el salón. Preparamos dos bandejas de *foie* con higos, jamón serrano, gambas con salsa rosa, salmón ahumado con huevo hilado... Dejamos la pularda para el final, una pularda exquisita rellena de manzana con un toque de tomillo que solo hacíamos ese día. Siempre le decía a mi madre que teníamos que hacerla más a menudo, pero luego volvía a pasar un año entero hasta que volvíamos a prepararla. Se había convertido en el plato estrella y cada Nochebuena la esperábamos con ganas.

Mientras mi madre y yo organizábamos la cena, mi padre y Carlota descansaban en el salón. En la tele ponían la película *Love Actually*, que todos los años volvíamos a ver como si fuera la primera vez. Pero Carlota estaba más pendiente del móvil que de la tele. Navegaba por Instagram y me recordaba a mí, que siempre hacía dos cosas a la vez, y a lo cansado que era eso para la cabeza.

Carlota era peor que yo con el móvil. Su generación había crecido con el teléfono pegado, y lo peor era que los padres estaban igual. No había nadie que pusiera freno a aquel vicio que iba a terminar destruyendo las relaciones personales. «Qué problemón para la sociedad», pensé.

Aquella noche teníamos un invitado especial: Nico, el novio de Carlota. Era la primera vez que venía a pasar la Navidad con nosotros y a todos nos hacía mucha ilusión. Nico tenía una familia complicada, sus padres estaban separados. En realidad, la mayoría de mis amigas vivían esa circunstancia, por eso yo sentía que nuestra familia era única y que teníamos mucha suerte. Valoraba mucho que estuviéramos tan unidos.

Durante toda la noche mi madre tuvo la atención puesta en Nico, en hacerle sentir uno más de la familia. Siempre quería que estuviera todo perfecto para cuando él llegara, como si eso fuera a garantizar que él cuidaría bien de su hija el resto de su vida.

Además, Nico tenía muy buena relación con mi padre. Se reían mucho juntos. Eso no tenía mucho mérito, ya que mi padre era muy divertido y tenía un sentido del humor muy peculiar, además de muchas aficiones y manías. Le encantaba cantar ópera, jugar al golf, los coches antiguos y el póker. Le costaba mucho decir «te quiero» y expresar abiertamente las emociones; su forma de manifestar su amor era gastarnos bromas constantemente. Y lo mismo hacía con mi madre, a quien todavía miraba con cara de enamorado después de casi cuarenta años casados. ¡Qué bonito! ¿Podría yo conseguir algo así?

Pero quien se convirtió sin quererlo en el centro de atención durante buena parte de la cena fue Paloma. Mi madre la chinchaba diciéndole que tenía que ir encontrando a alguien con quien sentar la cabeza. Lo que en realidad le molestaba era que mi hermana mayor fuera tan reservada y que no nos contara nada. Paloma nunca había traído ningún novio a casa y nadie acertaba a saber cuáles habían sido sus últimas conquistas.

Aproveché, en medio del debate, para hacer un brindis.

—Por Carlota y su bebé. Y porque el 2017 nos traiga muchas alegrías a todos.

—Que así sea —dijo mi padre solemnemente, y brindamos todos.

Mi madre tenía la lágrima floja, como todos los años. Añadió unas palabras y nos recordó la suerte de poder estar todos juntos un año más, ahora con la compañía de Nico, de quien estaba especialmente atenta.

Llegó el momento de los regalos y pasamos todos al salón, donde estaba colocado el árbol de Navidad lleno de paquetes de todas las formas y colores. De pequeñas, abríamos los regalos con ilusión la mañana de Navidad, pero desde que éramos mayores, nos los dábamos esa misma noche, por orden de mayor a menor. Empezó mi padre, que llevaba la copa de champán vacía y se notaba que ya estaba mareado. Se arrodilló ante el árbol para coger sus paquetes, con las gafas de cerca puestas. Un libro de coches, unos guantes para la moto y un chaleco de golf. Mi madre se encargaba siempre de elegir sus regalos y era la única manera que teníamos de acertar.

Luego fue el turno de mamá. Entre las tres hijas le regalamos una máquina de coser que sabíamos que quería porque nos lo había chivado mi padre. La muy lista ya se lo esperaba, pero parte del juego consistía en hacerse la sorprendida. Nos dio un beso a todas y muchas veces las gracias. También recibió una bufanda con sus iniciales, una funda para las gafas de sol y dos barajas de cartas para cuando vinieran sus amigas a jugar a casa. Mi madre era una persona muy sociable.

A Paloma le regalamos un abrigo de una marca francesa, un libro de fotografías de Monet, su pintor favorito, y unas entradas para el teatro. A continuación, me tocaba a mí. Sentí los mismos nervios que cuando era pequeña y recordé lo bonita que era la Navidad si tenías la suerte de disfrutar de una familia unida como la mía. Abrí mi primer regalo. Era un libro de Murakami, *De qué hablo cuando hablo de escribir*. Se me abrieron los ojos de par en par. Era exactamente lo que quería, un libro sobre cómo escribir. «Para que continúes escribiendo tus aventuras, ahora desde Madrid», ponía en la primera página. Casi me muero de la ilusión. Luego desenvolví un pijama, un diario nuevo y una bufanda con mis iniciales, igual que la de mi madre. Les di las gracias a todos.

Los regalos para Carlota y Nico estaban la mayoría relacionados con el nuevo bebé. Aprovechamos para preguntarles si ya tenían nombre para ella. Era una niña.

—Nos gusta Marieta —contestó Carlota.

—Qué casualidad —apuntó mi madre—. Tu bisabuela se llamaba así.

Mi madre se sabía de memoria nuestro árbol genealógico y siempre le gustaba sacar a relucir anécdotas de algún pariente más o menos lejano.

Cuando terminamos de entregarnos los regalos, recogimos la mesa y ayudamos a mi madre en la cocina. Nico, Carlota y mi padre se quedaron en el salón.

Carlota fue la primera en decir que se iba a dormir porque estaba cansada y Nico se despidió de todos, muy educado, asegurando que volvería pronto. Mi madre lo acompañó hasta la puerta para hacerle la estancia agradable hasta el último minuto. La siguiente en abandonar el salón fue Paloma; yo me quedé abrazada a mi padre, disfrutando del calor de la chimenea y de la increíble sensación de estar de vuelta en casa.

Al día siguiente me levanté descompuesta. Había tenido un sueño muy intenso, tanto que me había despertado en mitad de la noche. En el sueño había un caballo que se acercaba a beber agua a un río. Yo intentaba acercarme a acariciarlo, pero, cuando estaba a punto de tocarlo, el caballo se alejaba corriendo y desaparecía. También recuerdo que aparecía un hombre con la piel muy curtida, con acento argentino, que esperaba sentado detrás de mí. Iba vestido de jinete y tenía una bombilla de mate en la mano.

Me pasé toda la mañana intentando descifrar el sueño porque, por algún motivo, en aquel contexto idílico me había encontrado feliz como nunca. Había sentido que estaba en el lugar al que pertenecía. Aquel paisaje, una casa de campo parecida a la que íbamos de pequeñas, me resultaba muy familiar.

Recuerdo que allí era donde montaba a caballo con mis hermanas y éramos muy felices. Mi padre había tenido que vender aquella casa, pero las imágenes seguían grabadas en mi memoria. Chopos muy altos cargados de hojas secas, unas piedras grandes que bordeaban un bonito río no muy caudaloso y los campos infinitos de trigo amarillo. Qué buenos recuerdos.

Había quedado para comer con Mario cerca del barrio de Malasaña. Mario, por su trabajo como redactor jefe en la revista *Vogue*, siempre estaba a la última en todo. Además, era muy divertido porque era supersticioso y tenía explicaciones místicas para cualquier cosa, así que decidí contarle mi sueño para ver si podía darme una interpretación de las suyas.

—¿Qué crees que significa el sueño? —le pregunté.

—No tengo ni idea. ¿Por qué no vas a una bruja a que te lo diga? Yo conozco a una muy buena…

—Las brujas solo dicen mentiras.

—No es cierto. A mí me acertó todo lo que me pasó este año…

—Perdona, ¿el qué?

—Pues lo de Jorge.

—¡Pero si apenas durasteis un mes!

—Bueno, pero ella me dijo que aparecería un gran amor.

—¿Y a eso lo llamas un gran amor? —Nos reímos.

Más tarde le conté el sueño a Paloma, segura de que me daría una respuesta más lógica.

—¿Qué crees que significa el sueño? —le formulé la misma pregunta que a Mario.

—Seguro que está relacionado con tu subconsciente —afirmó—. El otro día leí un artículo sobre ello. Tiene que ver con tus deseos más profundos…

—Mi subconsciente… Mmm… ¿Y qué puede significar, por ejemplo, que haya un río?

—Pues puede significar que tienes que atreverte a dar un cambio en tu vida. Cruzar ese río puede simbolizar atreverte a hacer algo que quizás ahora desconoces…

Me quedé reflexionando. Pensé en el libro que me había leído antes de dormir, el libro de un autor que daba consejos para ser escritora. ¿Quizás tenía algo que ver con ese cambio? ¿Sería ese un sueño frustrado? No me atreví a darlo por hecho.

Me senté en el sofá con mi madre, que hacía crucigramas con la telenovela de fondo. Me quité los zapatos en señal de que iba a quedarme con ella un rato.

—¿Sabes qué?

—¿Qué?

—Anoche tuve un sueño muy intenso que no me dejó pegar ojo.

Le conté lo de aquel señor con aspecto de jinete que hablaba con acento argentino.

—¿Hablaba en argentino? Qué gracia, como tía Julia.

—¿Quién es tía Julia?

—La hermana de la abuela Amelia que vive en Buenos Aires.

—¿En serio? ¿Tenemos una tía abuela que vive en Buenos Aires?

—¡Claro! Si te lo he contado mil veces. Lo que pasa es que nunca me escuchas cuando te hablo de tus antepasados.

—¿Y qué edad tiene tía Julia?

—Tendrá más de ochenta años, pero está estupenda. Se mudó a Buenos Aires cuando tenía tu edad más o menos. Por lo visto vivió un drama amoroso tremendo y lo dejó todo para empezar allí una nueva vida.

—¿Qué le pasó?

—Pues que... —Se incorporó para contármelo con todo detalle—. El que iba a ser su marido entonces, un tal Bob, que era belga y estaba en el frente luchando, le mandó una carta de amor. Pero hubo un error: la carta era para su amante y la recibió ella. En fin... Imagínate el revuelo que supuso eso entonces. El padre de tía Julia se encontró la carta en el buzón y juró que jamás permitiría que el tal Bob entrara de nuevo en aquella casa. En aquella época, la fidelidad era otra cosa, no como ahora que...

La interrumpí impaciente por saberlo todo.

—Y entonces, ¿qué pasó con tía Julia?

—Pues que decidió abandonar Madrid para comenzar una nueva vida en Buenos Aires, lejos de esos rumores que supongo que fueron un horror para ella y para la familia.

—¿Y no regresó a España?

—Jamás. Nadie supo bien el motivo por el cual eligió Buenos Aires para exiliarse. Lo que sí que sabemos es que allí se quedó.

—¿Y cómo os comunicáis con ella?

—Normalmente escribe una carta al año, siempre por estas fechas.

—¿Tienes su última carta?

—Sí. Creo que la tengo en el cajón de mi cuarto.

—¿Puedo verla?

—Claro. Está en mi mesilla de noche.

Subí corriendo a por la carta y bajé para leerla juntas. Me parecía fascinante la historia de mi tía Julia.

—Tía Julia es una persona muy especial —me advirtió mi madre mientras yo abría la carta. Me llamó la atención su letra, grande, redonda, pausada—. Dicen los rumores que terminó por enamorarse de un gaucho.

Mi madre dijo una palabra clave sin saberlo.

—¿Qué es eso?

—Los señores que cuidan de las estancias argentinas.

—¡Bingo!

—¿Cómo?

—¡Que lo tengo! —exclamé.

—¿Que tienes el qué?

—¡Esa era la señal que necesitaba! El gaucho es el de mi sueño. ¡Y ahora entiendo todo! El caballo, el río, las cartas, la tía Julia. Tengo… —dije pensativa—. ¡Tengo que cruzar el charco! Tengo que ir a Buenos Aires para escribir la historia de la tía Julia.

—Pero, hija mía, ¿qué estás diciendo? ¿Se te ha ido la cabeza?

—No, mamá. Tiene todo el sentido. El puente que sale en mis sueños es lo que me separa de Buenos Aires. Voy a mirar vuelos.

—Tú no vas a ninguna parte. Llevas aquí menos de una semana... —Mi madre trató de hacer ver que todavía le quedaba algo de potestad sobre mí, pero, lamentablemente, yo ya era demasiado mayorcita para decidir por mí misma mi destino.

—Confía en mí, mamá. Tengo que seguir las señales que me está enviando mi subconsciente. Tengo que dar con tía Julia. Iré a buscarla a la dirección que pone en la carta...

—¿Pero otra vez te vas a ir? ¡Si acabas de volver de Nueva York!

—¡Tengo que dejarte! —Me puse los zapatos a toda velocidad, le di un beso en la frente y salté por encima del sofá para salir por la puerta.

Salí de casa para dar un paseo. Necesitaba despejarme. ¿Serían esas las señales que necesitaba para atreverme a dar un cambio en mi vida? ¿Sería la historia de tía Julia el gancho ideal para escribir la novela que siempre había soñado escribir? Su vida y la mía tenían algo en común: a las dos nos habían roto el corazón.

Eran demasiadas casualidades en las últimas veinticuatro horas. Consulté mi cuenta bancaria para ver cuánto dinero tenía. Todavía me quedaban algunos ahorros de mis colaboraciones de Instagram, así que decidí que había llegado la hora de invertirlos.

Aquella misma noche cité a toda mi familia en el salón para darles la noticia.

—Quiero escribir una novela. Y me voy a Buenos Aires a hacerlo —concluí muy seria.

—¡Pero qué tonterías dices, Greta! —soltó Paloma.

—Por favor, solo necesito que confiéis en mí. De verdad. Es importante que me apoyéis en este momento.

—Pues a mí me parece que es una locura irte tan lejos —dijo mi padre—. No te ha dado tiempo ni a deshacer las maletas de Nueva York y ya estás pensando en irte otra vez.

—Yo estoy con papá —aseguró mi madre—. ¿No te lo puedes pensar mejor, hija mía? ¿Tiene que ser todo así de precipitado? Eres demasiado impulsiva. ¿De qué vas a vivir cuando se te acaben los ahorros?

—Pues encontraré un trabajo *part time* que me permita ganar algo de dinero. No me preocupa.

—¿Qué es eso de *part time*? —preguntó mi padre.

—De media jornada —le aclaré—. Tenéis que confiar en mí. Ya os demostré que podía buscarme la vida en Nueva York, ¿no? Pues esta vez no va a ser menos.

—¡A mí me parece genial! —dijo Carlota—. Que aproveche ahora que es libre y no tiene nada que la ate. Si yo pudiera... En fin... —se lamentó mirándose la tripa.

—Gracias, Carlota. Por lo menos hay alguien que me entiende en esta familia.

Aquella noche, compré el billete pese a la oposición de mis padres y de mi hermana Paloma. Un billete de ida, sin fecha de vuelta. El resto del mes lo pasé planificando mi viaje a Buenos Aires y leyendo el libro que me habían regalado por Navidad sobre cómo ser escritora.

Me apetecía mucho escribir mi primera novela. Desde que había conocido a Sasha y habíamos ido juntos a las clases de escritura, había descubierto mi gran vocación. Me gustaba contar historias, siempre me había gustado. Pero ahora cambiaría el formato foto por el formato texto. Lograría crear un libro que sacara a la gente de sus pantallas por un tiempo.

Aquella ilusión llenó mi alma de nuevo hasta arriba. Comenzaba una nueva y maravillosa etapa, esta vez, en Buenos Aires.

34

Buenos Aires, febrero de 2017

Mi piso estaba en el barrio de la Recoleta, cerca de la parroquia del Pilar y de la plaza de Francia, una zona tranquila que varios amigos me habían recomendado. Acordé con el arrendatario del piso, Luis, que me quedaría un par de meses. Seguí sus indicaciones hasta llegar al apartamento. «Nada más salir del ascensor, a la izquierda, verás una puerta pequeña. La llave abre hacia la izquierda». Me pareció una persona seria.

El piso era más pequeño de lo que parecía en las fotos, pero en aquel momento esos cincuenta metros cuadrados eran todo lo que necesitaba. Solté las maletas y lo primero que hice fue abrir las ventanas para ver si entraba un poco de aire. Hacía mucho calor y había mucha humedad. De pronto, sentí algo de ansiedad. Y de soledad. Puse en mi teléfono música española para sentirme más acompañada y empecé a deshacer las maletas; pensé que organizar mi ropa me ayudaría a relajarme. Los armarios estaban vacíos, no había sábanas ni toallas. Tenía que comprar tantas cosas…

Según iban pasando las horas, yo iba repasando los objetivos de aquel viaje. Estaba en Buenos Aires porque quería inspirarme para escribir mi primera novela, conocer la ciudad y, sobre todo, a mi tía Julia. Algo me decía que tendríamos muchas cosas en común.

La primera semana la dediqué a buscarla con gran ilusión. Tenía la dirección en la carta que le había enviado a mi madre en Navidad, pensaba que esa información sería suficiente para dar con ella. Pero no fue tan fácil. Los primeros días toqué al telefonillo con la esperanza de que alguien respondiera, pero nadie me abrió. Pregunté a todos los vecinos que me encontré si conocían a una señora mayor de origen español llamada Julia. Les expliqué que era su nieta y que había venido desde España para conocerla. Todos negaban con la cabeza, conmovidos por la historia.

No logré ninguna pista hasta que se me ocurrió preguntar en una frutería cercana. El frutero, un hombre con bigote gris y una barriga enorme, afirmó conocerla. «Mire, le dejo esta nota por si alguno de estos días la ve. Soy su nieta».

Hola, tía Julia, soy Greta Godoy. No me conoce, pero soy su sobrina nieta. He intentado localizarla sin éxito. Me quedo a vivir unos meses en Buenos Aires y me gustaría conocerla. Pronto volveré a preguntarle por usted a don Juan.

«¿No hay noticias, don Juan?», preguntaba al frutero. «Nada, querida, lo siento». Y así pasaron los días, hasta que por fin, una mañana, don Juan me recibió con una sonrisa de oreja a oreja. «Doña Julia vino a comprar fruta y dejó una carta para usted. Tome». Yo le agradecí su buena voluntad y abrí la carta con ilusión.

Querida Greta:

Qué lindas noticias. Me alegro de que vayas a quedarte en Buenos Aires una temporada. Me mudé de casa. Ya no vivo en esta calle, pero estoy muy cerca. Te doy mi nueva dirección:

Calle Juncal, 74, 3.º dcha.

Estaré encantada de recibirte.

Don Juan no tenía ni idea de que doña Julia se hubiera mudado. Por lo visto era una señora muy discreta. «Pues ahora ya lo sabemos los dos», añadí. Compré un racimo de plátanos para comer algo de camino a la nueva dirección que tía Julia me había indicado y me despedí.

Eran las cinco de la tarde. Me parecía una hora prudente para visitar a una señora mayor. La dirección me llevó hasta un portalón antiguo de roble barnizado que tenía pinta de pesar muchísimo. El telefonillo, en cambio, era muy moderno. Esperé nerviosa a ver si alguien respondía. Nadie. Volví a llamar. Si no contestaba nadie, volvería otro día. Ahora estaba tranquila porque al menos tenía sus coordenadas. Por fin, escuché la voz de una anciana.

—¿Sí?

—¿Tía Julia?

—Hola, ¿eres Greta?

—Sí, soy yo.

—Sube por las escaleras.

—Vale.

Subí exaltada. Era un tercer piso al que seguro que se llegaba más rápido por las escaleras que en aquel ascensor que parecía tener la misma edad que tía Julia. En la puerta del tercero derecha se abrió una rendija que inundó de luz el pasillo donde yo esperaba intrigada. Ahí estaba ella.

—Hola, tía Julia —dije con una amplia sonrisa.

—¡Mi querida Greta! ¡Pasa!

Cerré la puerta tras de mí y la seguí por el pasillo. Tía Julia andaba algo encorvada, apoyada en un bastón. Llevaba una chaqueta de punto beis que le cubría hasta la cadera, con un broche dorado en el pecho, y unos pantalones altos también de color beis. Me sorprendió que llevara unas deportivas blancas bastante modernas para su edad.

—¡Vamos a mi biblioteca, allí estaremos más cómodas! —indicó.

Yo caminaba detrás de ella por aquel pasillo larguísimo lleno de fotografías y pinturas. Parecía no tener fin.

—Cuidado con la cabeza —me advirtió al llegar a una puerta que más o menos tendría su altura. Una vez dentro de la biblioteca, se paró y se dio la vuelta para quedar frente a mí.

—Déjame que te vea —dijo mientras pasaba sus manos suaves y delicadas por mi cara—. La misma nariz que mi padre.

Cerré los ojos y le cogí las manos para ayudarla a desvelar el resto de mi cuerpo. Siguió por mis hombros.

—Fuerte y robusta, igual que tu tía Isabel, la madre de tu abuelo —dijo. Pensé que a mi madre le encantaría aquella conversación. Siguió trazando mi contorno hacia abajo—. La cadera es mía. Eso seguro —afirmó sonriente.

Mientras ella me reconocía, yo la observaba. Tía Julia seguía pareciéndose mucho a la foto que me había enseñado mi madre de cuando era joven. Intuí que era una mujer con carácter, segura de sí misma. Tenía un estilo elegante y distinguido. Su pelo, entre gris y blanco, parecía recién peinado de peluquería. Tenía los ojos marrones como dos almendras, parecidos a los de mi abuela Amelia, su hermana. Nada más verla pude notar ese cariño que se siente por un familiar al que, aunque no hayas compartido tiempo, te unen muchísimas cosas.

—Justo estaba preparando un matecito. ¿Te apetece?

—Vale, muchas gracias. ¿Puedo ayudar en algo?

—En nada. Espérame aquí y ponte cómoda. Ahora vuelvo.

—Vale.

Tía Julia parecía manejarse bien sola, así que la dejé para no ofenderla. Esperé de pie observando las fotos y todos aquellos libros que envolvían la sala. Varias lámparas la ambientaban con una luz cálida.

—Aquel sofá era de tu abuela, pero terminé quedándomelo yo en una de las mudanzas.

—Es precioso —afirmé.

La anciana dejó sobre la mesa una bandeja de plata con una preciosa tetera de porcelana blanca con las tazas a juego. Al lado había un plato con algunas pastas de azúcar. Me ofreció una.

—Cuéntame, Greta, ¿qué te trae por aquí?

—Pues es una larga historia... Pero, básicamente, estoy escribiendo un libro.

—¿Un libro?

—Sí. Una novela.

—¿Sobre qué?

—Una historia romántica. Todavía la estoy perfilando.

—¿Y qué tiene que ver con Buenos Aires?

—Pues llevaba varias semanas teniendo unos sueños muy extraños que se me repetían noche tras noche. En ellos aparecía un hombre hablando con acento argentino...

—¿Un hombre?

—Sí, un hombre de piel curtida, bajito, parecido al de la foto que hay encima de esa mesa.

—Oh, ¿te refieres a Rufino?

Me levanté para acercarle el retrato que me había llamado la atención.

—Sí, es curioso. El hombre que aparecía en mi sueño se parece a este señor.

—Qué gracia. Rufino... Es una larga historia...

—Algo me ha contado madre... —dije para evitarle el mal trago.

—¿Qué te ha contado?

En ese momento me di cuenta de que me había precipitado y de que podía meter la pata, pero ya no había marcha atrás.

—Pues que tuviste un novio con el que estabas a punto de casarte y que te envió una carta equivocada.

Tía Julia dio un trago largo a su mate. No tenía prisa por responder.

—Algo así pasó, sí... —afirmó con la mirada ensoñada—. ¿Sabes cuántos años han pasado desde entonces?

—¿Cuántos?

—Sesenta años.

—Qué barbaridad. ¿Y te resultó fácil?

—¿El qué?

—Rehacer tu vida. Empezar de cero en Buenos Aires.

—Fue fácil, sí. Buenos Aires es una ciudad muy agradecida. Especialmente si eres española. Te adaptarás fácil. ¿Dónde estás viviendo?

—En Recoleta. En un piso temporal.

—Ah, ¡qué bárbaro! Muy cerca de aquí. Que sepas que yo tengo habitaciones de sobra. Si en cualquier momento te quieres quedar en casa, estaría encantada de acogerte.

—Te lo agradezco.

A medida que pasaba la tarde, hablamos de un cúmulo

de coincidencias que fueron forjando un vínculo muy fuerte entre nosotras. Tía Julia tenía una personalidad muy parecida a la mía. Resulta que ella también había veraneado toda la vida en Pedreña. Le conté que Carlota se había quedado embarazada y me dijo que ella conocía a los padres de Nico. «Cuando yo iba a Pedreña, los Sendagorta eran unos niños, pero los recuerdo perfectamente en la playa. Son una familia estupenda, como la nuestra», apuntó, y yo entendí perfectamente a lo que se refería.

Seguimos haciendo un repaso por el resto de los miembros de nuestra familia. Tía Julia parecía contenta de encontrar a alguien que le hablara de una vida que ella había decidido abandonar hacía tiempo, pero que en realidad extrañaba. Una vida de la que ya prácticamente se había olvidado y que estaba reviviendo con aquella conversación.

—¡Pedreña! ¡Qué recuerdos! La de historias que viví yo en ese pueblo.

Me despedí de ella porque no quería cansarla. Supuse que, a su edad, dos horas de conversación eran suficientes.

—¡Gracias por el mate! Me ha encantado conocerte, tía Julia.

—Lo mismo digo, mi niña. Puedes venir a comer a casa cuando quieras. Hago una humita deliciosa.

—¿Humita? ¿Qué es eso?

—Un plato exquisito argentino hecho con maíz.

—Qué rico.

—Pues ya sabes. Vente cuando quieras. Mi casa es tu casa.

Salí de casa de tía Julia dando saltos de la emoción. Me había parecido una mujer fascinante de la que me quedaban muchas cosas por aprender. Su personalidad, sin duda, inspiraba el personaje principal de una novela que ya iba tomando forma en mi cabeza, pero tenía todavía muchas dudas que resolver sobre su vida: ¿Cómo habría sido su llegada a Buenos Aires? ¿Quién era aquel Rufino que hacía que se le entrecortara la voz? Cuando le había preguntado por él, no había podido disimular la emoción.

Llegué a casa con una ilusión tremenda. Además, tía Julia era mi vecina y sentía que, aunque se hubiera empeñado en mostrarse como una mujer independiente, a ella también le venía bien algo de compañía y tener a alguien con quien hablar de sus cosas.

Aquella noche sentí que mi vida en Buenos Aires empezaba a tener sentido. También un poco de nostalgia. Eché de menos Nueva York y a Sasha. Se me hacía raro llevar tantos días desconectada de mis amores y del resto del mundo. Me di cuenta de que la decisión de haber cerrado mi cuenta de Instagram tenía consecuencias evidentes y, aunque estaba contenta porque sentía que aprovechaba mejor el tiempo, había veces, como aquella noche, que todavía me costaba entender que mi vida había cambiado.

35

Los días pasaron y llegó el mes de marzo. Eran las dos de la tarde y en mi nevera no quedaba ni una mísera lata de atún, así que decidí bajar a una cafetería para comer algo. Di la vuelta a la calle en busca de algún sitio inspirador, un lugar donde, además de comer, pudiera pasar unas horas avanzando en el libro.

En la calle Posadas encontré un bar que me gustó mucho. Se llamaba Las Ramblas y tenía una terraza repleta de porteños, como se llaman entre sí los argentinos de Buenos Aires. En aquel contexto, en aquella ciudad, yo parecía una más. A diferencia de Londres o Nueva York, allí mi aspecto no me delataba. Nadie me preguntaba por las buenas: «¿Eres española?».

Nada más sentarme, vino un camarero a ofrecerme algo de beber.

—Un café con leche, por favor.

—¿Española? —me preguntó.

Mierda. Resulta que allí tampoco pasaba desapercibida.

—Sí.

—¿De dónde?

—De Madrid.

—¿Cristiano?

Creí que me preguntaba por mi religión.

—Cristiana —le corregí.

—No, digo si te gusta Cristiano Ronaldo.

—Ah, sí, bueno, me da lo mismo.

—Vaya. Acá somos muy fans de Messi —añadió.

Le sonreí deseando que entendiera que quería dar por terminada la conversación futbolística y hacer mi pedido.

—Póngame, por favor, un lomito de ternera con queso y pimiento verde.

—¡Dale! Te voy marchando el lomito.

Encendí mi ordenador y me quedé mirando por la ventana. Era verano y hacía un calor tremendo. Por la sensación de humedad, me daba la impresión de estar en Barcelona.

El señor que había sentado detrás de mí me miró también con ganas de hablar. Tenía un aspecto detectivesco. Llevaba unas gafas bastante grandes y sostenía entre las manos un periódico deshecho.

—Mis abuelos eran españoles —afirmó.

Estaba claro que aquella tarde no me iban a dejar trabajar. Me giré para responderle.

—¿Ah, sí? ¿De dónde?

—Del País Vasco.

—Yo veraneo muy cerca, en Santander.

—Lo conozco. ¿Y viniste a pasar el verano?

—Bueno… En realidad… Me quedo un tiempo indeterminado, porque estoy escribiendo un libro…

—¡Vaya! ¡Qué casualidad! Mi hijo Ramón es escritor. Trabaja para el periódico *Clarín*, ¿lo conoces?

—Sí, claro que lo conozco. ¡Qué guay!

—¿*Guay*?

—Que qué bien, vamos.

—Es un monstruo —añadió mostrando su orgullo de padre.

—Qué bueno. Me encantaría poder contarle mi proyecto.

—¡Claro! Él estará encantado de escucharte. Además… —dijo guiñándome el ojo izquierdo— está soltero.

Extendí la mano para alcanzar la servilleta donde había escrito su contacto. Supuse que el hijo debía de estar cansado de que su padre fuera dando su teléfono y haciéndole propaganda ante cualquier desconocida.

—Muchas gracias. Sería interesante conocerlo.

—Él ha escrito un par de libros. Sabrá guiarte.

El señor pagó y se fue. Y a mí me trajeron aquel delicioso pepito de ternera.

Su hijo se llamaba Ramón Oviedo, o eso ponía en la servilleta. De pronto, pensé que tener el contacto de un periodista que había publicado dos libros y que trabajaba en uno de los diarios más importantes de Buenos Aires podía serme de ayuda.

Entonces empezó a vibrar mi teléfono. Era Coco.

—¡Pero bueno, mi querida Coco! ¡Qué ilusión!

—Hace un siglo que no sé nada de ti. ¿Qué le ha pasado a tu cuenta de Instagram? ¿Te la han *hackeado*?

Me di cuenta de que hacía mucho que no hablábamos.

—Buf, es una larga historia.

—Pues espero que tengas tiempo.

Le conté en resumen los motivos por los cuales había decidido cerrar mi cuenta.

—Pero ¿tanto te afectaba?

—Sí, realmente sí. Perdía mucho tiempo comprobando los me gusta de mis fotos y dudando sobre qué subir. Además…, vi una foto de Pablo en la que…

—¿No me digas que sigues pensando en Pablo?

—Bueno, no pienso en él todo el día, pero sí que me acuerdo algunas veces. El caso es que justo antes de volver a Madrid vi una foto suya con su novia y toda la familia. En fin, fue un horror verlo. Creía que ya lo tenía superado…, pero esa foto me mató.

—¿Y cerraste la cuenta por eso?

—No, no fue solo por eso. Claro que no. Fueron muchas cosas. Fue esa foto, fue el cansancio de tener que estar todo el rato haciéndome fotos y siendo encantadora con mis seguidores; en definitiva, me cansé de vivir para el resto.

—Te comprendo. A mí cada vez me cansa más. Instagram ya no es lo que era. Se ha convertido en un escaparate de vidas perfectas. Y además, todas iguales.

—Totalmente. Desde que cerré la cuenta, noto que me encuentro mejor. Hasta duermo mejor.

—¿Ah, sí? ¿Qué más sientes? —me preguntó Coco.

—Bueno, llevo poco tiempo como para decir que haya notado grandes cambios, pero, por ejemplo, ahora puedo leer un libro sin distraerme o ver una película sin necesidad de estar todo el rato comprobando el teléfono.

—¡Qué horror! Es que es un vicio tremendo. Me parece que has sido muy valiente. Si te digo la verdad, yo también estoy un poco harta, pero no me atrevo a dejarlo. Es mi principal fuente de ingresos y también he de reconocer que me divierte. No sé. Me da pena no ver ya tus fotos. Era una forma de estar conectadas.

—Ya, pero piensa, ¿hace cuánto que no hablábamos? ¿Que no hablábamos de verdad? ¿Que no teníamos una conversación como esta?

—Buf, la verdad es que… meses.

—¿Y sabes por qué? Porque dábamos por hecho que sabíamos todo la una de la otra por las fotos que veíamos.

Pero ¿sabes que me hicieron una fiesta sorpresa al volver a Madrid? ¿Y que mi hermana me regaló un libro precioso por Navidad? No lo sabes porque no lo he publicado.

—Ya, en eso tienes razón. Pero una cosa importante… ¿Me puedes explicar qué narices haces en Buenos Aires?

—Pues esa es otra larga historia. He venido porque estoy escribiendo un libro.

—¿Cómo? ¿Un libro? ¿Tú?

—Sí, quiero escribir mi primera novela.

—¿Y no te podías haber ido a una biblioteca cerca de casa? —dijo en tono irónico.

—Ya estamos. Igual que mis padres… ¡No! No podía. Necesitaba evadirme. Salir fuera de mi zona de confort.

—Pues sí que has salido —siguió vacilando.

—Oye, ¡para ya! Me recuerdas a mi hermana Paloma.

—Es broma. Perdona, cuéntame, ahora en serio. ¿Por qué has decidido irte a Buenos Aires?

—Pues… empecé a tener unos sueños con unas escenas que me recordaban al campo argentino. Al contárselos a mi madre, ella me habló de mi tía Julia, la hermana de mi abuela, una señora muy especial a la que conocí el otro día. Quiero escribir su historia. Me ha inspirado un montón. ¿Has leído *Dime quién soy*, de Julia Navarro?

—Creo que el último libro que leí fue *El dragón Jano*, de El Barco de Vapor —dijo Coco.

—Bueno, pues me estoy inspirando mucho en esa novela —concluí dando por hecho que ella no me seguía.

—¿Y dónde estás viviendo?

—He alquilado un apartamento para unos meses en un barrio muy *chic*, como dirías tú.

—Alucino con tu vida, tía. Estás loca, pero me encantas. Quiero ir a verte a Buenos Aires.

—Ven, por favor.

—Voy a mirar billetes.

—Nada me haría más ilusión.

Volver a encontrarme con Coco me iba a traer muy buenos recuerdos. Desde que nos habíamos separado en Londres, no nos habíamos vuelto a ver. Qué lejos quedaba ahora aquel Londres que tanto había amado, aquel Londres en el que me enamoré por primera vez. Sin querer, al pensar en ella me acordé de Pablo, pero solo unos segundos. Cogí mi ordenador para trabajar en el libro y me olvidé de él.

Ya en casa, me tumbé en mi cama y cerré los ojos para poder visualizar lo que iba a escribir. Entonces me vino a la cabeza aquel señor de la cafetería. Y su hijo, el tal Ramón Oviedo. Intenté volver a pensar en la novela, pero no estaba nada inspirada. Escribía y borraba. Escribía y borraba. Así que decidí abrir uno de los libros que tenía en la mesilla de noche, para leer algo distinto. Me gustaba leer a autores como Albert Camus o Dolores Redondo. Me inspiraban sus novelas. Se notaba que tenían un estilo definido, una voz propia. Y yo tenía tantas dudas… Nunca había escrito un libro y no sabía si lo que escribía tenía sentido o si era una auténtica estupidez. Necesitaba a alguien que me guiara, alguien que ya hubiera pasado por eso, así que pensé que tenía que aprovechar la oportunidad y llamar al tal Ramón.

Busqué la servilleta en mi bolso. Marqué el teléfono. Sonaron dos tonos y una voz joven y cercana respondió.

—¿Quién habla?

—Hola, mi nombre es Greta Godoy. No me conoces, pero tu padre…

—Ah, sí —me cortó—. La chica española, ¿no?

—Exacto.

—Perdona la indiscreción de mi padre. Ya me dijo que te preguntó si eras española. Él es así, habla por los codos. Espero que no te sintieras intimidada.

—¡En absoluto! —dije riendo.

Ramón fue muy simpático y hablamos un buen rato.

—Me dijo que estás escribiendo un libro y que cree que yo podría ayudarte. Yo encantado de intentarlo, claro.

—La verdad es que estoy un poco perdida...

—Me imagino. No es una tarea sencilla. Verás... Te cuento un poco mi situación. Dejé el periódico hace un par de semanas. Todavía no me he atrevido a decírselo a mi padre, ya sabes cómo se ponen de pesados los padres con estas cosas. Sé que va a empezar con el discurso de que necesito un trabajo serio para comer y demás, pero... En fin... Una decisión personal que ya te contaré con calma, pero cuéntame, ¿cómo tienes la semana para vernos?

—Yo estoy a tu disposición cuando quieras. Estoy escribiendo por las mañanas, las tardes las tengo libres...

—Qué bien. Suena a que eres organizada.

—Bueno, no te creas que lo cumplo todos los días.

—Ya me imagino. Sé cómo te sientes, tranquila. Piensa que hay gente que se pasa toda una vida escribiendo un libro. Eres muy valiente. —Su comentario me relajó—. Bueno, ¿te viene bien que nos veamos mañana sobre las ocho en Don Julio? Es un restaurante de parrilla argentina. Está en Palermo Soho. ¿Lo conoces?

—El restaurante, no. La zona, creo que sí.

—Pues nos vemos allí mañana. ¿Vale? Un placer, Greta.

—Igualmente.

36

Me arreglé para causarle una buena impresión y me dirigí al restaurante a pie, ya que estaba a tan solo unos veinte minutos; tenía tiempo y necesitaba despejarme. Llevaba toda la mañana escribiendo y me venía bien estirar un poco las piernas.

De camino, pasé por delante de un bar en el que estaba sonando Alejandro Sanz. No me pude contener y entré.

—¡Ay! ¿Puede subir la música? —le pedí al hombre de la barra.

—¡Claro! —dijo.

—Princesa de un cuento infinitooo... —canturreé—. ¿Le gusta Alejandro Sanz? —pregunté al camarero.

—Mucho. Es un maestro. Aquí le queremos mucho. ¿Es usted española? —adivinó.

—¡De pura sangre! —contesté. Estaba contenta.

—Me alegro. ¡Hasta luego, guapa!

Qué felicidad estar en un país en el que caías bien solo por ser española. Aquella amabilidad me había hecho sentir como en casa desde el primer momento.

A pesar de las distracciones, llegué al restaurante diez minutos antes de la hora acordada. Ramón me había avisado de que se retrasaba, así que me quedé fuera viendo pasar a la gente. Unos minutos después, entré para ir acomodándome en la mesa.

—¿Greta? —me preguntó un hombre de mediana edad y buen aspecto. Era tal y como me lo había imaginado.

—¡Hola, Ramón! ¿Cómo estás?

—¡Perdona el retraso! —Me dio un beso en la mejilla—. Vengo desde San Telmo y había un tráfico horrible.

—¡No te preocupes! He estado mirando un poco la carta. ¡Qué buena pinta tiene todo!

—No sabes. Es una locura cómo está la carne aquí. No serás vegetariana, ¿verdad?

—¡De eso nada! Me encanta la carne.

—Pues ya somos dos.

Ramón escogió el vino y la carne, yo asentía porque todo me parecía bien.

Como todos los porteños con los que había hablado, Ramón conocía bien España. Había visitado el país hacía años y se había quedado un tiempo para hacer un curso de cine que no terminó.

—Te puedes imaginar la gracia que le hizo a mi padre que dejara los estudios a medias para dedicarme a escribir. —Me di cuenta, por la de veces que mencionaba a su padre, de que tenían una relación estrecha—. Todavía me sigue recordando cuánto dinero malgastó conmigo. Y es que, ya sabes, la profesión de escritor... No siempre da para comer; pero, bueno, es apasionante. Cuéntame, ¿desde cuándo eres escritora?

—Bueno, todavía no soy escritora. Estoy en proceso. Solamente tengo claro el personaje principal de mi novela, pero tengo que desarrollarla bien. De hecho, es incluso un poco pronto para contarte todo esto, porque... —dije. Estaba hecha un lío, me costaba mucho resumir la historia.

—Greta, no te preocupes. Yo estaré encantado de ayudarte. Ahora y cuando necesites. Si quieres que lea cualquier cosa, basta con que me lo pidas.

—Te lo agradezco. La verdad es que, como es un trabajo tan solitario, muchas veces me siento un poco desorientada en el proceso.

A medida que pasaba la noche, Ramón me resultaba más atractivo de lo que me había parecido a primera vista. Debía de tener unos cuarenta años, como Simon, pero se conservaba bastante mejor. Tenía el pelo negro, largo hasta los hombros, y parecía que no se había peinado en varios días. También tenía unos ojos verdes de mirada penetrante y un entrecejo muy poblado en forma de uve. Su aspecto era de escritor bohemio. Llevaba una camisa desabrochada hasta el tercer botón. Por su forma de moverse, dudé sobre si sería homosexual, pero a medida que fueron pasando las horas entendí que simplemente era un tanto amanerado.

—¿Y cómo es que vas a dejar el periódico? —le pregunté.

—Pues porque estoy cansado. Llevo varios años haciendo exactamente lo mismo cada día y mi cuerpo me pide un cambio. Quiero escribir guiones de cine. Me divierte más. Es algo que siempre he querido hacer y creo que ahora es el momento. Quiero apostar por ello.

—¡Qué guay! —apunté, dándome cuenta de que al final todos necesitamos un cambio.

—*¿Guay?*

—Lo mismo me ha preguntado tu padre. Significa «qué bien».

—No sé yo si tan bien. Veremos cómo me va. Bueno, ¿me vas a contar de qué va el libro de una vez por todas? —insistió cariñoso.

—¡Sí, perdón! Pues estoy escribiendo un libro sobre mi tía abuela. Se llama Julia. Ella todavía no lo sabe, se lo voy a confesar uno de estos días, para que me ayude a definir mejor el personaje. Más bien es una novela. Una novela romántica —aclaré.

—Qué bueno. ¿Y cuál fue su historia?

—Mi tía Julia fue una mujer muy valiente. Fue una de las primeras mujeres que emigró sola a Buenos Aires, por un desamor, y dejó a toda su familia en España.

—O sea, ¿abandonó a su familia?

—Bueno, al que abandonó realmente fue a su prometido, Bob, debido a una traición. Bob se confundió y le mandó una carta que iba dirigida a su amante. Le supuso un disgusto tan grande que la pobre tuvo que abandonar el país y comenzar una nueva vida aquí en Buenos Aires. Y claro, en aquellos tiempos era diferente, no como ahora...

—Debió de ser duro para ella...

—Desde luego. Voy todos los días a su casa y ella me cuenta historias muy interesantes. Es una mujer fascinante. Estoy aprendiendo mucho de ella y también de mi familia. Cosas que no sabía, incluso de mi madre, y que me están ayudando a conocerme mejor a mí misma, de dónde vengo, por qué soy como soy. Está siendo un ejercicio personal muy enriquecedor.

—Haces bien en documentarte. Lo más importante de una novela es que esté bien ambientada y que todo tenga sentido. Te vendría bien visitar todos los lugares donde ella estuvo.

Asentí, agradecida ante cualquier consejo que pudiera darme.

—Por ejemplo, yo tengo varios amigos que viven en estancias. Si quieres un día vamos para que conozcas alguna.

—Gracias, Ramón. Tienes razón, creo que no puedo escribir esta historia sin conocer el lugar donde sucedía todo en mis sueños, el campo argentino.

Antes de despedirse, Ramón sacó de su monedero una tarjeta de visita.

—Te voy a dar el contacto de Gustavo López. Quiero que le escribas.

—¿Quién es Gustavo López?

—Es un editor buenísimo, chileno, que vive en Buenos Aires desde hace ya algunos años. Además, es el mejor agente literario que te puedes encontrar. Seguro que te ayuda con tu carrera. Es un señor mayor cargado de manías, pero es muy buena persona. Vive en San Telmo, en una casa repleta de libros. Casi no se cabe de tantos libros que hay. Es muy inteligente, te va a caer bien y, sobre todo, va a saber guiarte en el proceso creativo. No es fácil escribir una novela y vas a necesitar a alguien que te oriente. Yo te repito que te ayudaré en lo que necesites, pero él sabe más que yo.

—Qué suerte haberte conocido. Gracias de nuevo, Ramón. No sabes lo que significa para mí todo esto.

—Lo sé, porque yo también he estado en tu situación. Y supongo que tengo el deber de advertírtelo. Aprovecha y escucha bien todos los consejos que te dé Gustavo. Ve con mil ojos. Lo más apasionante de la vida de un escritor es que desde que comienza a escribir una historia, desde el momento en el que se mete en la piel de un personaje, todo lo vive diferente. Ya nunca vuelves a sentir las cosas de la misma manera. La forma en la que llegas a un sitio, la forma en la que analizas un olor, a la gente… Verás que, una vez te conviertes en escritor, es difícil vivir una vida como la del resto de los mortales. —Me gustó la pasión con la que hablaba.

—Qué bonito eso que dices —añadí.

—Disfrútalo. Es un privilegio. Y te va a ayudar muchísimo a ti misma, te va a liberar de todo lo que tienes dentro. Es lo que tiene la ficción. Es como saltar a otro mundo... Un mundo que tú misma has inventado —dicho esto, Ramón apuró su vino—. Me despido. Mañana tengo una reunión muy temprano.

—Perfecto, Ramón, gracias por todo. Lo he pasado fenomenal y voy a aplicar todos tus consejos.

Regresé a casa en taxi y anoté en mi cuaderno todo lo que me había dicho Ramón. También apunté el teléfono del tal Gustavo para no perderlo. Todavía no me veía preparada para enseñarle mi novela a aquel editor que, según Ramón, podía ayudarme tanto. No quería dejar pasar ese tren, pero tampoco quería precipitarme enseñándole algo de lo que no me sentía segura.

Abrí el documento con la historia de tía Julia y transcribí algunos datos de las conversaciones que habíamos mantenido las últimas semanas en su casa. Contrasté alguna información en internet para comprender mejor la época en la que tía Julia había aterrizado en Buenos Aires, 1952, año de la muerte de Evita Perón, un año muy revuelto en la historia del país.

Todavía me quedaba mucho trabajo por hacer y, sobre todo, muchas dudas por resolver de la vida de mi tía abuela. Tenía la sensación de que no habíamos llegado aún al fondo de la historia, de que lo mejor estaba por llegar. Lo que no me esperaba era que, al día siguiente de aquella cena con Ramón Oviedo, tía Julia me fuera a confesar la verdadera historia por la que había decidido dejarlo todo y emprender su viaje a Argentina.

37

Habíamos quedado para comer en su casa. Tía Julia me había preparado unas empanadas riquísimas y un puchero. Empezaba a refrescar en Buenos Aires y a mí ese tiempo me hacía sentir más como en casa.

Durante las últimas semanas nos habíamos visto todos los días y, sin darnos cuenta, habíamos establecido una rutina que nos hizo intimar cada vez más. Yo aprovechaba las mañanas para escribir. Comíamos sobre la una del mediodía, después dormíamos unas siestas larguísimas y al despertarnos nos poníamos a charlar. Aquel momento del día me servía de descanso y también de desconexión. Por las noches, continuaba escribiendo hasta que ya no me quedaban fuerzas.

Sonaron las tres en el reloj de pared. Estábamos sentadas las dos en el sofá de la biblioteca que ella había convertido en su salón, pero esa tarde ninguna de las dos tenía sueño y sí muchas ganas de hablar. Tía Julia me hizo una confesión que cambiaría por completo la idea que yo tenía en mi cabeza sobre ella y también, claro, sobre el personaje principal de mi novela.

—Me hizo gracia que me preguntaras por Rufino, ¿sabes? Hay algo que no te he contado, Greta.

—¿Ah, sí? —dije incorporándome.

—Sí. Verás. Ahora que tenemos confianza, creo que ha llegado la hora de que te cuente la historia, la historia de verdad. La verdadera razón por la que decidí dejarlo todo y venir a Argentina.

—Pero… ¿no fue por desamor? ¿Por el tal Bob? Menudo cretino…

—No, querida. Esa no es la historia real. Esa fue la historia que tuve que contar en aquel momento. En realidad, yo…

—Sí… —había cortado el discurso y la animé a continuar.

—… yo me había enamorado de otro hombre.

Me quedé ojiplática y activé mis cinco sentidos para entender bien la historia.

—¿Otro hombre?

—Sí. Me enamoré de Rufino, del señor de la foto. Cuando lo conocí, juré seguirlo hasta el fin del mundo. No me importaba perderlo todo.

—¿Cómo? —pregunté asombrada—. Entonces, ¿tú estabas prometida cuando lo conociste?

—Exacto, mi hijita. Yo estaba a punto de casarme con Bob cuando mi padre me pidió que lo acompañara a un viaje a Buenos Aires. Habíamos heredado una gran suma de dinero, una herencia de un tío abuelo nuestro que murió sin descendientes. Había ganado mucho dinero con la agricultura y nos había dejado muchas tierras. Yo ni siquiera lo había conocido, pero él apreciaba mucho a mi padre. Mi madre no quiso acompañarlo porque tenía que ocuparse de tu abuela, Amelia. Así que mi padre me pidió que fuera con él. Y yo… le dije que sí enseguida.

—Vaya. Debías de ser muy joven…

—Era la primera vez que viajaba tan lejos. Entonces hacíamos viajes más cortos. A Europa, de vez en cuando. Imagínate, la primera vez que volé a Buenos Aires yo tenía veintitrés años, como tú cuando llegaste a Londres, así que aquel viaje se me antojó exquisito y exótico.

La charla continuó. Tenía mil preguntas que hacerle, pero quería dejarla hablar para ver si en el transcurso de la conversación ella sola las iba respondiendo.

—Entonces era el año 1952. Evita Perón había muerto hacía tres días, dejando un país revuelto por el peronismo. ¿Sabes lo que es?

—Mmm... La revolución de los obreros, ¿no?

—Efectivamente. Evita Perón fue «la defensora del pueblo» y conquistó a toda la clase obrera que, en ese momento, no tenía a nadie que la representara. Encontraron en ella a la líder perfecta en la que creer para llevar a cabo su propia revolución. Evita tenía una intuición inmensa. Si veía una injusticia, no la perdonaba. En fin... —prosiguió—. Buenos Aires era, por aquel entonces, una ciudad deslumbrante que venía de una época gloriosa en la que se habían construido grandes edificios. Fueron los años dorados de Argentina. A principios del siglo XX se había convertido en uno de los países más ricos del mundo, por encima de Reino Unido, en plena era del Imperio británico. Pero pronto perderían todo lo que tenían, justo por eso...

—¿Por el peronismo?

—Sí. Perón los llevó a la más pura miseria. Nunca se recuperaron. Pero no quiero entrar en temas políticos. ¿Por dónde íbamos? Ah, sí. Cómo conocí a Rufino. Fue en una de las estancias de General Rodríguez, situada a las afueras de la ciudad. Mi padre me comentó que teníamos que ir a recoger el dinero a casa de unos amigos que, muy amables, habían preparado un asado para recibirnos. El padre de la familia era uno de los pocos amigos que tenía mi tío abuelo, a quien le gustaba mucho el campo y, más en concreto, la pampa argentina. Yo me puse mis mejores galas. Él siempre fardaba de hija y le gustaba que lo acompañara a todas partes. Algunas veces resultaban ser eventos aburridísimos de mayores, donde yo no entendía nada de lo que hablaban; aquella vez fue fantástico, algo que jamás olvidaría.

—Y entonces, ¿qué pasó? —pregunté impaciente.

—Espera, mi hijita, quiero contártelo bien.

Tía Julia le dio un trago a su taza de té y continuó hablando.

—Yo fui allí sin ninguna expectativa de conocer a nadie, como tú comprenderás. Por aquel entonces, yo estaba muy enamorada de Bob y no se me pasaba por la cabeza fijarme en otro hombre. Antes, la fidelidad era un tema serio, no como ahora. Si una mujer se comprometía, no había vacilaciones, debía ser fiel al marido y cuidar de él hasta el fin de sus días.

Sonreí para mí misma. Ese discurso me sonaba de algo. Tía Julia hizo una pausa y puso una cara de felicidad que nunca antes le había visto.

—El 30 de julio llegamos a la estancia y allí nos recibió un apuesto jinete montado sobre su caballo, con un pantalón beis holgado recogido a la cintura con un cinturón ancho de cuero, unas botas de potro y unas espuelas de plata relucientes. Llevaba una camisa blanca y un pañuelo rojo amarrado al cuello con un nudo. Nos abrió la puerta de la estancia y nos condujo hasta la entrada del chalet por un camino largo y arenoso. La estancia era inmensa, tenía miles de hectáreas, según me explicó mi padre. Parecía un océano de tierra enorme. Apenas podía distinguirse el punto en el que terminaba y comenzaba el cielo. En aquellas llanuras, me sentí diminuta.

Tía Julia seguía recordando.

—Al bajarse del caballo aquel apuesto hombre, yo seguía mirándolo asombrada, intentando adivinar qué sería lo siguiente que haría. No había conocido jamás a un señor tan ágil y tan varonil. Tenía un atractivo de tinte poético. Él vino directo hacia nosotros y yo caí rendida ante sus encantos. Primero saludó a mi padre y luego este nos presentó: «Esta es mi hija Julia, la mayor. Julia, este es Rufino. Un gran gaucho. Él es el encargado de la estancia y de la ganadería». «Un placer conocerla», dijo él besando mi mano con sumo cuidado. En el acto los dos sentimos una atracción irrefrenable que tuvimos que disimular ante la presencia de mi padre. Una doncella con un uniforme negro y blanco perfectamente colocado y una cofia de esas que solamente había visto en las películas nos acompañó con las maletas a nuestros cuartos. Rufino desapareció cabalgando en el horizonte para continuar con sus tareas del día. Desde aquel momento, los dos hicimos todo lo posible por vernos a todas horas. Nos buscábamos el uno al otro sin que nadie se percatara. Ni nosotros mismos nos estábamos dando cuenta de que nos estábamos enamorando.

—Y entonces, ¿qué pasó? —dije muerta de intriga. No me podía creer que mi tía abuela Julia hubiera tenido un amante.

—Antes de continuar, quiero que sepas que esta historia no se la conté a nadie porque no quería hacerles daño a mis padres. Sobre todo a mi madre, que tenía depositadas todas sus esperanzas en mi relación con Bob. Quería que su hija mayor se casara con un europeo de buena familia. Ya te imaginas cómo eran las cosas en esos tiempos... Hoy todo hubiera sido diferente.

—Ya me imagino —asentí—. ¡Continúa, por favor!

—Por dónde iba... —Se notaba que le fallaba la memoria—. ¡Ah, sí! Mi padre y yo pasamos tres días en la estancia de los Herrera. Aquel lugar era lo más cercano al paraíso que yo había imaginado. Había caballos por todas partes, un ganado estupendo, campos infinitos, bebían mate a todas horas; no comían verduras en todas las comidas como nosotros, todo era carne con pan. Daban largos paseos por el río, jugaban al polo, por la noche cantaban y bailaban... Yo, acostumbrada al ocio occidental y de chica joven de ciudad, tan recluida en casa, encontré aquella cultura fascinante. Allí nunca se aburrían. Es cierto que cumplían largas jornadas de trabajo, que los hombres madrugaban y las mujeres preparaban la casa con esmero, pero cada día lo vivían con una intensidad, con unas ganas y una energía, que mi concepto de entender el mundo cambió. Los hombres de la pampa tenían un atractivo peculiar. Eran hombres hechos y derechos, machos en toda regla, no como los que yo conocía...

Tía Julia se tomó un respiro y yo esperé en silencio a que prosiguiera.

—A medida que fueron pasando los días, me fui dando cuenta de que no me importaría pasar el resto de mi vida allí, en aquellos campos. Mi padre también disfrutaba de todos los detalles, igual que yo, pero al fin y al cabo era un hombre de negocios, un hombre de ciudad que necesitaba su mundo materialista para ser feliz. Nos sentimos parte de aquella familia tan hospitalaria. Por sus conversaciones, deduje que tenían unos valores muy marcados, como la solidaridad, la lealtad y la valentía. Eso los convertía en una familia honrada y sana. Todo lo que tenían lo pusieron a nuestra disposición sin esperar nada a cambio. Rufino tenía dos hermanas muy guapas que fueron amables conmigo desde el principio. La pequeña, Roma, parecía estar enamorada de su hermano; con ella tuve menos relación. Con la mayor, Vicu, intimé muy rápido y nos convertimos en inseparables. Era una niña muy curiosa que tenía ganas de comerse el mundo. Sentía una pasión loca por todo lo que tuviera que ver con Europa, así que le hacía ilusión tener una amiga a la que poder visitar en caso de viajar a España.

—¡Qué bonito, tía Julia! Continúa, por favor. Quiero saberlo todo. ¿Qué pasó con Rufino?

—Pues verás, Rufino fue muy sabio y supo jugar muy bien sus cartas. Consiguió que nadie se diera cuenta de que estaba interesado en mí, excepto yo, claro. Fue un caballero conmigo en todo momento y me hizo sentir que yo pertenecía a esa nueva vida que se abría ante mí como una posibilidad tentadora pero muy arriesgada para la época. Recuerdo una tarde que nos propuso a mi padre y a mí salir a caballo para enseñarnos las tierras. Había oído a mi padre quejarse de la espalda, por lo que esperaba que decidiera no acompañarnos. Y así fue: salimos Rufino y yo solos. Eligió un buen momento y me llevó a la orilla de un río. Te puedes imaginar que los planes allí eran muy distintos a los que yo hacía en Madrid. Aquella era una vida rural. Cargamos dos mochilas con unos bocadillos con carne de res y un poco de mate, ya que no sabíamos a qué hora volveríamos. Recuerdo como si fuera ayer aquella charla en el río…

Tía Julia se quedó un momento pensativa. Tenía los ojos llorosos.

—Después de galopar un buen rato, Rufino tiró de las riendas para frenar al caballo. Habíamos llegado al río. Ató los caballos cerca de unos ombúes y me ayudó a bajar de la silla. Al cogerme por la cintura, me quedé tan cerca de sus labios que no pudimos evitar besarnos. «Estoy locamente enamorado de ti —me dijo—. Quiero que lo dejes todo y te vengas a vivir conmigo. Seremos muy felices», aseguró.

—Y tú, ¿qué le respondiste? —pregunté ansiosa.

—En ese momento no le pude responder, porque sabía que lo que estaba haciendo no era lo correcto. En el fondo de mi corazón quería decirle que sería capaz de dejarlo todo para irme al fin del mundo con él, pero estaba a punto de contraer matrimonio con otro hombre al que también amaba, aunque de otra manera.

—Pero, tía Julia...

—Ya tenía fecha de boda con Bob, con el que me esperaba una vida llena de comodidades. Nos íbamos a casar ese mismo verano en la finca de mis padres, las invitaciones estaban ya enviadas. Pero no era ese el único inconveniente. Rufino tenía treinta años más que yo, una diferencia de edad que a mis padres no les iba a hacer ninguna gracia. De ninguna manera entenderían que yo abandonara todo para irme con un hombre tan mayor y tan lejos de mi casa. En dos días regresaba a Madrid y sabía que si confesaba no me dejarían marcharme a Argentina con él... Pero yo ya había decidido que quería pasar el resto de mi vida junto a él.

—Tengo los pelos de punta. Y entonces... regresaste a Madrid y ¿qué pasó?

—Antes de que yo dejara la estancia, Rufino trazó un plan. Me insistió en que era de suma importancia dar los pasos correctos para que nuestra historia no supusiera un escándalo. «Te voy a pedir oficialmente en matrimonio», me dijo. «¿Cómo? ¿Cuándo?», le pregunté. «Antes de que os marchéis». Tenía que ser al día siguiente. «Quedaremos de noche a la orilla del río. Vendrá un cura amigo de la familia al que avisaré de urgencia hoy mismo. ¿Aceptas? —me preguntó—. ¿Aceptarías ser mi esposa?».

Tía Julia se calló de nuevo rememorando aquel momento.

—Yo le dije que sí y volví a besarlo, impulsada por una fuerza incontrolable, por aquel amor que sentía por él, el amor más grande que había sentido jamás por nadie. Pero al volver a casa y separarme de Rufino, empezaron a entrarme miles de dudas. Dudas que cuando él estaba cerca desaparecían, cegadas por ese amor puro y salvaje que jamás volvería a sentir por nadie.

—No me extraña... ¿Y no te daba miedo dejar plantado al otro, al tal Bob?

—Claro que me daba miedo. Él había sido un buen hombre en todo momento. Sabía que le rompería el corazón. Llevábamos casi tres años juntos y, en fin... Teníamos lo que podía considerarse una relación estable, pero me di cuenta de que no era eso lo que yo buscaba en mi vida. Nadie sabe lo que me costó tomar la decisión de dejarlo todo y venir a vivir a Argentina con el verdadero amor de mi vida.

Tía Julia le dio otro sorbo a su té.

—Al volver a España, ya casada en secreto con Rufino, decidí que me inventaría una historia para sacar de mi vida a Bob sin salir mal parada. Era mucho más fácil contar la historia así, como la víctima de un adulterio, para tratar de convencer a todos de mi decisión. Nada más llegar, escribí una carta imitando la letra de Bob y la introduje en el buzón de mi casa, como si la acabáramos de recibir. En la carta que supuestamente Bob había enviado desde el frente, se dirigía en francés a una señorita de nombre Margaret, lo cual daba a entender que esa carta iba dirigida a una amante, pero que, por error, la había recibido yo. Al volver a casa, mi padre abrió el buzón, encontró la carta y me la entregó. Yo la abrí y me puse a llorar desconsoladamente. «¡Me ha engañado! ¡Me engaña con otra mujer!». Mi padre no supo cómo reaccionar y llamó corriendo a mi madre. Toda la familia se reunió en el recibidor, alertados por mis llantos. Todos sintieron mucha pena por mí y a nadie se le pasó por la cabeza que aquella carta la hubiera escrito yo y que todo aquello era una mentira para poder escaparme con mi verdadero amor.

—Alucino —dije asombrada—. No tengo palabras, tía Julia. Pero, si a Rufino solo lo habías visto tres días, ¿cómo fuiste tan valiente de tomar aquella decisión?

—Pues así es el amor, Greta, y la inconsciencia de la juventud. Visto desde la distancia, yo también me sorprendo de cómo pude organizar todo aquel disparate. Fueron unas semanas muy duras para toda mi familia. Mi madre entraba en mi cuarto cada dos por tres para ver cómo me encontraba. Recuerdo con mucha lástima su expresión, reflejaba el dolor por la traición a su hija. Ella estaba especialmente dolida porque había sido la más partidaria de aquel matrimonio y no se podía explicar cómo Bob nos había decepcionado a todos de aquella manera. También le preocupaba mucho lo que pensaran los demás. Se pasaba el día marujeando con sus amigas, hablando sobre las parejas y los matrimonios y, en fin, pensó que tenía que comunicar cuanto antes lo sucedido para que la gente no tergiversara ni se enteraran del asunto por terceras personas. A mí se me rompía el corazón al verla llorar. Hubo un punto en el que la vi sufrir tanto que dudé de si debía seguir manteniendo aquella mentira... Pero cada vez que tenía dudas, cerraba los ojos y recordaba a Rufino cabalgando sobre su caballo por las llanuras de la pampa argentina. Aquello me daba las fuerzas que necesitaba para seguir adelante con el plan.

—Y con Rufino... ¿cómo volviste a hablar?

—Esa parte de la historia es muy importante, pero antes te voy a explicar lo que pasó con Bob. Transcurrieron un par de semanas en las que no supe nada de él. Las cartas entonces tardaban más o menos diez días en llegar y él no sabía nada de lo sucedido. Seguía esperándome con la ilusión de nuestra boda, así que decidí escribirle yo para comunicarle que necesitaba verlo con la máxima urgencia. El día que envié esa carta creí que me desmayaba de los nervios. Quedamos en París, a medio camino entre Bruselas y Madrid, ya que él tenía que pasar allí unos días y para mí era importante que aquella conversación tuviera lugar fuera de casa. Nos citamos en una cafetería cerca de la Ópera de París y él apareció con toda la ilusión de verme, sin esperar en absoluto nada de lo que iba a confesarle. Nada más sentarme, le dije con sangre fría que me había desenamorado y que, lamentablemente, me había enamorado de otro señor. Había ensayado todos esos días cómo decirlo y no me tembló la voz. No le di detalles de quién era mi amor. Bob se alejó de mí para siempre. Nunca olvidaré su cara de tristeza. Le pedí que, por favor, no volviera a España para que no hiciera la situación más complicada de cara a mis padres. Le dije también que ya les había comunicado la noticia a todos. Falsifiqué otra carta, esta vez firmada por mis padres, que iba dirigida a su familia. Bob no reconoció mi letra y dio por hecho que aquello era una despedida en toda regla.

—Debió de sentirse muy decepcionado con toda la familia, ¿no?

—Supongo, porque nunca volvió a dar señales de vida. Nadie supo nada más de él. Yo tenía miedo de que en algún momento las versiones se cruzaran y yo quedara como una impostora. Tienes que entender que, en aquella época, aquella versión era más aceptada que la de verdad. Sería mucho más escandaloso sacar a la luz que una mujer a punto de casarse lo había dejado todo para irse a vivir con otro hombre a la otra punta del mundo.

—¡Madre mía! Y entonces, ¿regresaste a Buenos Aires? ¿Con qué dinero?

—Entonces... Una noche tuve una conversación muy seria con mi padre en su despacho después de cenar. Toda la familia estaba en casa y le pedí hablar a solas. Yo siempre había sido la niña de sus ojos y en aquel momento lo utilicé a mi favor. Le dije que después de aquel disgusto no me veía capaz de rehacer mi vida en Madrid y le supliqué que me diera dinero para irme a Argentina, al menos por un tiempo, y olvidar lo que había pasado. Le dije que aquel billete era todo lo que necesitaba para ser feliz. Mi padre me dijo que no fuera tan radical, que pronto podría rehacer mi vida en Madrid, que no tenía por qué irme tan lejos. Pero yo le insistí entre lágrimas. Mi padre nunca se pudo imaginar que su hija jamás regresaría. Extendió un cheque por una buena cantidad, suficiente para el billete y más. «Toma, cielo. Nunca se sabe lo que puede pasar. Tenemos suerte de haber heredado este dinero y no quiero que te falte de nada», dijo. Yo lo besé y abracé pensando que tenía el mejor padre del mundo.

—¿Y te mudaste a Argentina?

—Efectivamente. En julio del año siguiente cogí un

avión. Ahora me doy cuenta de lo osada que fui, porque había pasado el tiempo y Rufino podría haber cambiado de planes, pero era joven e ingenua y estaba muy ilusionada, así que ni se me pasaba por la cabeza esa posibilidad. Confiaba en que los dos habíamos sido sinceros con nuestros sentimientos. Le mandé una carta en la que le comunicaba mis planes de venirme a vivir con él. Quizás esa carta llegaría más tarde que yo, pero tenía que intentarlo. Él la recibió y le dio tiempo a contestarme con otra muy bonita que todavía conservo en la mesilla de mi dormitorio. La releo muchas noches. En ella me comunicaba que lo tenía todo preparado en la estancia para cuando yo llegara y que estaba deseando celebrar una boda oficial y darle la noticia a todos, pero que teníamos que ser cautos. Me dijo también que los primeros días los pasaríamos en su piso de Recoleta para poder planificar la boda.

—Y el piso, ¿es este? —pregunté mirando a mi alrededor.

—Así es. Vinimos a este piso que por entonces no estaba reformado. Solamente tenía tres cuartos y una cocina a medio hacer, pero era de su familia y podíamos estar cómodos y sin nadie que nos molestara.

—Qué nervios, ¿no? Y qué emoción cuando lo volviste a ver.

—No te imaginas. Creo que nunca he estado más nerviosa que en aquel avión destino a Argentina. Llevaba dos maletas enormes conmigo porque intuía que no regresaría a España. A veces sentía que había perdido la cabeza, pero, ¿sabes?, son las cosas que se hacen por amor. No hay otra justificación.

—Buf… Ya me imagino. Yo creo que nunca he estado tan enamorada —reflexioné. De pronto todas mis historias de amor me parecieron ridículas al lado de la suya.

—No digas bobadas, chiquita. Eran otros tiempos que lo hacían todo más dramático. Ahora vuestros amores son de otra manera, pero también bonitos —añadió.

—Ya, pero solamente os conocíais de tres días y confiaste en él a ciegas.

—Sí, mi hijita. Confié en él. Sabía que Rufino era un hombre con valores, que no me dejaría plantada, que cumpliría lo prometido porque era un hombre de palabra. Lo único que me daba reparo era la diferencia de edad.

—¿Por qué?

—Porque para su familia yo era solo una niña. Pero, en fin.

—¿Fue eso un inconveniente?

—Yo tuve mis dudas. Nos llevábamos casi treinta años de diferencia, la historia podía ser un disparate. Además, para su familia, que yo lo hubiera dejado todo, incluso a mi futuro marido, para irme a vivir a Buenos Aires era una locura. No decía mucho a mi favor, así que decidimos ir despacio. Los primeros días decidimos que viviríamos la historia a solas. Nos aislamos del mundo y nos dedicamos a conocernos y a cuidarnos. Teníamos que pensar cómo contarlo para no hacer daño a nuestras familias. Rufino era muy cuidadoso y también era consciente de que, si aquella historia no era bien aceptada por su familia, yo me sentiría incómoda y terminaría abandonándolo. Pero no fue así.

—¿Lo aceptaron todos?

—Sí. Gracias a Dios, tuvimos suerte y nos veían tan enamorados que no tuvieron más remedio que aceptarlo y confiar en que la historia saldría bien.

—Increíble, tía Julia. No salgo de mi asombro. Nunca me podría haber imaginado esta historia. Mi madre me contó, claro, la versión oficial, la de que tú habías abandonado el país muerta de pena... Qué lista fuiste —concluí.

—Ay, no sé, mi hijita. Cosas que haces por amor. Rufino murió hace veinte años de un cáncer de pulmón y para mí supuso una auténtica tragedia.

—¿Tuvisteis hijos?

—Sí, tuvimos cuatro hijos de los que solamente vive uno, Francisco.

—¿Francisco? No me has hablado de él.

—Sí. El pequeño.

—¿Y dónde vive?

—Esa es una historia con la que continuaremos otro día. Estoy agotada y todavía tengo que recoger la cocina. El próximo día que vengas te sigo contando, ¿te parece?

38

Salí de casa de tía Julia y me senté en un banco. Necesitaba analizar lo que acababa de suceder. Tenía una historia apasionante entre mis manos. Mi intuición había hecho bien su trabajo. Pronto le confesaría a tía Julia mi intención de escribir sobre su vida. Suponía que a ella le haría ilusión, al fin y al cabo, a todos nos gustaría que alguien escribiera nuestras memorias. O eso pensaba yo.

Corrí a casa para pasar las notas a mi cuaderno y seguir escribiendo. Ahora estaba segura de que tenía una historia apasionante, llena de romanticismo y de detalles que la convertían en una novela de verdad. Después de todo, quizás pudiera cumplir con el objetivo que me había llevado a Buenos Aires.

Me pasé los siguientes días escribiendo algunos diálogos entre los personajes y buscando información en internet. Calculé las edades que tendrían, creé los contextos y lo describí todo de la forma más concreta posible para crear una historia coherente. Sin darme cuenta, fui separándome de la historia real y la novela fue cogiendo forma. Enseguida alcancé las cien páginas y me pareció que ya estaba preparada para una primera revisión con aquel editor del que me había hablado Ramón Oviedo.

Le escribí y accedió sin problemas a que nos viéramos. Quedé con él aquella misma semana en su casa de la calle Cochabamba. El metro me dejó en la zona de San Telmo. Al levantar la vista del mapa, tenía ante mí un palacete pequeño, con dos columnas centrales, las ventanas abiertas y una cortina blanca volando. Hacía frío en Buenos Aires y me chocó que las ventanas estuvieran abiertas de par en par. Toqué el timbre y esperé.

—Pasa, pasa. —La voz venía de arriba, de una terraza.

Subí las escaleras y encontré la puerta abierta. Me adentré en la casa, que estaba desordenada, con libros por todas partes. En el centro del salón, un hombre de pelo blanco, en bata, estaba repanchingado en un sillón, con un libro sobre la tripa. Había dos sofás, una máquina de escribir con muchos papeles y varias tazas de café medio llenas. Lo miré y dudé si estaría dormido, ya que tenía los ojos entrecerrados y no se había inmutado ante mi presencia.

—Pásame las gafas, haz el favor —dijo—. Y cierra la puerta, que hay mucha corriente.

Le obedecí intrigada.

—Aunque, mejor… —rectificó— déjala entreabierta. Ahora vendrá Borges.

—¿Quién?

—El gato.

—Ah, vale.

Intuí que estaba ante un personaje un tanto especial.

—¿Fumas? —me invitó a un cigarrillo.

—Oh, no. A estas horas, no.

—Así que eres de esas… —dijo arqueando una ceja.

Encendió su cigarro y echó una amplia bocanada.

—¿Qué te trae por aquí?

—Estoy escribiendo una novela.

—¿Sobre qué?

—Una novela romántica.

—¿Y de qué trata?

Solté de carrerilla el argumento tal y como lo había ensayado en el metro. Concluí diciéndole que había traído una copia, por si acaso.

—No, prefiero que me la leas tú. Ya no tengo edad ni para leer. He leído tanto en mi vida...

—¿Qué parte quiere que le lea? —le pregunté.

—Pues el principio, supongo. ¿O vas a desvelarme ya el final?

—Vale —reaccioné nerviosa.

Empecé a leer ajustando el tono de mi voz para que me entendiera bien.

—No hace falta que grites —me interrumpió—. Por ahora, no estoy sordo.

Ya me había dado cuenta de que no era una persona fácil y de que era mejor no llevarle la contraria.

—Perdón.

Leí con inseguridad los tres primeros capítulos, en los que describía a tía Julia, que en el libro se llamaba Sofía.

—Hay demasiadas Sofías en la literatura. Búscale otro nombre —dijo para empezar—. Pero, a ver, ¿cuál es la problemática de la novela?

—Su decisión. El dilema en el que se encuentra por abandonar a un hombre al que ama por otro al que apenas conoce, pero con el que tiene el presentimiento de que será más feliz... —dije con miedo a que mi argumento no le pareciera suficientemente convincente.

Gustavo encendió otro cigarrillo y se me quedó mirando unos segundos sin decir nada.

—¿Es tu primer libro? —dijo al fin.

—Sí.

—¿Cuánto tiempo llevas escribiéndolo?

—Unos meses.

—¿Y qué es lo que quieres conseguir con este libro?

—Pues no sé. —Estaba segura de que era una pregunta con trampa—. Me gustaría comenzar mi carrera como escritora. Y siento…, no sé…, como que las palabras fluyen cuando me siento a escribir.

—Bueno, pues eso ya es algo. —Respiré aliviada—. Déjame aquí el texto, terminaré de leerlo luego. Ahora, si me disculpas, tengo muchas cosas que hacer.

Entendí que quería que me fuera.

—Le agradezco de veras su tiempo. Quiero que sepa que valoro mucho toda ayuda que pueda prestarme. Ramón me habló tan bien de usted…

—Ramón es un buen tipo. Yo ya estoy mayor y no recibo a jovencitas con ansias de triunfar. Estoy cansado ya de estas cosas. Si te tengo en cuenta es porque vienes recomendada por él. Y ahora, si no te importa, preferiría quedarme solo.

Me quedé cortada y me levanté enseguida.

—Cierra al salir. Creo que Borges ha decidido abandonarme. Hace algunas semanas que no aparece.

—Vaya —dije—. Bueno, esperemos que aparezca. Los gatos siempre vuelven. Yo… quedo a la espera de sus noticias.

—No, creo que no me has entendido bien —dijo un poco brusco—. He dicho que, dado que vienes recomendada por Ramón, voy a atenderte con especial cariño. Vuelve mañana. Me ha parecido una historia interesante, pero creo que vamos a tener que trabajar en algunos detalles de estilo.

Me quedé atónita.

—¿En serio? ¿Sobre qué hora te viene bien? —lo tuteé, presa de la emoción.

—A las doce. No tan pronto como hoy, que me has cogido en bata.

—Perfecto, volveré a las doce, puntual. Gracias, Gustavo. Ha sido un placer conocerte.

Regresé a casa feliz y esperanzada. A Gustavo López, un editor importante y con mucha experiencia, le había gustado mi historia, y eso me había dado fuerzas para creer en ella y la seguridad que necesitaba para seguir adelante. Nada más llegar, abrí el documento para introducir las correcciones que él me había sugerido y noté cómo la novela cobraba otra fuerza. Había tenido mucha suerte de dar con aquel hombre que, desde ese día, se convirtió en mi principal apoyo.

Por la noche, después de cenar, me quedé en el salón reflexionando un poco. Estaba satisfecha después de haber trabajado en la novela toda la tarde, pero por otro lado sentía que, aparte de escribir, no había hecho nada emocionante y eso me produjo un poco de tristeza. El nombre de Pablo me vino otra vez a la cabeza. ¿Qué sería de él? Quería que supiera que estaba en Buenos Aires escribiendo mi primera novela, dando pasos agigantados en mi nueva vida, fuera de los focos.

Comprendí que, inconscientemente, seguía buscando su aprobación. ¿Por qué? Todavía tenía la esperanza de que algún día viniera arrepentido a pedirme que volviéramos a estar juntos. Releí en mi teléfono nuestra última conversación de WhatsApp, aquella en la que me decía que no podía venir al evento de Hermès... Recordé lo mucho que me había hecho sufrir. ¿Cuándo superaría aquella historia?

Bloqueé el teléfono y me metí en la cama. No quería que nada ni nadie me distrajera de mi nuevo objetivo. Tenía delante de mí la oportunidad de llevar a cabo un proyecto muy gratificante, un proyecto distinto, un proyecto a largo plazo. Un libro que podrían leer mis nietos, si es que algún día los tenía. A pesar de que la cabeza me iba a cien, conseguí dormirme.

Al día siguiente, me levanté de un salto para llegar fresca y puntual a casa de Gustavo.

—Ayer me quedé leyendo tu novela y ya he terminado de corregirla —dijo él nada más verme entrar—. Pasa y cierra, he decidido olvidarme del gato. Prefiero pensar que lo he abandonado yo.

Cerré la puerta y me senté en el sofá como pude, apartando los libros abiertos que había por todas partes.

—Dime, Greta. Es Greta tu nombre, ¿no?

—Sí. Greta.

—Greta ¿qué más?

—Greta Godoy.

—Tienes un nombre precioso. Nombre de escritora.

—Gracias.

—¿Te has enamorado alguna vez, Greta?

No me esperaba esa pregunta.

—Sí, unas cuantas.

—¿Y te han roto el corazón?

—Sí. Dos veces, que yo recuerde.

—¿Y sufriste?

—Mucho. Algunas veces todavía me acuerdo de mi primer amor…

—Pues quiero ver ese sufrimiento en el personaje de Bob. Lo han abandonado. Su mujer, con la que iba a casarse, lo ha abandonado de la noche a la mañana. Ese dolor tiene que aparecer reflejado en el texto. Describe cómo se siente. Esta novela tiene que emocionar, tiene que conectar con la gente en la esencia de esos sentimientos que todos tenemos en común como seres humanos. Acompaña los diálogos de los protagonistas con reflexiones sobre cómo se sienten. Tienes que ponerte en su piel. Recuerda historias en las que tú hayas sentido un dolor parecido, alguna ocasión en la que te hayan decepcionado enormemente.

Inmediatamente pensé en Pablo y también en cómo me había sentido el día que me enteré de que Simon tenía mujer e hijos.

—Vale —dije, y anoté sus consejos en mi cuaderno.

—¿Has pensado en el nombre de la protagonista? Sofía no me gusta.

—Sí. ¿Qué te parece Fabiola?

—Me gusta. Tiene más personalidad. Ahora quiero que desarrolles más las relaciones que tienen entre ellos. Por ejemplo, no me queda claro cómo es el vínculo entre Fabiola y su padre. ¿Y con su madre? Si la mencionas, tienes que desarrollar su personaje. No puedes dejarlos a medias. Gracias a las relaciones que Fabiola mantiene con toda la gente con la que se cruza, se comprende mejor su personaje. ¿Entiendes?

—Sí, perfectamente —contesté.

Gustavo se quedó unos instantes en silencio mirándome muy serio.

—Dime otra cosa, Greta. ¿Sabes cuántos jóvenes como tú están luchando por ser escritores?

—Miles, supongo.

—¿Y sabes quiénes lo consiguen?

—¿Quiénes?

—Los que nos ayudan a comprender un poco mejor el mundo. Hazte preguntas. ¿Qué es el amor? ¿Cuál es el significado de la vida? ¿Se puede ser plenamente feliz? Lo que atormenta a cada personaje, sus miedos, sus inquietudes, sus circunstancias. El ser humano se pasa la vida preguntándose qué hay más allá de la vida.

—De acuerdo.

—Y, por cierto, los capítulos son muy cortos. Debe tener un mínimo de cuatrocientas cincuenta páginas.

—¿Cuatrocientas? ¿En serio?

—Sí. Las novelas del género suelen andar por ahí. Los lectores no quieren que acabe nunca. Cuanto más extensa sea, mejor. Quiero que te explayes y que intensifiques cada capítulo.

—De acuerdo. ¿Algo más? —le pregunté dispuesta a hacer todo lo que me pidiera.

—Sí. Ponte una fecha. No se puede trabajar así, a la deriva. ¿Cuándo te gustaría tener listo este proyecto?

—Pues... me gustaría acabarlo antes de que llegue el verano.

—¿En seis meses?

—Efectivamente.

—Pues ya le estás dedicando tiempo. Está todavía muy verde, pero tiene potencial. Y créeme, eso no se lo digo a cualquiera.

—Gracias —contesté emocionada—. Me lo voy a tomar muy en serio. Este proyecto es ahora mismo mi máxima prioridad.

39

Juntos, Gustavo y yo fuimos dándole forma a aquel texto que pronto llegó a las doscientas cincuenta páginas. Nunca me hubiera imaginado que yo pudiera escribir algo así de extenso. Iba a casa de Gustavo una vez por semana para mostrarle mis progresos, y cuanto más avanzaba la novela, más feliz me sentía de estar acercándome a mi sueño de convertirme en escritora.

Llegó el mes de julio y Coco vino desde Londres para quedarse unos días conmigo. Los gritos de emoción que dimos cuando llegó a casa se escucharon en todo el edificio. «¡No me puedo creer que estés aquí!», dije estrujándola. Las dos nos mirábamos, nos sonreíamos y nos volvíamos a abrazar.

Le enseñé el piso, que apenas me había molestado en decorar, pero no nos entretuvimos. ¡Había mucho que enseñarle en Buenos Aires! Coco sacó un jersey de su maleta y la llevé a pasear por Palermo Soho, uno de mis barrios favoritos.

La calle estaba tranquila, los comercios comenzaban a cerrar y nos entró hambre, así que paramos a cenar en un restaurante peruano que se llamaba La Mar y que tenía una terraza donde podríamos charlar tranquilamente. Siempre nos habían gustado mucho las terrazas.

—Bueno, cuéntame. ¿Qué tal van las cosas por Londres?

—Pues la verdad es que no me puedo quejar. Hemos dado muchos conciertos últimamente. Casi todos los fines de semana. Al último vinieron a vernos casi treinta mil personas. Fue una pasada. Me emocionó mucho ver a toda esa gente coreando mis canciones. A la salida, me pidieron autógrafos y después me escribieron por Instagram para decirme que era uno de los mejores conciertos de su vida... Nunca he sido tan feliz.

Aquel éxito me recordó a cuando yo subía alguna foto y recibía todos aquellos aplausos.

—¡Qué bien suena! ¿Y qué tal van las cosas con Paul? —le pregunté.

—Uf... Qué atrás te has quedado. Con Paul lo dejé casi cuando te fuiste.

—Pero... ¡si yo le seguía viendo en tus fotos!

—Bueno, porque seguimos siendo amigos. Pero, ya sabes, solo amigos, y algún revolcón. Bueno, ¿y tú qué? A este paso te encerramos en un convento.

—No digas tonterías. Yo ya he tenido suficiente. Entre Pablo, Simon y Sasha... ¡Ay! Creo que no te he hablado de Sasha.

—No, ¿quién es?

—Pues Sasha... —Se me iluminó la cara al recordarlo—. Sasha es un chico ucraniano que conocí en la tienda de mis amigos Mónica y Randy.

—Espera, eso tampoco me lo has contado. Y lo de Simon... ¿cómo terminó?

Tardamos poco en ponernos al día porque hablábamos aceleradas mientras degustábamos aquel ceviche delicioso.

—Y eso fue todo —concluí.

—Chin, chin —dijo Coco levantando su cerveza.

—Chin, chin —respondí yo cogiendo la mía.

—Por Greta y su nueva vida como escritora.

—Y porque no pase tanto tiempo hasta que volvamos a vernos. —Dimos un trago a la vez—. ¿Y de dónde ha salido esta tía Julia?

—Mi tía Julia es una mujer de estas que se ponen el mundo por montera. Aquí es mi única amiga. Ella y mi editor, Gustavo. Los dos son mayores, así que supongo que me estoy convirtiendo en una de esas personas a las que solo les gusta leer, pasear y dormir. —Reí.

—¡Pues vaya! ¿Y dónde está la Greta que yo conocí? La que temblaba de los nervios antes de entrar al evento de Gucci. ¿Te acuerdas de esa noche?

—¡Cómo nos reímos! Yo con aquella chaqueta, que le dije a Alexa Chung que era de Venice Beach; me moría de miedo pensando que podía pillarme. Aquella noche Pierre me presentó a Simon. Madre mía, cuánto ha llovido desde entonces.

—Y que lo digas... Oye, ¿y no echas de menos estar conectada?

—Mmmm... —Me quedé pensativa—. Al principio se me hizo raro, los primeros días me sentí muy sola. Pero ahora estoy encantada.

—¿No volverías?

—Por ahora no, pero quién sabe.

—¿Sabes? —dijo Coco—. Desde que me contaste que cerraste la cuenta, he pensado varias veces que a mí también me gustaría cerrar la mía durante un tiempo para recargar pilas. Además, el otro día me preocupé.

—¿Por?

—Porque estaba comiendo en el Byron de Chelsea y de

repente entró un chico que había visto una foto que yo acababa de publicar desde la hamburguesería. Y como estaba cerca, se presentó allí a saludarme.

—¿Qué dices? ¿Un tío al que no conocías de nada?

—Como lo oyes. De nada. No tenía ni idea de quién era. Pero como había visto la ubicación de mi foto, decidió plantarse allí para conocerme. Imagínate mi cara. Imagínate que llega a ser un violador.

—¡No seas exagerada! ¿Era guapo, por lo menos? —dije bromeando.

—¡No! Era horrible, si no, te estaría contando la historia de otra manera —argumentó Coco, y las dos nos reímos.

—Es un peligro eso de ubicar las fotos. No somos conscientes de la cantidad de cosas malas que pueden ocurrirnos.

—Estoy de acuerdo —concluyó Coco.

Continuamos hablando, recordando buenos momentos y pensando cuándo sería la próxima vez que coincidiríamos en la misma ciudad.

—¿Sabes? —dijo Coco—. Te he echado mucho de menos. Desde que te fuiste, Londres nunca volvió a ser lo mismo para mí. Éramos uña y carne... Pili y Mili. Selma y Telma. Por cierto, me encontré a tus compañeras de piso un día en un bar. Me dijeron que no habían vuelto a saber nada de ti, pero que habían oído que habías dejado Instagram. Así fue como me enteré yo de que te habías evaporado —bromeó haciendo un gesto con las puntas de los dedos.

—Qué monas... Tengo que escribirles algún día para ver cómo están.

—¿Y qué opinan tus padres?

—¿De que haya cerrado Instagram?

—No, de que te hayas venido a Buenos Aires, así de repente.

—Pues imagínate, casi les da un patatús, sobre todo porque acababa de llegar de Nueva York y a la semana ya estaba pensando en largarme otra vez. Pero ahora que les he explicado bien todo lo de la novela y me ven feliz, se alegran por mí.

—Yo también me alegro mucho por ti. Estoy deseando leer esa novela. ¿Me lees luego un poquito antes de dormir?

—Vale. Qué vergüenza. Vas a ser mi primera lectora.

—Espero que haya algún personaje que se llame Coco, aunque sea la costurera de tía Julia. —Reímos.

Durante la cena hice un gran esfuerzo por no preguntarle a Coco por Pablo, pero al final, ya en casa, no pude contenerme. Después de leerle los primeros capítulos de mi novela y antes de apagar la luz para dormir, le pregunté:

—Por cierto, ¿sabes si Pablo sigue con su novia?

—No tengo ni idea. Él también se ha borrado de Instagram.

—¿En serio?

—Sí. Su cuenta ya no está.

—Qué casualidad. Conociéndolo, seguro que él también se ha cansado.

—Es que yo creo que, como todo fenómeno, tendrá que regularse, ¿no?

—Desde luego. Ahora todo son vidas perfectas. Hay demasiada gente influyente y eso hace que, al final, nadie influya sobre nadie y que todo resulte muy repetitivo. Pero ¿sabes? Es lógico. Somos seres humanos. Cuando la gente comparte por tercera vez los mismos planes de verano en Instagram, ya no resulta tan excitante. ¿No crees?

—Sí, ya nada sorprende. ¿Por qué será?

—Yo creo que es por el exceso de información. Todo se banaliza. Por eso la gente termina tan cansada cuando acaba el día. Nunca hemos estado expuestos a tanta publicidad como lo estamos hoy. Hay gente muy lista pensando en cómo hacer para que estemos conectados las máximas horas posibles. Al final, cuando algo es gratis, te das cuenta de que el producto eres tú. Tus hábitos y tus intereses son lo que alimenta esas aplicaciones.

—No me había parado a pensarlo, pero tienes razón. Yo pierdo muchísimo tiempo en Instagram y, sobre todo, mucha energía. Hay días que no me puedo dormir por la cantidad de información que tengo en mi cabeza. Está claro que esta nueva forma de convivir con la tecnología tenía que afectarnos de alguna manera. Bueno, hablando de dormir, apagamos ya, ¿vale? ¡Buenas noches!

Los siguientes días los pasé con Coco de un lado para otro. Me aseguré de que se llevara una visión completa de Buenos Aires. Nos dio tiempo a ver muchas cosas. Fuimos al teatro Colón, al Café Tortoni, al barrio de la Boca, al Museo de Arte Moderno y a los bosques de Palermo. Se lo enseñé todo como si se tratara de mi ciudad. Por las mañanas, yo me despertaba antes que ella para escribir y por las noches le leía lo que había escrito mientras ella se pintaba las uñas y hacía otras cosas para entretenerse.

—Me voy feliz —dijo Coco al despedirnos—. Te he visto fenomenal.

—Gracias. Yo a ti también. Te agradezco en el alma que hayas venido hasta aquí. Nunca lo olvidaré.

—Me ha encantado lo que me has leído de la novela estos días. Me muero por verla acabada. Va a ser un éxito, ya verás.

—Y si no lo es, no pasa nada. Este proyecto lo he hecho para mí.

—Me parece bien que pienses así. Te veo muy cambiada y me gusta la nueva Greta. Pero, por favor, sal ya del convento. En cuanto pases esta etapa mística, quiero de vuelta a la Greta de siempre. Ya sabes a lo que me refiero… —Le sonreí.

—Anda, sube al taxi, que vas a perder el avión.

—Te quiero. Buen viaje.

Al subir a casa, recordé que hacía casi una semana que no tenía noticias de tía Julia, así que la llamé.

40

—¿Tía Julia?

Escuché una tos que no me gustó nada.

—¿Quién habla?

—Soy yo, Greta —respondí un poco asustada.

—Ay, mi hijita, tengo una gripe horrible. Llevo cinco días sin salir de casa.

—¡Y cómo no me has avisado!

—No quería molestarte. Sabía que estabas con esa amiga tuya de Londres.

—Bueno, pero igualmente hubiera ido a cuidarte. ¿Necesitas algo? ¿Quieres que nos veamos luego?

—Hoy estoy un poco débil todavía. Mejor vente a comer mañana. Ya estaré mejor. Espero.

—Vale.

Escuchar así a mi tía Julia me preocupó. Tenía ya una edad y sabía que una gripe podía ser un tema serio. Volví a llamarla al cabo de unos segundos.

—Tía Julia, ¿ha ido algún médico a verte?

—No, mi hijita. Los médicos no dicen más que tonterías. Me he preparado una infusión y estoy con la bolsa de agua caliente todo el día.

—Eso no es suficiente. Tiene que verte un médico. Tía

Julia, estas cosas hay que curarlas bien. No quiero que arrastres esa fiebre ni un día más. Llamaré para que vayan a visitarte.

—Qué carácter. Me recuerdas a mi hermana, tu abuela; era una hipocondríaca.

—Por favor. Es la única manera de que me quede tranquila.

Al día siguiente, fui a casa de tía Julia un poco antes de lo que le había prometido. Tenía prisa por saber cómo estaba. Toqué el timbre y esperé. Tardaba más de lo normal. Volví a llamar y, al fin, me abrió.

—Perdona, estaba en el salón con la tele a todo volumen.

—¿Estás mejor? —dije alarmada.

—Sí, algo mejor, pero... —Tosió—. Siento algo aquí, en el pecho, que no me deja respirar.

—Tía, tienes que dejar de fumar.

—Lo sé, hijita. Pero es el único vicio que tengo. El tabaco, el té y el vino. Y antes prefiero morir que quitarme mis únicos placeres. Compréndeme.

—No, tía. Estos días, hasta que te cures, nada de fumar —dije, y le retiré la cajetilla. Se la puse en la estantería de arriba, dejándole claro que quedaba confiscada.

—Tienes razón. Intentaré cuidarme un poco estos días.

—He pensado, tía, que hasta que te mejores me voy a instalar en uno de los cuartos de la casa. ¿Te parece bien?

—Hijita, por mí no hace falta que lo hagas.

—Sí, tía. Me da miedo que te levantes por la noche y no tengas a nadie que te ayude. Aunque sea para ir al baño.

—No te preocupes. Nunca me falta de nada. Yo me apaño muy bien sola.

Es cierto que esa frase la decía a menudo, y yo se la respetaba, pero esta vez no me lo creí.

—¿Qué vas a cenar hoy, por ejemplo?

—Cogeré algo de la nevera.

Fui a la cocina.

—Tía Julia, no hay nada en la nevera.

—Ay, mi hijita, me estás mareando. Hoy has venido guerrera y tienes que tener en cuenta que soy una mujer de ochenta y cinco años…

Aquella fue la primera vez que la escuché quejarse de su edad.

—Voy a la compra. Esta noche haremos caldo, ¿te parece?

—No tienes que molestarte, pero te lo agradezco. Por favor, coge dinero de mi cartera que está en la entrada. Me enfadaré si lo pagas tú. Tienes que ahorrar para poder mantenerte y seguir escribiendo esa novela, que va a ser un éxito, estoy segura. Por cierto, no me contaste de qué trata.

Pensé que había llegado el momento de explicarle que mi novela trataba sobre ella.

—Pues… al principio estaba inspirada en una de mis historias de amor, pero cuando me contaste la tuya…

—¡Oh, no! No me digas que has escrito sobre mi historia —exclamó sobrecogida.

—No, no es exactamente igual. He cambiado varias cosas —aclaré con miedo a que se molestara.

—No, si lo digo porque… —dijo mientras se levantaba para abrazarme— me hace mucha ilusión. Me halaga que alguien escriba los renglones de la vida de esta anciana que un día fue valiente por amor.

—¿En serio, tía?

—Claro. ¿Sabes? Al fin y al cabo, no he podido explicarles la verdad a ninguno de mis hijos. A nadie le conté la historia de Bob. En aquellos tiempos tenía que andarme con pies de plomo con lo que contaba. Me sentí culpable por haber engañado a mis padres. Pero ellos murieron y ya no queda nadie que pueda recriminarme mis actos. Quizás mi hijo menor, Francisco. Por cierto, deberíais conoceros.

—Me encantaría. Me has contado tantas cosas de él…

—Está feo que lo diga, pero él ha sido siempre mi favorito.

—¿Y no se preocupa de que estés aquí sola? —dije pensando que yo no abandonaría a mis padres tan mayores.

—No, yo estoy bien aquí. No tendría sentido que dejara su vida en el campo, es lo que a él le hace feliz. Piensa que fue un chico que creció rodeado de naturaleza y de animales. Él no encaja en la vida de ciudad.

—¿Y cuándo lo conoceré? —le pregunté.

—Pues cuando me recupere de esta gripe espantosa. Lo avisaremos para ver cuándo le va bien que vayamos a visitarlo a su estancia.

—Fenomenal. Ahora descansa. Voy a bajar a comprar la cena y lo preparo todo. Hoy tú eres mi invitada, ¿vale?

—Gracias, cielo. Eres una bendición. Me imagino que Dios te ha enviado como un milagro de esos que solamente él sabe hacer.

Sonreí y me fui. Paré en la farmacia para comprar algunas medicinas que el doctor nos había recomendado. Aquella noche, tía Julia se quedó dormida en el sofá. Yo la levanté con sumo cuidado, procurando que no se desvelara, y la acompañé hasta su cuarto. La ayudé a meterse en la cama y la tapé con la manta. Le besé la frente y apagué la luz de su mesilla.

Yo no tenía sueño, así que me quedé viendo la tele. Recorrí aquel piso observando los recuerdos. Fotografías, ropa. Yo dormía en el cuarto de Francisco, que era el más calentito; tenía baño propio y una ventana de esas alargadas que daba a la calle. Era un cuarto acogedor en el que todavía podían sentirse mil historias.

Al despertarme decidí que me quedaría una temporada con tía Julia hasta que se recuperara. No me fiaba cuando me decía que ella sola se cuidaba. Si aquel día yo no hubiera aparecido, seguramente ella no habría cenado y habría pasado la noche en el sillón. Tenía la sensación de que yo era la única persona con la que contaba para cuidarla y de que Dios me había mandado para eso.

Desayunamos juntas. Se la veía mucho mejor.

—Bueno, cuéntame de qué hablas en la novela.

—Pues... la protagonista se llama Fabiola.

—¿Fabiola? Me gusta el nombre.

—Pues tú te llamas Fabiola y Bob no es belga, es italiano y se llama Luigi.

—¡Vaya! Qué divertido debe de ser eso de inventar, ¿no?

—Ni te imaginas. Cada vez que me pongo a escribir es como si viajara a otro mundo.

—¿Y Rufino? —preguntó intrigada.

—Rufino se llama Martín. Como Martín Fierro.

—Me gusta. Hay muchos chicos que se llaman Martín en Buenos Aires. Le da realismo.

—¡Por eso lo puse!

—Bueno, si quieres que veamos cualquier cosa juntas me lo dices. Me hará mucha ilusión ayudarte a darle forma a esa novela. Estoy segura de que será un éxito. Antes las mujeres no teníamos la libertad que tenéis ahora y lo que hice fue una verdadera locura de la que no puedo estar más orgullosa. ¿Sabes, querida? En la vida tienes que escuchar a tu corazón. Hay que prestar atención a eso que llaman *intuición.* Si yo hubiera hecho caso a lo que mis padres querían…, en fin, hoy no estaríamos aquí.

41

Tía Julia terminó curándose de aquella gripe y las cosas retomaron su ritmo normal en Buenos Aires. Ahora que contaba con su ayuda para entrar en detalles, la novela cobraba todavía más fuerza. Gustavo lo percibió enseguida.

—¡Guau! Está increíble —dijo—. Menuda mejora has hecho.

—¿Te parece? ¡Ay, Gustavo, te debo todo lo que sé!

—Mentira —replicó amable—. Me debes muchos cafés, eso sí.

Solté una carcajada, ahora que había logrado entender su humor.

—Mira, Greta, creo que ya podemos enviar el libro a la editorial para que ellos te hagan las últimas correcciones y te orienten en el resto del proceso.

—¿Tú crees que ya está lista? Yo creo que todavía tengo quc darles una vuelta a algunos capítulos.

—Greta, hay un punto en el que tienes que soltar la obra. Tienes que dejarla marchar.

—Vale. Lo que tú digas. Tú eres el experto.

—Yo ya no sé lo que soy ni si estos editores soberbios se van a querer reunir conmigo. Hace tiempo que no presento ningún libro como agente, pero sé que todavía me respetan... Además, creo que sé a quién enseñarle este proyecto.

—A mí me gustaría... —dudé. No sabía si mi idea le iba a molestar— presentarlo en España.

—¿Prefieres empezar por ahí?

—Sí. Al fin y al cabo, soy española y está escrito en español.

—También tengo contactos en España. Te pondré en contacto con Pepe, que es uno de mis antiguos colegas de la editorial. Él vivió muchos años en Buenos Aires y fuimos buenos amigos. Me pregunto qué será de él ahora. Le explicaré que se trata de una persona muy especial para que te tenga en cuenta. ¡Por fin! —gritó Gustavo.

—¿Qué pasa?

—El gato, Borges. ¡Ha vuelto!

Me giré y ahí estaba. Un gato negro atravesó la sala moviendo la cola lentamente. Al contrario que Gustavo, el animal no mostró ningún signo de efusividad. Pasó indiferente delante de nosotros; parecía habérselo pasado fenomenal durante su ausencia. Gustavo se levantó corriendo para ponerle un cuenco con leche.

—Ya verás como así no se vuelve a ir nunca más. Te he echado de menos, maldito gato. Es tan listo que le puse un nombre que ahora veo que no merece. En fin —concluyó contento—, hemos terminado por hoy, señorita Godoy. El libro queda en mis manos. Le voy a hacer una última revisión y la semana que viene lo enviamos a España.

Nunca se me olvidará la sensación tan increíble que sentí el día que Gustavo me comunicó que mi editorial favorita había aceptado mi novela. Me llamó eufórico para contármelo. De alguna manera, había sido en parte gracias a su trabajo.

Llamé a mis padres para contarles que pronto volvería a España.

—¡Enhorabuena, hija mía! Con lo inconstante que eres, nadie confiaba en que fueras a terminarlo.

—Hombre, gracias, papá —respondí.

—¿Cuándo vuelves, entonces? No sabes cómo está de grande tu sobrina. ¡Ya casi camina! Se va agarrando a las mesas del salón para levantarse. Está muy graciosa. —A mi padre se le caía la baba con su nieta.

—¡Qué ganas de verla! Bueno, a ella y a todos —dije—. Te dejo, que he quedado con tía Julia. Un día de estos me va a llevar a su estancia.

—¿A su qué?

—A su estancia, aquí llaman así a las fincas.

—Pero, espera, ¿tu tía Julia? ¿La hermana de tu abuela?

—Sí, papá, ¿en qué mundo vives? ¿No te ha contado mamá? Desde que me mudé a Buenos Aires, he pasado casi todos los días con ella. Es una mujer increíble. Ha inspirado el personaje de mi novela. —Cuando mi padre no quería enterarse de algo, no había quien le hiciera entrar en razón.

—Sí, bueno, tan increíble que dejó a su familia y no volvió jamás. Qué cosas más raras se hacen por amor.

—Qué dices, papá. No hables así de ella. Tía Julia fue una mujer valiente que siguió su intuición —dije sacando a la palestra las cosas que había aprendido con ella.

—Bueno, lo que me faltaba. Ahora tú. En fin, hija, vuelve ya, que te echamos de menos.

—Sí, papá. Seguramente vuelva ya en otoño. Tengo que ver cómo evoluciona todo el tema con la novela y la editorial.

Aquella tarde fui a casa de tía Julia a celebrar que la novela ya estaba en manos de Gustavo y de la editorial. El trabajo duro ya estaba hecho. Las dos celebrábamos ese paso con gran ilusión. Yo porque aquella novela era lo mejor que había hecho en mi vida y ella porque finalmente alguien iba a contar su historia.

—Hablé con Francisco, por cierto —dijo tía Julia.

—¿Y qué te dijo?

—Nos espera este fin de semana. Me preguntó si tenías coche para ir hasta allí.

—No tengo, pero podemos alquilar uno. Yo me ocupo.

—Perfecto.

—¿Estás bien para viajar, tía Julia? Me refiero, ¿no será un poco cansado para ti?

—Nada resulta cansado si es para ver a tu hijo querido.

—Vale —dije, y le sonreí.

—Tengo ganas de que os conozcáis. Os vais a llevar estupendamente.

Aquel viernes hice la maleta con ganas de escapar de la ciudad. Sentía como si hubiese terminado los exámenes.

Recogí a tía Julia y la ayudé a bajar su equipaje. Llevaba una de esas maletas de cuero desgastadas por el tiempo que pesaba como si llevara un muerto dentro.

—Pero ¿qué llevas aquí, tía? Si solo nos vamos un par de días.

—Ya lo sé, chiquita, pero una tiene que mantener siempre su estética.

Tía Julia era muy coqueta. Una de las cosas que había aprendido de ella era la importancia de no descuidar el físico. Ella siempre estaba estupenda y su casa también. Nunca faltaban unas buenas flores, nunca había una mancha en su pantalón, su pelo siempre estaba de peluquería y su manicura bien hecha. Incluso algún día que decía que no se había arreglado estaba reluciente como una flor.

La ayudé a subirse al coche y dejamos el centro de Buenos Aires atrás. Tía Julia recordaba más o menos cómo llegar. Por si acaso, yo tenía la dirección en mi buscador. Tardamos algo más de una hora, ya que había un poco de atasco en la salida por ser viernes.

—¡Mi querido Francisco! —saludó tía Julia.

Francisco nos vino a recibir encantador y la ayudó a salir del coche:

—Hola, mamá. Estás estupenda. Igual que siempre. No pasan los años por ti. Tú debes de ser Greta, ¿verdad?

—Sí. ¡Hola! Por fin nos conocemos. He oído hablar tanto de ti…

—Pues ya somos dos —dijo él—. Pasad, por favor. Acabamos de hacer mate y he preparado los caballos por si a Greta le apetece dar un paseo, porque supongo que tú, mami…

—Yo estoy muy vieja, sí. Puedes decirlo sin sentirte mal —bromeó tía Julia.

Francisco nos ayudó con las maletas y nos acompañó a los cuartos.

La casa tenía una escalera de caracol que crujía a cada paso. Olía a leña quemada, era un aroma muy acogedor. Pensé que dos días serían pocos y comprendí perfectamente por qué tía Julia lo había dejado todo, enamorada de aquellas sensaciones.

—Cada vez que estoy aquí, mi hijo, me acuerdo de tu padre. Y de tus hermanos. Qué felices fuimos —dijo tía Julia.

—Nos regalasteis la mejor infancia que nadie ha podido tener. Y estamos agradecidos a Dios por estas tierras. La verdad, madre, es que tenemos todo lo que necesitamos para ser felices. —Me chocó la contundencia de aquella frase.

Llegaron algunos gauchos amigos de Francisco y comimos un asado exquisito. Él se mostró muy atento en todo momento, me hizo sentir parte de la familia, y es que, en realidad, lo éramos. Aunque no nos conociéramos, éramos parientes.

—Dice mamá que eres escritora. ¿Es cierto eso?

Tía Julia y yo nos miramos con complicidad. Francisco todavía no sabía lo que se estaba cociendo.

—Pues justo ahora acabo de terminar mi primera novela. Y está... —tía Julia y yo no pudimos evitar reírnos de una manera cómplice— inspirada en tu madre.

—¡Vaya, madre! ¡Por fin alguien ha escrito tus memorias!

—Exacto, mi hijito, por fin alguien se ha dado cuenta de lo que fui capaz de hacer por amor y lo ha plasmado en unas líneas. Fue tan grande el amor que tuvimos tu padre y yo... Cuánto le echo de menos. Le rezo todos los días. Estoy deseando reunirme con él.

—¡Mamá! ¡No digas eso!

—¿Qué quieres que te diga, hijito? Vosotros deseáis otras cosas. Son otras edades, otros momentos de la vida. Yo, ahora mismo, lo único que le pido a Dios es que me conceda un final poco doloroso y que me lleve rápido con Rufino. Quiero reencontrarme de nuevo con él en el cielo.

Tía Julia era muy religiosa. Siempre iba por casa con un rosario en la mano. A veces me parecía que estaba dormida, pero estaba rezando y pidiéndole a Dios que, por favor, nunca la abandonara.

—Bueno, ¿y cuándo sale esa novela? —preguntó Francisco.

—Eso no lo sé. Supongo que en unos meses. Como es la primera vez que publico, no sé muy bien cómo van los tiempos.

—¿Y te ayudó alguien en el proceso?

—Sí, Gustavo López, un hombre muy inteligente con quien fui dándole forma a la historia. Le estoy muy agradecida, personas así hacen posible que se cumplan los sueños de uno.

—Debe de ser increíble la experiencia de escribir un libro. Tienes que estar muy orgullosa de haberlo logrado.

—Gracias, lo estoy —dije sonriendo.

—Si me permiten —interrumpió tía Julia—, voy a retirarme a mi cuarto a dormir una pequeña siesta. Francisco, me encantaría que acompañaras a nuestra querida Greta a que conozca el lugar. Llévala al río en el que tu padre me pidió matrimonio y explícale la historia que tantas veces te he contado.

—Me parece una idea fantástica. ¿Estás preparada, Greta? ¿O quieres descansar?

—Yo estoy lista, cuando quieras.

Subí a mi cuarto a cambiarme de ropa. Francisco me dejó unas botas, una camisa y unos pantalones de montar que tenía guardados de cuando tía Julia era joven. Era una suerte que tuviéramos la misma talla. Me sorprendió lo bien cuidada que estaba y me hizo mucha ilusión llevar su ropa.

Al bajar vi a Francisco, tan guapo vestido de jinete que me recordó a su padre, Rufino. Tenía un pelo negro carbón cortado en capas que le llegaba casi hasta los hombros, una mirada curtida, de las que tienen los hombres que viven en el campo, y unas manos toscas. No pude evitar fijarme en todo su cuerpo.

—Permíteme que te eche una mano —se ofreció, y me ayudó a subir a la silla del caballo. Yo apoyé el pie y salté hasta colocarme encima.

—Gracias —dije.

—Ya veo que sabes montar —me dijo al ver cómo cogía las riendas.

—Sí, montaba de pequeña en Madrid, en el Club de Campo, pero, bueno, no tiene nada que ver con esto. Espero que este caballo sea manso.

—Lo es. Es el mejor de toda la yeguada. Se llama Corazón.

Corazón era un caballo negro con unas crines preciosas y brillantes que le caían a ambos lados de la cara. Parecido a Francisco, parecido también a Rufino. Tenía los ojos vivos y despiertos. Me dijeron que solo tenía cinco años, pero que era uno de los caballos más experimentados y mejor domados que tenían. Era el único que, estando sin riendas, se quedaba siempre cerca, como un animal de compañía.

Nos acercamos al río donde una vez tía Julia y Rufino decidieron casarse en secreto. El simple hecho de saber que allí había acontecido aquella historia hizo que me emocionara.

—¡Qué bonito! —dije cuando terminó la historia de cómo había sido aquella noche entre sus padres.

—Tuvieron suerte de que todo les saliera bien —concluyó.

—Desde luego… Y tú, Francisco —dije poniéndome romántica—, ¿crees en el amor a primera vista?

—Claro. ¿Sabes? Cada vez estoy más seguro de que el amor es un acto de locura. Hay que ser muy valiente para amar a alguien, para entregarse sin miedo arriesgándote a que te hagan daño.

Me entró mucha curiosidad por saber cómo serían allí, en aquella estancia, las historias de amor, los romances.

—Y tú, ¿te has enamorado alguna vez de alguna mujer de aquí?

—Por ahora no. Mi misión por el momento es cuidar del campo y hacer crecer el negocio de mis padres. Es lo que esperaba mi padre de mí. Puedo sentir que me protege y me guía desde el cielo. Pero, bueno, también confío en que en algún momento aparecerá ese amor del que hablas...

Nos quedamos en silencio. Fue él quien retomó la conversación.

—¿Y tú?

Pensé mi respuesta.

—Yo... Sí. Yo estuve enamorada. Muy enamorada de alguien a quien todavía amo, pero que no me conviene.

—Suena a que no lo has olvidado...

—Pues, ahora que lo dices, llevo varios días sin pensar en él. He estado tan concentrada en la novela...

—Me imagino. Debe de ser un ejercicio increíble eso de escribir un libro, digo.

—Lo es. A mí me ha cambiado la vida.

—De eso se trata, ¿no? De evolucionar, de hacer cosas que te hagan sentir bien. Estoy seguro de que eso era justo lo que necesitabas. No existen las casualidades. Todos buscamos y forjamos nuestro propio destino.

—Estoy totalmente de acuerdo contigo.

Nos quedamos sentados mirando al cielo con una extraña sensación de confianza. Francisco me propuso comer unas moras que había traído en el bolsón de cuero que colgaba de su caballo.

—Vale —acepté encantada.

—Greta, ahora que estamos aquí... Quería aprovechar para agradecerte cómo estás cuidando de mi madre. Desde que has aparecido en su vida, es como si hubiera rejuvenecido veinte años.

—No tienes nada que agradecerme. Para mí ha sido una suerte conocerla. Ella también me ha cambiado la vida. Tenemos muchas cosas en común. A través de su vida, de su personalidad, he entendido muchas cosas de mí misma. Estoy segura de que alguien desde el cielo provocó este encuentro. Aquellos sueños que tuve... Como tú dices, no existen las casualidades. Algo me dijo que tenía que escribir un capítulo de mi vida en Buenos Aires.

—Qué bonitas palabras.

Francisco y yo volvimos por la orilla del río, que llegaba hasta su casa. Íbamos al trote, con el viento a favor, disfrutando del paisaje y de la compañía.

Al regresar les quitamos las sillas a los caballos, las riendas y las cabezadas. Colocamos todo en las cuadras, les lavamos las patas con agua muy fría y les dimos unas zanahorias. Me despedí de Corazón y le aseguré que volvería a visitarlo pronto.

Al entrar en casa, mientras me quitaba las botas, escuché a Francisco llamar a su madre. «¡Mamá! ¡Mamá!». Tía Julia no respondía. Francisco subió las escaleras hasta su cuarto, abrió la puerta y vio a tía Julia en su sofá.

—¿Mamá? ¿Mamá, estás bien?

Tía Julia no se movía.

Francisco dio un grito que nos comunicó a todos la noticia de que tía Julia nos había dejado para siempre.

42

Tía Julia estaba fría. Debían de haber pasado un par de horas desde que se le había parado el corazón. Pensé inmediatamente que, hasta para morir, había elegido el mejor lugar: la casa de su hijo, la casa en la que había pasado los mejores años de su vida y en la que había conocido al amor con el que soñaba reunirse. Murió mientras su hijo y yo rememorábamos uno de los momentos más importantes de su vida.

—Tenemos que llamar a un sacerdote —dijo Francisco con los ojos inundados de lágrimas—. Y a un médico.

Salimos de la sala descompuestos. Francisco, muy resolutivo, me dijo que le haríamos un funeral muy discreto al día siguiente.

Aquella noche no pude pegar ojo. Seguía conmovida por los acontecimientos. No me quitaba la imagen de tía Julia con los ojos cerrados, sentada en su sofá con la piel fría. Tardaría en reponerme de aquella escena. A la mañana siguiente, nos levantamos pronto.

—Así es como a ella le hubiera gustado irse —aseguró Francisco mientras desayunábamos—, rodeada de las personas que han cuidado de ella hasta el final de sus días.

Sus palabras me emocionaron.

—Ella había rezado mucho para que este momento fuera especial —continuó—, y Dios ha decidido concedérselo.

—Es verdad —afirmé. Yo también era muy creyente y consideraba que todas esas casualidades estaban dirigidas desde el cielo—. Estoy contenta por ella, porque sé que no sufrió y que fue feliz hasta el último segundo de su vida.

—Voy a preparar un poco más de mate. Quédate en casa tranquila. Yo voy a hacer algunos recados. Te veré esta tarde, le haremos la misa cerca del río. Es allí donde sé que va a descansar en paz.

—Me parece una estupenda idea.

Atardecía en aquellas llanuras doradas, con una luz cálida y envolvente. Parecía como si el campo también estuviera conmovido y nos estuviera acompañando. Empezaba a refrescar. Nos pusimos unos ponchos de color oscuro. Éramos solo seis personas: Francisco, el servicio de la casa, el sacerdote y yo. Hicimos unas lecturas y el párroco derramó unas gotas de agua bendita sobre la tumba que los hombres de la casa habían cavado.

Estaba tan impactada que no me salían las lágrimas. Una fuerza inexplicable se apoderó de mí y recordé, como si rebobinara una película, los momentos tan increíbles que había pasado con mi tía Julia. Desde el primer día que había ido a buscarla a su casa hasta nuestras charlas en su biblioteca. Qué suerte tenía de haberla conocido. Ahora sentía que mi novela tenía más sentido todavía. Que, por algún motivo, yo había ido allí a completar una especie de ciclo de vida.

Gracias a mi Tía Julia había aprendido que en la vida había que ser valiente, que había que seguir el instinto, sin miedo a lo que pudiera venir después. Que luego, con el tiempo, todo se ordenaba y que Dios ponía a cada uno en su lugar. Había aprendido que la vida había que disfrutarla hasta el último momento y que uno no sabía cuándo se iba a quedar dormido para siempre. Había aprendido también a preocuparme menos y a reírme más, a disfrutar de las cosas reales de la vida. De mi familia, de mis amigos, de nuestras charlas sin teléfonos. Sobre esto también medité y llegué a la conclusión de que los seres humanos éramos la especie más social del planeta y, como tal, teníamos que aprender a utilizar la tecnología de otra manera; vernos más, escucharnos más y abrazarnos mucho, muchísimo.

Volví a Buenos Aires para despedirme de Gustavo y explicarle que mi viaje había terminado, que aquel acontecimiento marcaba el final de mi aventura. A él le conmovió la historia porque yo le había hablado mucho de tía Julia. Me dio un abrazo que no me esperaba. Al final, aquel hombre que parecía tan arisco al principio me mostraba todo su cariño. Había resultado ser un hombre bueno y amoroso y con un talento innato que no conocía fronteras.

—Te voy a echar de menos. Pero, bueno, mejor, así no me mareas con tus inseguridades —dijo con su peculiar sentido del humor.

Entendí que Gustavo estaba haciendo lo mismo conmigo que con su gato Borges que, por cierto, había vuelto a desaparecer.

—Estamos en contacto, Gustavo. Gracias por todo.

Volví a mi piso en Recoleta y recogí mis cosas. Me senté en la cama y me abracé a la almohada fuerte, muy fuerte, recordando todos los momentos tan increíbles que había vivido en aquella ciudad. Mi novela era el resultado de aquella aventura vital.

Al día siguiente cogía mi avión destino a Madrid, donde tenía mi primera reunión con la editorial. Les había gustado tanto el libro que seguramente lo publicarían en primavera.

Al llegar al aeropuerto de Buenos Aires, me quedé un buen rato ensimismada en la cola, con la cabeza en ninguna parte. El pasaporte se me cayó y no me di cuenta. Un chico alto, corpulento, de facciones marcadas y nariz arqueada, se agachó a recogerlo y me lo entregó con una sonrisa.

—Perdona, se te ha caído el pasaporte —me dijo.

Yo tardé en reaccionar.

—Ah, gracias. No sé dónde tengo la cabeza —contesté intimidada por su atractivo. Era un chico español, más o menos de mi edad.

Al entrar en el avión, él seguía detrás de mí. Miré mi asiento, 10B, y me quité el abrigo para colocarlo en el compartimento superior.

—Pasa si te estoy molestando —dije apartándome, por si estaba tardando más de la cuenta.

—No te preocupes. Mi asiento es el 10A.

—¡Ah, vaya! Pues entonces pasa tú primero.

—¿Quieres que te ayude a subir la maleta? —se ofreció.

—Sí, muchas gracias.

Después de sentarse y antes de abrocharse el cinturón se dirigió a mí de nuevo:

—Me llamo Felipe. Encantado —me dijo tendiéndome la mano. Pensé que quedaba poca gente que se te presentara en el avión y que aquel era un bonito gesto.

—Igualmente —contesté.

—¿Cómo era tu nombre?

—Mi nombre es Greta. Greta Godoy.

AGRADECIMIENTOS

En primer lugar, me gustaría agradecer toda su ayuda a Pablo, mi agente literario. Este libro es el resultado de nuestra relación de cero a mil, de nuestra preciosa e inquebrantable amistad. Eres una de las personas que más admiro en el mundo y llenas mi vida de luz y de ilusión. Gracias por todo el tiempo que has invertido en esta obra, por tu voto de confianza. Personas como tú dignifican la profesión y hacen que existan libros y autores felices por haber realizado su sueño. Espero que este sea el primer libro de muchos y que los podamos hacer siempre juntos.

Kekita, mi amor. Gracias por tu paciencia. Por todas las horas que hemos pasado juntas en mi terraza comiendo sushi y hablando de este proyecto. A Alejandra Parejo, con quien compartiré pronto estantería en las bibliotecas, nada me hace más ilusión. A mi queridísima Irene Visedo, quien me presentó a Pablo y me supo guiar cuando creía que no sería capaz de terminar este libro.

Gracias a Sancha y a Kako. En vuestra casa de Barcelona tuve el primer desvelo que resultó ser el comienzo de todo lo que vino después. Gracias a Vito, por todo lo que supone en mi vida. Gracias a Kiki, por ser la persona que mejor me cuida a diario y por todo lo que has hecho por mí cuando no tenía tiempo porque estaba escribiendo este libro. A Manuela y a China, mis dos ángeles de la guarda.

A mi madre, fuente de inspiración eterna. Te quiero, mami, este libro es también para ti. A mi padre, a Tino y a Luigi, los tres hombres de la casa, por vuestro apoyo incondicional y por cogerme el teléfono siempre a la primera. A mi hermano Carlos, a quien quiero de una manera muy especial; tu vida da para otro libro entero.

Gracias a mi equipo de Mindlike: Bego San Félix, Lucía Pérez Durías, Alejandra Badiola, Icíar Estelles, Rober, Paco Esteve. En especial a Pepe Lóbez por haber hecho esta portada tan bonita y a Sofía Moser por prestarme un poco de su belleza.

Gracias a Bas, a Pulga, a Andrea y a Álvaro por aquel viaje a Nueva York que cambiaría nuestras vidas y por hacer de aquel sofá una *suite* de lujo. Gracias a mi amiga Mónica Ainley por el verano en París y por invitarme a su casa de Lyon, donde conocí a Mamita, que fue quien inspiró el personaje de tía Julia. Gracias a Martín y a Vicu, por enseñarme todos los rincones maravillosos de Buenos Aires. También a María José por provocar ese viaje tan necesario para documentar la novela. A Juan Rotger por ayudarme con el *slang* porteño. Gracias a Eduardo Velasco, Vicky Chavarry, Marta Díaz, Fer Manso, Celius, Cris Ruiz-Montesinos, Mario Ximénez, Ana Hernández, María Pulido, Andere, Covi y al resto de *amichis*, porque nuestra amistad es el motor de muchas de estas historias.

Gracias a todos mis amores (que ellos ya saben quiénes son). De vosotros aprendí qué se siente al volar alto y al volar bajo y, aunque dicen que la felicidad está en el equilibrio, no me arrepiento de ninguna piedra con la que he tropezado en el camino.

A mis dos ángeles dentro de Planeta: Raquel y Lola. Por vuestra dedicación y profesionalidad.

A mis psicólogos, Fernando Egea y María Gracia, por todas las terapias que nos han traído hasta aquí. A Borja Díaz de Rivera por recordarme la importancia de tener siempre cerca a Dios. A mi Virgen María, a quien he rezado mucho en mis momentos débiles para que me diera fuerza para continuar con este trabajo tan solitario.

Ha sido un placer, un honor y un orgullo llevar a cabo este proyecto con la ayuda de todos.

Os quiero con todo mi corazón.

Londres 30·03·2025.

Londres 21·04·2025